本书为国家社科基金资助
"创新发展的文化环境研究"(17BKS065) 结项成果

当代中国创新文化研究

刘 然 ◇ 著

人民出版社

目 录

绪 论 ··· 1

上篇 创新文化的理论体系

第一章 创新文化研究的理论背景 ··· 11
第一节 文化哲学的马克思主义方案 ······································ 11
第二节 马克思主义哲学视域下的创新理论研究 ····················· 21

第二章 创新文化的基本规定 ·· 32
第一节 创新文化的理论定位、哲学根基和定义 ····················· 32
第二节 创新文化的领域、层次和维度 ·································· 36
第三节 创新文化的主要内容、分类和特性 ··························· 38

第三章 创新文化的拓展阐释 ·· 47
第一节 创新文化与文化创新的辨析 ····································· 47
第二节 创新文化及创新文化研究的历史 ······························ 58

第四章 创新文化的运行机制 ·· 62
第一节 培育创新实践的普遍主体 ·· 62
第二节 开发创新实践的客体资源 ·· 74
第三节 打造创新实践的中介系统 ·· 82

第四节　整合创新实践的外部环境 ······················ 91

第五章　创新文化的发展形态 ······················ 100
　　第一节　创新文化模式：多元文化综合创新 ················ 100
　　第二节　创新文化启蒙：创新文化大众化 ················· 112
　　第三节　创新文化整合：创新文化一体化 ················· 119

下篇　创新文化的实践路径

第六章　创新文化的中国源流 ······················ 127
　　第一节　中国传统文化的渊源和基本历程 ················· 127
　　第二节　中国传统文化根本精神的创新文化基因及其古今流变 ··· 148
　　第三节　中国传统创新文化核心内容的继承发展 ············· 163
　　第四节　中国革命创新文化 ························ 175
　　第五节　中国特色社会主义创新文化 ··················· 184

第七章　创新文化的交流互鉴 ······················ 198
　　第一节　传统创新文化资源 ························ 198
　　第二节　现代创新文化资源 ························ 203

第八章　创新文化的认同发展 ······················ 217
　　第一节　中华民族文化认同的古今对比 ·················· 217
　　第二节　革命文化作为各民族集体记忆的文化认同功能 ········ 224
　　第三节　传统民族文化中的创新发展基因探析 ·············· 238
　　第四节　中华各民族创新发展的文化模式探析 ·············· 244

第九章　创新文化的体系贯通 ······················ 251
　　第一节　新时代国家创新文化 ······················· 252

第二节　中国知识分子创新文化的厘清和探要 …………… 264

　　第三节　历史、结构、比较三维视角下的大众创新文化探析 ……… 279

结　语 …………………………………………………………… 294

参考文献 ………………………………………………………… 296

绪　　论

创新实践是当代人的生存方式,创新文化是当代文化的新形态。所谓创新文化,是指为人们的创新实践活动提供思想材料、创新形式、社会氛围和价值引导的精神文化。简言之,就是支撑、推动、认可和引导创新的文化。本课题申请之初,我们使用的是"创新发展的文化环境"这个题目,原因当时已经做了解释,其中最重要的就是"创新文化"作为当时的学术前沿问题,在学术领域还没有被普遍使用。但是在做课题的几年中,我们关注到创新文化在理论和实践中迅速凸显,无论是国家文件中还是学者论文中都开始比较多地使用,成为一个比较成熟的范畴。2022年党的二十大报告指出:"培育创新文化,弘扬科学家精神,涵养优良学风,营造创新氛围。"[①]于是我们在写作时就直接使用了"当代中国创新文化研究"这个题目。由此也可见,我们做的这个课题还是具有价值的。正如习近平总书记所强调的,"在新的起点上继续推动文化繁荣、建设文化强国、建设中华民族现代文明,是我们在新时代新的文化使命"。[②] 我们要坚定文化自信、担当使命、奋发有为,共同努力创造属于我们这个时代的新文化,建设中华民族现代文明。

一、理论基础的逻辑结构

创新文化是继技术和制度之后凸显的第三大创新要素,得到社会实践和

[①] 习近平:《高举中国特色社会主义伟大旗帜　为全面建设社会主义现代化国家而团结奋斗——在中国共产党第二十次全国代表大会上的报告》,人民出版社2022年版,第35页。
[②] 习近平:《在文化传承发展座谈会上的讲话》,《求是》2023年第17期。

学术领域的普遍关注,为了将研究引向深入,必须将之建立在坚实的理论基础之上。具体的逻辑链条是:文化哲学—马克思主义哲学(实践文化哲学或者马克思主义文化哲学)—创新实践理论(马克思主义创新理论)—创新文化。

现代哲学的整体特点是避免形而上学的空谈,以科学或者人文的方式回归现实生活世界,为现实生活中的人提供终极关怀。文化就是人的生活世界,因此文化哲学是现代哲学的一般形态。马克思主义哲学是一种具体形态的文化哲学,它以实践理论为基石,以唯物史观为核心观点,因此可称为实践文化哲学。创新实践理论是建立在马克思主义哲学基础上的创新理论,它既是马克思主义哲学中的一个研究主题,也是对马克思主义哲学的一种整体理解。创新文化研究是创新实践理论的重要组成部分,也是我们以文化哲学、实践文化哲学和创新实践理论为背景聚焦的研究主题。如实践一样,创新实践是动态的开放结构,内部结构包括主体、客体和中介,外部环境包括经济形式、政治体制和文化土壤等。其中创新实践的文化环境就是创新文化。

马克思说:"人们用以生产自己的生活资料的方式,首先取决于他们已有的和需要再生产的生活资料本身的特性。这种生产方式不应当只从它是个人肉体存在的再生产这方面加以考察。……个人是什么样的,这取决于他们进行生产的物质条件。"[①]由此可见,实践活动是一个动态的创新发展过程,但是再生产总是依赖于既成的实践结果,即实践的外部环境。其中文化环境就是一个重要因素,作为精神现象,它是人类实践活动的内在机理,人类实践浸润着文化的气息,两者具有同构性。就创新实践而言,创新实践需要创新文化作为生长的土壤。对于我们的研究而言,创新实践或者创新发展是目的,创新文化是主题和手段。我们所要探索的就是什么样的文化环境有利于创新实践可持续地发展。

二、创新文化的理论体系

本书分为上下两篇:上篇是创新文化的理论体系,下篇是创新文化的实践

---

① 《马克思恩格斯选集》第1卷,人民出版社2012年版,第147页。

路径。创新文化的理论体系重在对创新文化这一学术前沿问题进行理论建构,形成理论体系。创新文化是新的研究主题,因此这是一次具有探索性和创新性的尝试。创新文化的理论体系分为五章:

第一章"创新文化研究的理论背景"涉及的是理论基础的逻辑结构中的前两个环节。它们是创新文化研究的深厚根基,非常重要,因此将之作为创新文化理论体系的一部分;同时它们和创新文化的关系不是直接的,因此作为理论背景。近代以来,人类创新活动的地位越来越凸显出来,并表现出和古代创新活动不同的特征,逐渐成为社会存在和发展的重要因素,深刻地影响着人类的现实生活。突破经济学、政治学和社会学的哲学视域下的创新研究成为历史的必然。创新的哲学根基是实践,创新实践是当代和未来人类的生存方式,创新实践的主体具有普遍性,创新实践的价值取向是人的自由而全面发展。实践理论是马克思主义哲学的基石,创新哲学根基的确立意味着创新理论向马克思主义哲学的回归,创新实践理论的全面建构必将赋予马克思主义哲学新的生命力。

第二章"创新文化的基本规定"是对创新文化正面阐述的开始,规定了其理论体系中最为基础和根本性的内容。创新文化是创新实践的文化环境。创新文化专指精神文化,因此其哲学根基是社会意识。在此基础上,综合参考国家文件和学者论文的相关阐述,我们给创新文化下了定义:所谓创新文化,是指为人们的创新实践活动提供思想材料、创新形式、社会氛围和价值引导的精神文化。创新文化分为真善美三个领域,又分为社会心理和社会意识形式两个层次,具有历史、比较和结构三个维度。在创新文化领域、层次和维度基本结构研究的基础上,我们尝试突破目前对创新文化内容、分类和特性描述模糊的局面,明确创新文化到底包含哪些内容,具有哪些类型,拥有哪些特性。

第三章"创新文化的拓展阐释",是在基本规定基础上对于创新文化的基本问题的进一步论述。"创新文化与文化创新的辨析"是对创新文化和文化创新辩证关系的阐述,但是主要目的是将两者区别开来,因此使用了"辨析"。随着世界的现代化、全球化和世俗化,创新和文化问题成为理论热点,而且突破原属学科发生越来越紧密的关系,文化创新和创新文化就是两者的交集。从创新实践理论的视角来看,文化创新是创新的内容,创新文化是创新的环境;从实践文化哲学的视角来看,文化创新是文化建构的路径,创新文化是文化的内容。"创新文化及创新文化研究的历史"简单概括了创新文化从古代社会的基因状态到现代社会的蓬勃发展的历史,以及20世纪随着创新理论的发展逐渐脱颖而出,成为创新三大要素之一,并形成创新文化研究的过程。

第四章"创新文化的运行机制",主要介绍创新文化是如何发挥作用的。我们将创新文化限定为狭义的文化,专指精神层面,处于广义文化的内层,具有抽象性,但是它作为人类实践活动和实践结果的内在机理,对人类全部活动和全部结果都具有影响力,而且可以通过广义文化的中层和外层,即制度文化和物质文化获得有形的显现,甚至转化为物质力量。因此创新文化的运行机制不是完全无形的渗透和影响,而是可以描述的有形过程,创新文化运动机制的基本方向就是从非实体到实体的演变。推而广之,作为现代生产力创新发展的三大要素,科学技术、管理和创新文化都是非实体性要素,不是直接的生产力,其运行机制都是如此。根据人们实践活动的开放结构,创新文化的运行机制表现在两个方面:一是实践的内部结构,包括主体、客体和中介三个因素;二是实践的外部结构,包括经济环境、制度环境和文化环境。

第五章"创新文化的发展形态",是对创新文化现存状态和发展态势的阐述,主要包含三个方面:创新文化的模式是多元文化综合创新,尤其是中西马的相遇激荡;创新文化的启蒙强调创新实践主体的普遍性,为了促进创新发展,创新文化需要大众化;创新文化的整合,重点在于经济、政治和文化的一体化,创新文化渗透人们生活的各个方面。

三、创新文化的实践路径

下篇"创新文化的实践路径"既是创新文化理论体系的继续,可以理解为在理论上继理论背景、内涵、结构、内容、历史、机制之后,对于路径问题的探讨,也可以理解为对于如何建构创新文化的具体安排。

绪　论

在创新文化研究中,我们可以挖掘古代创新文化资源,它们作为文化基础、底色和基因,是一个国家、地区和民族创新文化的本源要素,从而形成传统创新文化对现代创新文化的观照。习近平总书记指出:"中华文明的创新性,从根本上决定了中华民族守正不守旧、尊古不复古的进取精神,决定了中华民族不惧新挑战、勇于接受新事物的无畏品格。"[1]传统创新文化的内容非常丰富,加以现代发用,就是非常有价值的创新文化资源。比如"贵和尚中"思想,如能摆脱中庸之道的束缚就可以成为求同存异综合创新的智慧;再比如"刚健有为"的思想,其实就是革故鼎新的"向上之心",如能不受"相与之情"的局限,就可以成为改革创新精神的思想渊源。[2]还有中国古代的辩证法、变法革新思想、科学技术史等。本书第六章"创新文化的中国源流"将展开论述。

在创新文化研究中,我们还可以到中外古今文化中寻找可以互相借鉴的创新文化元素。比如西方文化中的科学理性精神、逻辑抽象思维、进取批判传统等,现代创新文化理论和实践先发于西方,在国家创新战略、企业文化、大学文化等方面西方社会积累的丰富经验,值得我们借鉴。第七章"创新文化的交流互鉴"重点进行阐述。

同时,由于中国民族关系的特色,结构维度也表现为中华民族与各个民族多元一体的关系,一方面是开发中华民族文化认同的创新文化价值,另一方面是批判继承各个民族的创新文化资源。在成果中对应第八章"创新文化的认同发展"。

创新文化在社会结构中最理想的状态就是做到上下贯通,既能上升为国家意识,也能渗透到民族和大众的血液中,并得到知识分子文化的理论自觉、智力支持和合理规范,从而形成立体的、动态的、和谐的有利于创新的文化氛围和文化环境。在成果中对应第九章"创新文化的体系贯通"。

---

[1]　习近平:《在文化传承发展座谈会上的讲话》,《求是》2023年第17期。
[2]　参见梁漱溟:《中国文化要义》,上海人民出版社2014年版,第127页。

四、研究方法和创新点

（一）研究方法

第一，跨学科综合研究方法。创新理论开始于经济学领域，后来拓展到整个学术领域，本身就具有跨学科性，加之文化问题的复杂性，需要经济学、文化学、哲学、政治学、历史学等学科的综合研究。

第二，系统研究的方法。本书一方面采取从抽象到具体的方法建构创新文化的理论体系，从创新文化的哲学根基和定义开始到创新文化实践路径在社会现实中的全面展开，形成了创新文化研究的整体框架；另一方面，创新文化的实践路径部分也形成了自身的逻辑体系，从创新文化的维度出发对其进行了历时态、共时态和层级路径的整体设计，实现古为今用、洋为中用、多元一体、上下贯通。

此外，我们还使用了文献研读法、社会调查法等，从整体理论到具体领域作了大量的资料梳理和实际问题的研究工作，形成了独到观点。

（二）创新之处

第一，在创新文化研究的理论基础方面，我们在把握现代哲学特点的基础上，设计了创新文化研究的深刻的理论逻辑链条：文化哲学—马克思主义哲学（实践文化哲学或者马克思主义文化哲学）—创新实践理论（马克思主义创新理论）—创新文化。不但确定了创新文化研究在创新理论中的地位，而且将之深植于马克思主义哲学的理论体系中，找到了创新文化的哲学根基。

第二，在创新文化的理论体系方面，由于创新文化研究时间不长，成果有限，因此我们的研究具有一定的探索性和创新性。我们尝试通过对有限资料的综合梳理，结合理论基础，建构创新文化初步的理论框架，其中有些观点具有新意，甚至独创性，比如创新文化的哲学根基、创新文化的定义、创新文化的内容、创新文化的运行机制、创新文化的实践路径等。

绪 论

第三,在创新文化的实践路径方面,我们从历史、比较和结构三个维度四个方面对创新文化的实践路径进行了深刻的探讨,试图实现创新文化的时代化、中国化、大众化整合,创新实践的文化环境与其他环境因素的整合。其主要目的就是用理论带动实践,使创新发展理念得到全面的、系统的和科学的落实,用文化促进创新发展。

上篇　创新文化的理论体系

　　创新文化研究要想深刻,必须进行理论研究,甚至上升到哲学高度。我们这里采取从抽象到具体的方法。在交代理论背景的逻辑关系的基础上,在确定创新文化哲学根基的前提下,首先亮出创新文化的定义,进而对其进行结构分析,探讨领域、层级和维度,再则明确指出创新文化的内容、分类和特性。接着在概念和历史上进行拓展阐释,辨析创新文化与文化创新,交代创新文化和创新文化研究的历史。然后根据创新实践的内部结构和外部结构,论述创新文化从非实体性要素向实体性要素转变的运行机制。最后结合现实指出中国创新文化的发展形态。

第一章 创新文化研究的理论背景

创新文化研究要想走向深刻,必须挖掘和建构其深厚的理论背景。西方哲学的宏观主题有三个,即古代哲学的本体论、近代哲学的认识论和现代哲学的生存论,其逻辑路线是从外及内,从客体到主体。从这个意义上来说,现代哲学整体上具有文化哲学的特征。因此我们认为作为现时代产物的创新文化研究理应将文化哲学作为其理论的最深层。而从文化哲学以人的生存方式为主题这个意义上来说,始终以人的自由和解放为担当的马克思主义哲学是其重要内涵。并且由于马克思的哲学革命,唯物史观的各种学说集体浮现在文化哲学的水流中,成为破解文化哲学难题的中流砥柱。创新实践理论是在马克思主义视域下的创新研究,是马克思主义哲学的一个具体研究领域,而创新文化是创新实践外部结构中的文化环境。由此可见,创新文化研究的理论背景主要分为三个层次:文化哲学、马克思主义哲学和创新实践理论。

第一节　文化哲学的马克思主义方案

生态哲学、政治哲学和文化哲学构成当代哲学的三大显学,它们恰好和马克思实践理论的三大领域——物质生产实践、交往实践和精神生产实践形成对应关系。其中文化哲学的研究主要存在这样几种路向:其一,文化哲学的元问题研究;其二,历时态的历史文化哲学研究;其三,共时态的比较文化哲学研究;其四,以一定范围的文化主体为依托的从宏大叙事到微观透视的多重视角的文化哲学研究;其五,以问题或者内容为核心的统摄具体文化形式的文化哲学研究。但是正如萨特所说:"马克思主义……是我们时代的哲学:它是不可超越的,因为产生它的情势还没有被超越。我们的思想不管怎样,都只能在这种土壤上形成;它们必然处于这种土壤为它们提供的范围之内,或者在空虚中消失或衰退。"①不同路向的文化哲学研究在延伸的过程中都程度不同地出现了言说不清的困境,临近空虚,而随着我们思索的深入和心态的冷静,马克思主义哲学就越来越清楚地浮现出来。我们需要论述的,马克思都已经开启。马克思的实践理论、唯物史观、世界历史理论、批判理论、意识形态理论、政治经济学等等,已经以原始质料的方式提供了答案,我们需要做的是补充材料并赋予它形式,马克思主义文化哲学呼之欲出。

一、实践理论观照下的文化哲学的元问题研究

所谓元问题或者元理论,就是有关文化哲学的最根本的问题,是此学科得以确立的基石和框架结构,主要包括基本范畴、学科定位和理论框架。

基本范畴是学科建立的基础质料,与学科基石和框架紧密相关。文化哲学包含一组基本范畴,但是具有基石作用的只有一个,就是文化概念。

文化概念素有千人千面的说法,这可能和西方传统的形而上学的智识方式有关,学者们总是挣扎在个体认识的有限性和人类认识的无限性之间。正如哲学也具有千人千面性,人们还是能够相对地知道什么是哲学、如何用哲学的方式进行思考一样,对于文化人们也存在一些共识。

规定文化,最重要的是搞清四个问题:一是文化与人的关系;二是文化与自然的关系;三是文化与实践的关系;四是文化与哲学的关系。文化是属人的,体现人的价值取向和本质力量。文化是对自然的超越,人类从自然而来,

---

① [法]萨特:《辩证理性批判》(上),林骧华等译,安徽文艺出版社1998年版,第28页。

第一章 创新文化研究的理论背景

而且不断向自然索取,但是随着人类的发展,我们的需要很少直接被自然满足。主体和时空是文化的基础,内容和方式是文化的核心,作为内容的文化是实践的产物,作为方式的文化表现为实践,文化和实践同为人与自然、人与人的中介,或者人与自然、人与人的互动本身就是文化和实践。哲学和文化都具有普遍性,都与现实生活的总体性联系着,但是哲学是内在的超越,文化是外在的超越,它总是通过人类活动表现出来,并可能形成结果。因此,所谓文化,是指生活在特定时空的特定人群以现有自然条件和社会条件为基础,以不同层次的自由为目的的创造性的生存方式。

文化是文化哲学的基石和逻辑起点,关乎之后学科定位和理论框架展开的合法性。因此我们选择实践理论解读文化的方式必须获得充足的理由,否则就意味着整个体系的危机。

为什么选择实践作为文化的定位方式,这是历时态和共时态共同决定的问题,而且涉及现实和理论的整体。文化伴随人类始终,但是为什么文化学和文化哲学在现代才出现呢？正如我们前面所说,文化是人对自然的超越,这种本质力量始终存在,但是在现时代才总体爆发,强大的工业体系、复杂的交往结构、丰富的精神家园成为今天的生活图景。因而代表人类本质力量对象化的文化问题就凸显出来。而作为时代精神精华的哲学必然会对这种现实作出理论回应,具体表现就是现代哲学的转向。

现代哲学转向哪里呢？从传统哲学的形而上学转向现实生活世界。但是这个现实生活世界不是生活世界的某个部分或者某个方面,而是社会整体。正如霍桂桓教授所说:"'语言转向'或者'语言学转向'、'经济哲学转向'、'政治哲学转向'、'道德哲学转向'……在我看来,几乎所有这些具体说法都有'只见树木、不见森林'、'只看现象、不见本质'之嫌。……因为这些西方学者都是仅仅着眼于他们所指涉和称谓的某一方面对象,而没有真正立足于系统全面地考察西方哲学的历史发展,特别是没有把握20世纪西方哲学界出现这种新的发展态势的内在历史必然性,因而只能按照其究竟在哪个具体领域之中具体出现而以这样的领域来命名,没有,也不可能抓住这种发展态势的实质特点。"①由此观之,尽管新康德主义哲学、分析哲学、科技哲学、现象学、存在主义哲学、后现代主义哲学都在一定程度上集体转向现实生活世界,但是往往没有彻底摆脱形而上学,甚或是其现代延伸,而且具有以偏概全的状况。马克思的实践哲学的优势就此体现出来。实践的普遍性和文化的普遍性形成全方位的对接,文化是所有实践活动和结果的内在机理。

学科定位涉及文化与哲学的关系,具体来说主要就是文化哲学是哲学的一个分支,还是哲学的当代形态。文化哲学是对文化的应然性进行反思的哲学。由于文化和实践存在本质关联,一样具有普遍性,因此文化哲学不仅是哲学的一个分支,而且也体现了哲学的新的形态。但是需要说明两点:其一,文化哲学作为哲学的一个分支和其他一般的哲学分支是不同的,比如经济哲学、政治哲学、科技哲学等都只关涉现实生活的某个部分,而文化哲学具有总体性,因此如果划分层次的话,文化哲学要比这些具体哲学高一个层次,而且具有统摄作用。其二,文化哲学只是体现了哲学的新形态,但是新形态的哲学是马克思的实践哲学。

文化哲学还包括其他一些范畴和问题,比如文化生成、文化构成、文化分类、文化功能、文化形态、文化模式、文化危机、文化建构等,它们构成理论框架的质料。而它们所组成的结构形式,则是由实践决定的。实践赋予文化所有的根本特征。

二、唯物史观观照下的历史文化哲学研究

文化哲学以文化为研究对象,而文化的存在客观具有历时态和共时态。从历时态的视角来看,文化史是文化哲学研究的基本依据。文化史通常有两种叙述方式:一种是包含各种文化形式的一般性历时态记述;另一种是以问题为单元的历时态论述。前者更为普遍。历时态的文化哲学研究又称为历史文化哲学研究。

---

① 霍桂桓:《文化哲学论要》,中国社会科学出版社2011年版,第187页。

第一章　创新文化研究的理论背景

前面我们选择实践理论作为文化哲学的基础,那么唯物史观显然就成为历史文化哲学的理论背景。马克思在《〈政治经济学批判〉序言》中有一段关于唯物史观的经典论述,基本内容是,人们在社会生产中建立生产关系,生产关系作为现实基础决定竖立其上的政治和意识上层建筑。① 但是不要认为仅仅这一段话就可以把唯物史观道尽,这段话只是在阐述唯物史观最核心的内容,即社会基本矛盾,而且是在哲学基本问题层面上的表达。恩格斯说:"根据唯物史观,历史过程中的决定性因素归根到底是现实生活的生产和再生产。无论马克思或我都从来没有肯定过比这更多的东西。如果有人在这里加以歪曲,说经济因素是唯一决定性的因素,那么他就是把这个命题变成毫无内容的、抽象的、荒诞无稽的空话。"②这提醒我们要辩证地理解唯物史观。在本体论上,生产是历史的决定因素;但是在一般意义上,社会是一个复杂的系统,生产力、生产关系、其他交往关系和各种精神要素是彼此交叉协同变化发展的。

西方马克思主义的文化哲学转向就与如何理解唯物史观具有密切关系。早期西方马克思主义理论家认为,20 世纪 20 年代西方社会主义革命失败的根本原因是第二国际违反总体性的辩证法,片面地强调马克思主义的经济决定论和科学实证论,忽视了无产阶级的主观精神准备。尽管革命似乎仍然是前台的主角,但是舞台的背景却悄然转变为意识形态。

由于以上原因,为了更好地利用唯物史观历时态地进行文化哲学研究,我们需要综合使用唯物史观的内容,使其更具解释力。为此我们介入需要和利益两个兼具微观和宏观的范畴,并结合实践的具体形式、社会基本矛盾和社会基本结构展现文化演进的机制。

这个模式的简化结构是"需要—实践—利益"。历史的原始动力来自需要,当人们认识到自己的需要时,需要就转变为欲望,然后是动机和行动,实践活动由此展开。需要分为个人需要和社会需要,两种需要又各自具有丰富的

---

① 参见《马克思恩格斯选集》第 2 卷,人民出版社 2012 年版,第 2 页。
② 《马克思恩格斯选集》第 4 卷,人民出版社 2012 年版,第 604 页。

内容和层次。相应地,实践活动也呈现丰富性。利用马克思的实践理论进行梳理,大致可以分为三个领域,物质生产、交往实践和精神生产,每个领域内部和领域之间又形成结构关系。利益是实现了的需要,和需要具有同构性,需要和利益以实践作为中介。社会基本矛盾和社会基本结构是在实践活动中形成、实现和运动的。

依据这一结构,我们可以对历时态的各种文化现象进行各种层次的研究,从而达到对文化史的深度解读。

三、世界历史理论观照下的跨文化研究

跨文化是指共时态的文化哲学研究,文化圈、国家文化、民族文化的客观存在是这个视角文化哲学研究的基本依据。跨文化研究是对世界文化的多元审视,必然形成相互比较的自然格局,因此共时态的文化哲学研究也可以称为比较文化哲学。

比较文化哲学以文化学意义上的文化比较为基础,但是需要哲学追问。文化比较作为事实我们已经熟知,但是我们为什么要进行文化比较呢?在现时代,不同文化面临着前所未有的大遭遇,它们关系密切,彼此冲突、交流和融合。作为某种文化的承载者,以自身为本位,我们必然要思考如何才能生存和发展。通过交流互鉴,知己知彼,共同繁荣。跨文化比较本身不是目的,它从属于文化的价值取向,即在现有自然条件和社会条件的基础上确定的不同层次的自由。西方文化的现代性反思和东方文化的现代化独特道路的探寻都是基于这样一个目的。而且比较文化哲学还昭示我们,跨文化比较是不同文化基于民族性和时代性的整体遭遇,我们应该坚持总体性原则。

由此观之,世界一体化显然是比较文化哲学的现实背景,而与此相关的理论是比较文化哲学最恰当的学术背景。简而言之,黑格尔是世界历史思想的第一位阐述者。马克思将之从绝对理念的窠臼中挖掘出来,并赋予它历史唯物主义的精神实质。此后,沃勒斯坦的世界体系理论、詹明信的全球化时代的文化理论、哈特的新帝国理论等皆渊源于此;亨廷顿的文化冲突理论和斯宾格

勒的西方的没落思想等也异质性地印证着这一理论的合理性。马克思的世界历史理论为比较文化哲学提供了深刻的学理支持。

其一,世界历史体现的是资本的逻辑,正是资本对于剩余价值最大化的追求开启了世界历史,资本结合整个世界。马克思说:"各个相互影响的活动范围在这个发展进程中越是扩大,各民族的原始封闭状态由于日益完善的生产方式、交往以及因交往而自然形成的不同民族之间的分工消灭得越是彻底,历史也就越是成为世界历史。"①

其二,世界历史不仅是经济全球化的历史,而且是世界文化的历史和普遍交往的历史。物质生产和物质产品在全球运作和流通,精神生产作为资本的一个生产部门,具有与此同样的公共性质,无论马克思所说的"世界的文学"②,还是如今的大众文化都早已成为公共财产。个人不再局限于某一地域,而成为具有世界流动性的主体,殖民主义和后殖民主义,多元文化与身份认同,都是时代潮流所堆积的交往文化问题。

其三,世界历史理论是现代性和现代化思想的基础。世界历史的延伸就是现代性的推广,世界历史延伸到哪里,现代化主题就出现在哪里。邹广文将"现代化"的一般特征概括为:"第一,工业化大生产。……第二,科学理性精神。……第三,世界的一体化。……第四,高度的社会分化与整合。"③这些现代化的特征随着资本的逻辑走向世界每个角落。

其四,世界历史对于不同民族具有不同意味。对资本主义而言,世界历史遵循的是资本的逻辑,推广的是工具理性,而全部这些东西都是从西方文化中孕育出来的,并首先在西方取得成功的。因而世界历史的演进就意味着西方"普世价值"的推广,意味着东方从属于西方。在《共产党宣言》中,马克思说:"它使未开化和半开化的国家从属于文明的国家,使农民的民族从属于资产

---

① 《马克思恩格斯选集》第1卷,人民出版社2012年版,第168页。
② 《马克思恩格斯选集》第1卷,人民出版社2012年版,第404页。
③ 邹广文:《当代文化哲学》,人民出版社2007年版,第184—186页。

阶级的民族,使东方从属于西方。"①当然,辩证地说,世界历史不仅是西方现代化的成功,它也有对现代性的反思和批判,以及民族文化的复兴。

其五,世界历史分为两个阶段,体现了工具理性和文化价值的冲突及其消解。马克思认为资本主义只是世界历史的序幕,真正的世界历史是共产主义。相应地,现代社会也分为两个阶段,资本主义和共产主义。在第一个阶段,个人虽然越来越融入世界历史,但是也越来越受到异己力量的支配;在第二个阶段,真正世界历史的演进程度,成为与个人解放程度同步的事情。②

其六,东方社会或者说不发达社会的现代化道路具有差异性,各个民族需要按照自身文化的特点和实际情况进行文化选择、整合和创新。马克思在相关东方的文章、书信和手稿中多次谈到印度、中国和俄国,并集中体现为"卡夫丁峡谷"问题。

从以上我们阐述的世界历史理论中不难看出,它为比较文化哲学提供了深刻的理论基础和背景。它不仅将文化比较提高到哲学层次,而且开拓了其理论视野,深化了其理论根基。

四、宏大叙事观照下的微观研究

在文化哲学的微观主义潮流涌动的现时代,马克思主义显然受到了挑战。马克思主义是不是只有宏观视角?它会被淹死在这股潮流中吗?马克思主义有没有微观视角?马克思主义需不需要开拓微观研究?很多质疑开始抛向马克思主义文化哲学。

例如萨特就认为:"历史唯物主义对历史作出了唯一合理的解释,存在主义仍然是研究现实的唯一具体的方法。"③他的意思很清楚,在整体性上宏观地研究人类历史,马克思的历史唯物主义是最好的也是唯一的合理的学说。但是在微观的具体研究方面,马克思主义是不足的,是需要发展和补充的。

---

① 《马克思恩格斯选集》第1卷,人民出版社2012年版,第405页。
② 参见《马克思恩格斯选集》第1卷,人民出版社2012年版,第169页。
③ [法]萨特:《辩证理性批判》(上),林骧华等译,安徽文艺出版社1998年版,第21页。

第一章 创新文化研究的理论背景

那么是不是萨特认为马克思主义没有微观视角呢？是没有人的人类学呢？其实不然。萨特认为原始的马克思主义，也就是马克思本人的思想并不缺乏个体维度的，甚至认为每个人的自由发展是一切人自由发展的前提条件，只是在构建唯物史观的过程中，宏观视角盖过了微观视角，特殊性没有得以发挥，而当今大部分马克思主义者认为抽象的具体是思维的特点，并试图用普遍性代替特殊性。①马克思主义微观视角的遮蔽，显然还有后来的很多马克思主义者的责任。因此萨特得出结论，即使在新的条件下，马克思还是充满生命力。他说："这种存在主义是在马克思主义的边缘发展起来的，它不是为了反对马克思主义"。②"不是以第三条道路或者唯心主义的人道主义名义来抛弃马克思主义，而是在马克思主义内部重新恢复人"。③

接下来关键的就是如何阐发马克思主义的微观视野，以及如何处理微观视角和宏观视角的关系。萨特说："我们每一个人在人类历史中同时地既是个人又是整体。"④也就是说，两个视角是融合为一的，是一个问题的两个方面。而且宏观视角和微观视角，处于一种动态的整合过程中，微观是宏观统摄下的微观，宏观是微观整合中的宏观。"如果说某种表现为多样性的综合统一的事情确实应该存在，那么，这就只能是一种正在进行的统一，即一种行动。"⑤

最后萨特强调了中介方法，认为中介方法，或者说"前进—回溯"的方法，是宏观视角和微观视角融合的关键。"实际上，辩证唯物主义不能再长期失去可以从中获益的中介，因为中介能使它从一般的和抽象的规定性转入某些特殊的和个别的特点。"⑥不是社会基本结构直接决定个人，个人直接从属于

---

① 参见[法]萨特：《辩证理性批判》（上），林骧华等译，安徽文艺出版社1998年版，第44—45页。
② [法]萨特：《辩证理性批判》（上），林骧华等译，安徽文艺出版社1998年版，第18页。
③ [法]萨特：《辩证理性批判》（上），林骧华等译，安徽文艺出版社1998年版，第71页。
④ [法]萨特：《辩证理性批判》（上），林骧华等译，安徽文艺出版社1998年版，第192页。
⑤ [法]萨特：《辩证理性批判》（上），林骧华等译，安徽文艺出版社1998年版，第180页。
⑥ [法]萨特：《辩证理性批判》（上），林骧华等译，安徽文艺出版社1998年版，第54页。

社会整体,而且在个人和历史条件之间存在中间环节,我们要重视家庭、社区、街道、学校、团体等微观环境,关注个体心理、情感、性别、种族、地位等,这样才能形成了对于社会历史研究的完整视角,宏观、中介和微观之间的视线转移完善了我们对于社会问题的思考。

五、批判理论观照下的文化危机研究

文化危机是个现实的文化问题,而且带有综合性、民族性和时代性,天然是个文化哲学问题。文化危机是文化演进过程中的必经阶段,当一种文化模式充分发挥作用之后,往往会从示范状态进入失范状态,文化主体会就此展开文化反省和文化批判,最终出现三种结果:文化变革、文化转型和文化消亡。由此观之,文化批判对于文化危机具有至关重要的作用,文化批判的成功与否决定着文化危机的走向。

在西方发达国家,文化危机是内源性的,主要是指启蒙理性的危机。这种工具理性在取得辉煌成就的同时也带来深刻的现代性问题,比如人的异化、生态污染、科技失范等。后发国家的文化危机比较复杂,是外源性危机激发下的内源性危机,不仅要以西方文化为参照系进行本国传统文化批判,还要保持对于西方文化的冷静态度。

在西方现代哲学中,胡塞尔晚年关于欧洲科学危机的分析、海德格尔的存在主义对于个体悲剧境遇的阐发、维特根斯坦晚年关于日常语言的研究、斯宾格勒的西方的没落等,都从不同侧面描述、反省和批判了西方的文化危机。其中最为激进的有两个思潮:后现代主义思潮和西方马克思主义思潮。后现代主义思潮对现代理性作出了全面否定,主张去中心、去本质、去权威的多元文化模式。西方马克思主义展开了全方位的文化批判,主要包括意识形态批判、技术理性批判、大众文化批判和心理机制批判等主题,程度不同地倾向社会主义的文化模式。

在中国近现代哲学中,主要有四种文化批判的观点,分为东方文化派、西方文化派、马克思主义文化派和综合创新文化派。

如前所述,文化批判的目的是挽救文化危机,成功进行文化变革或者文化转型,而文化演进的价值取向是推进人类的解放和自由。因此,在众多的文化批判思想中,马克思主义的文化批判理论最具革命性。

马克思继承了西方文化的批判精神,在自己的学术生涯中从宗教批判、政治批判、哲学批判、经济批判到文化人类学批判,全方位地展现了自己的批判理论的脉络。其中最为核心的是,马克思以剩余价值理论和唯物史观为基础,对资本主义进行了全面和深刻的批判,而且始终坚持人类解放的价值取向,并提出科学社会主义的现实道路。西方马克思主义的批判理论和东方马克思主义的批判理论都是从马克思主义这棵大树的生长点上发出的绚丽枝杈。马克思主义的批判理论是文化危机的最终解药。

第二节 马克思主义哲学视域下的创新理论研究

创新贯穿于人类历史的始终,但是创新理论从诞生到现在只有百余年的历史。生活在19世纪的马克思是创新理论的奠基人,他的创新理论内容丰富,但是隐含在以实践为核心、以社会发展理论为展现的历史唯物主义理论之中。熊彼特是创新理论的创始人,1912年《经济发展理论》一书的问世标志着创新理论的诞生。尽管熊彼特与马克思存在理论渊源关系,但是熊彼特不是一个马克思主义者,甚至不是一个哲学家,他仅仅在经济学领域片面地发展了马克思处于隐含状态的创新理论,却丢弃了马克思创新理论的哲学根基、历史维度、丰富内容和价值取向。虽然此后的技术创新经济学派、制度创新经济学派以及综合创新理论(国家创新体系)推进了创新理论的发展,但是他们作出更多的是经济学、政治学和社会学上的提升和丰富。由于历史的原因,中国的创新理论研究开始较晚,在党中央和政府的推动下,中国理论界逐渐开始重视和研究与经济发展紧密相关的创新实践理论,涌现出了大批的创新理论著作。从1912年诞生到现在,创新理论经历了一百多年的发展,创新与人们现实生活的关系越来越密切,在哲学视域下对其进行反思的时机已经成熟。创新实践在当代人类现实生活中的凸显,提醒我们恢复马克思创新理论的哲学基础、历史视野和价值取向,建构马克思主义的创新理论体系,关注当代人类的生存方式,揭示创新的普遍意义,推进社会和人的发展。

一、确立创新的哲学根基

为什么要在哲学视域下研究创新问题？马克思在《关于费尔巴哈的提纲》中说:"哲学家们只是用不同的方式解释世界,问题在于改变世界。"①哲学作为时代精神的精华,不仅关注和反思现实世界,而且赋予现实生活以意义,并会转化为改造世界的力量。当创新逐渐凸显并深刻影响人类的现实生活时,哲学视域下的关怀就成为必然。

创新贯穿于整个人类历史,它和发展问题关系密切,是社会发展和人的发展的动力。人类社会从诞生到成熟经历了一个漫长的发展过程。在古代社会,手工劳动生产能力低下,人与人的交往非常有限,处于相互依赖的关系之中,人类知识只是生产和交往实践经验的积累,因此这个时代的创新虽然对人类的生存和发展同样具有重大的意义,但它们更多的是人类自发性的活动,而非人类自觉性的活动,主体对客体的控制范围比较小、深度有限,创新的频率很低,社会发展缓慢,人的自由受到极大的束缚。所以在古代以血缘、伦理、政治关系为纽带的常规生活具有优势地位,创新活动处于劣势地位,创新不可能作为一种理论被明确阐述出来。只有到了近代,随着生产力的迅速发展,人和人的关系获得基于物的全面展开,知识从经验阶段过渡到理论阶段,资本的逻辑循着财富最大化的思路展开,普遍利用科学、机器、分工协作等组织形式和管理制度,创新才开始自觉地进入人类的理论视野。马克思蕴涵创新实践思想的发展理论就是在这样的时代背景下诞生的,并开启了一个新的时代。到

---

① 《马克思恩格斯选集》第1卷,人民出版社2012年版,第136页。

了资本主义后期,绝对剩余价值的剥削和殖民地的统治告急,人类资源接近临界点,各种全球问题出现,资本主义从最初的资源模式转变为知识模式,人类的创新活动相对于常规活动逐渐取得越来越大的优势,机器的智能化、人类交往的全球化、知识体系的完善化,标志着创新已经真正地成为人类自觉的创造性活动,深刻地影响着人们的生存方式。创新理论正是在这样的背景下被明确提出,并处在不断的发展过程中。当然这种历史趋势在资本主义社会中表现为一个悖论:一方面资本的逻辑要求主体的全面自觉,拥有知识和智慧,创造出新的增长点;另一方面,资本又惧怕这个力量,因为它必然导向一个异质的东西。正如英国的马克思主义社会学家托姆·博托莫尔在《现代资本主义理论》中所说:"经济上不断社会化过程的存在是十分清楚的,这一过程表现为大企业的不断增长,国家干预的不断增长,以及有计划地提供现代生产所需要的知识基础设施,有计划地安排需求,有计划地在同其他国家(也涉及重要部门的投资方向)的竞争斗争中维护民族经济,有计划地运用福利政策手段保证尽量减少社会舆论和社会内聚力。在这一实际的社会化过程中,对社会生产特征的有意识的认识也随之增长,这最终可能引起某种全社会的'自我生产'的思想。进而,作为社会化过程内部的一个有机组成部分,产生了从属阶级——工人阶级——为了自身解放和为了完全地参与社会生活组织而进行的斗争。"①创新活动的全面展开,无产阶级的普遍知识化和自觉化,为自由人联合体的社会准备了条件。

由于创新与科技和经济发展的密切关系,创新开始是作为一个经济学的范畴出现的。随着创新理论与经济学、政治学和社会学领域的深度结合,并成为影响整个社会的因素,人们不禁要问:创新是单纯的经济活动和社会行为,还是具有更加深刻意义的人类活动?这是一个哲学意义上的反思。创新已经凸显为社会存在和发展的重要因素,并深刻地影响着人类的现实生活,哲学视

---

① [英]托姆·博托莫尔:《现代资本主义理论》,北京经济学院出版社1989年版,第92页。

域下的创新研究成为必然。

创新的哲学根基在哪里？在哲学视域下研究创新问题，需要在哲学理论体系中确立创新的地位。英文 Innovation（创新）来源于拉丁文，词根 nova 表示"新的"意思，加上前缀 in 变为动词，具有"更新"的含义，意味着对世界的更新和改造。马克思在以历史唯物主义为基础的政治经济学研究中，始终是在研究资本主义具体实践的基础上涉及创新的论述。创新的哲学根基就是实践，创新是一种实践活动，创新就是创新实践。因此创新不仅是经济活动，而且是人类的生存方式，它集中体现了人类生存方式的超越性。

在对实践进行分类研究时，人们比较熟悉的视角是全面生产实践，即物质生产实践、交往实践和精神生产实践，而往往忽视对创新实践和常规实践的研究。创新实践和常规实践是对应的范畴，它们作为整体和全面生产实践相对应，形成分析研究实践的两个不同视角。创新实践和常规实践是以实践的内部结构要素的性质是否发生本质变化为标准对实践活动的划分。常规实践是同质性、重复性的实践，创新实践是异质性、创造性的实践。全面生产实践是对人的实践活动不同领域的划分。

创新是人类超越现存世界的现实活动，充分体现了人类生存方式的特点，因此创新是一种实践活动，创新就是创新实践。它们的关系如同"物质生产、交往和精神生产"与"物质生产实践、交往实践和精神生产实践"的关系一样，只是表述方式的不同，没有实质差异。在日常生活和一般的学术研究中，如果我们不是特意强调创新活动的哲学性质，使用创新或者创新实践区别不大。但是在专门的哲学研究中，由于对创新的哲学反思还没有物质生产、精神生产和交往理论等那么成熟，在学者中并没有产生共识，作者在试图用"创新"表达生存方式的意蕴时，往往会产生误会，可能使人误以为是在表达一种商业行为，因此应该强调创新实践概念的使用。把实践这个古老话题和创新这个当代范畴结合为一个整体，这样就把创新和实践两个方面的研究均引向深入。用实践理论来研究创新，用创新观点发展实践理论。实践是创新的哲学根基，实践理论是创新实践理论的出发点；创新就是创新实践，创新实践是当代人类

第一章　创新文化研究的理论背景

生存方式的突出特点。

创新哲学根基的确立凸显了创新主体的普遍性和人的自由全面发展的价值取向。一方面，创新实践是人的生存方式，说明人类中的每个个体都应该受到合理的教育，获得平等的就业机会，受到社会的尊重，成为创新实践的主体。熊彼特的创新理论认为："新的结合的实现是一种特殊的职能，有这种特权的这类人的数量，比所有那些有实现新的结合的'客观的'可能性的人的数量要少得多。因此，企业家最终是一种特殊的类型，他们的行为是一个特殊的问题，是大量的重要意义的现象产生的动力。"[①]但是资本主义的发展证明单纯依靠精英的创新实践必然在生产社会化的过程中成为历史，当代社会的发展依赖人类的合作和普遍的创新实践行为。另一方面，在资本的逻辑占优势的前提下，人类实践活动的价值取向出现了偏差，物取代了人成为生产和其他一切实践活动的目的，创新实践也毫不例外地成为人类创造财富的手段。马克思说："这种为了价值和剩余价值而进行的生产，像较为详细的说明所已经指出的那样，包含着一种不断发生作用的趋势，就是要把生产商品所必需的劳动时间，即把商品的价值，缩减到当时的社会平均水平以下。力求将成本价格缩减到它的最低限度的努力，成了提高劳动社会生产力的最有力的杠杆，不过在这里，劳动社会生产力的提高只是表现为资本生产力的不断提高。"[②]强调创新的哲学根基，让我们再一次把关注的焦点移向了人。人和人的发展是创新实践的价值取向，创新实践必将为人类摆脱资本的逻辑、最终实现自由全面发展创造各个方面的条件。

确立创新的哲学根基也让我们获得了一个历史的维度。一方面，创新实践贯穿于人类历史的始终，它不是像计算机一样是20世纪才刚刚出现的新鲜事物，我们的祖先在历史上就不断进行着创新实践，比如火的发现、冶铁和造船技术的发明、闻名世界的四大发明等。对于古代先民的创新实践，我们应怀

---

① ［美］熊彼特：《经济发展理论》，商务印书馆1990年版，第90—91页。
② 《马克思恩格斯选集》第2卷，人民出版社2012年版，第651页。

着崇敬的心情,他们的努力是我们反思和创造的巨大财富。另一方面,创新实践是人类当代和未来生存方式的突出特点。创新实践和常规实践作为一对矛盾并存于整个人类历史。在古代社会,常规实践处于优势地位。经过近代和现代的社会发展,在当今由劳动力经济、资源经济进入知识经济时代,在世界历史、全球化展开的时代,创新实践逐渐凸显出来,取得优势地位。创新实践充斥于人类生存的空间和时间,每个主体都应该有足够的重视。历史维度的确立突出了创新实践的理论和现实价值。

二、回归和发展马克思主义哲学

创新的哲学根基是实践,而实践理论是在马克思哲学中最先得到科学阐释的,并成为马克思主义哲学的基石,因此在哲学视域下研究创新,意味着创新理论向马克思主义哲学的回归,创新实践理论必然促进马克思主义哲学的发展。

马克思是创新实践理论的奠基人,他的创新实践理论的特点表现在两个方面:一方面,马克思的创新实践理论表现出和它在形式上的萌芽状态不相称的丰富性。首先,马克思的创新实践理论深植在哲学的土壤之中。马克思的创新实践理论建立在以实践理论为基石的唯物史观的基础上,因此具有深厚的哲学根基,他总是在利用历史唯物主义研究资本主义本质和规律的时候,阐述创新实践的问题。整个社会是一个有机的系统,各种创新实践活动存在本质联系,不同历史时期的人类创新实践存在辩证关系。其次,马克思的创新实践理论具有广阔的历史维度。"马克思关于创新的研究主要是从两个方面展开和体现的:一是关于创新与社会发展关系的一般理论分析;二是关于资本主义社会创新的具体研究。""就创新与社会发展的一般关系而言,主要是通过传统社会与现代社会的比较而予以阐述的。"[①]也就是说,马克思在以《资本论》为最高成就的社会研究中,尽管把资本主义确定为关注的重点,但是他从

---

① 丰子义:《发展的反思与探索》,中国人民大学出版社2006年版,第303页。

第一章 创新文化研究的理论背景

来也没有放弃历史的维度,总是在从原始社会到资本主义社会的广阔历史空间里纵横捭阖,而且一直把眼光投向未来更为合理的社会,因此他的创新实践思想充满了历史的厚重感。再次,马克思的创新实践理论包含丰富的内容。在马克思深厚的哲学土壤中,创新实践理论在各方面得以健康地生长。马克思不仅全面地研究技术创新实践、科学创新实践和制度创新实践,而且把它们作为一个有机系统,研究它们之间的本质联系。他认为技术创新实践是创新实践的物质基础,它的发展必然引起制度创新实践和科学创新实践;他也看到科学,尤其是自然科学的成果向技术和工业的转变,并预见到未来社会生产力中知识性因素的决定作用;马克思的制度概念的内容也非常丰富,包括企业的组织形式和管理制度,以及社会制度和国家机构等。最后,马克思的创新实践理论具有鲜明的价值取向。马克思不仅把人类的创新实践和社会发展统一起来,而且把创新实践和人的自由全面发展统一起来;不仅肯定创新实践的积极作用,而且清醒地看到资本主义社会人的异化。另一方面,由于时代的局限性,马克思还没有自觉地构建创新实践理论。尽管马克思已经看到了科学、技术、制度创新实践在资本主义发展中的巨大作用,而且深入研究了资本主义社会的经济规律,比如马克思在《1857—1858年经济学手稿》中就说:"资本的趋势是赋予生产以科学的性质,而直接劳动则被贬低为只是生产过程的一个要素"。[1] "现实财富的创造较少地取决于劳动时间和已耗费的劳动量……而是取决于科学的一般水平和技术进步,或者说取决于这种科学在生产上的应用。"[2]但是他没有明确提出创新或创新实践这一范畴,也没有把创新实践作为专题进行研究,他的创新实践理论或明或暗地蕴涵在丰富的以实践为核心、以社会发展理论为展现的历史唯物主义理论之中,创新实践的历史作用并没有得到充分的阐述。

基于马克思创新实践理论的两个特点,我们在哲学视域下的创新研究应

---

[1] 《马克思恩格斯选集》第2卷,人民出版社2012年版,第777页。
[2] 《马克思恩格斯选集》第2卷,人民出版社2012年版,第782—783页。

该回归马克思创新实践理论在哲学基础、历史维度、核心内容和价值取向等方面的基本旨趣,努力开掘这座隐藏的宝藏。同时,马克思创新实践理论的时代局限性也是客观事实,我们必须在其基本旨趣的基础上,结合已有的精神成果和时代特点,建构马克思主义的创新实践理论体系,把马克思主义哲学推向新的时代形态。

第一,创新实践是马克思主义哲学的一个新的生长点。马克思主义哲学是科学的世界观,马克思不仅正确地阐述了它的基本理论原则,而且运用它创作了研究资本主义的经典著作《资本论》。但是随着社会的发展,在面对新的时代问题的时候,马克思主义哲学同样需要不断地丰富和发展,这也是符合马克思的基本旨趣的。马克思主义哲学工作者在很多方面发展了马克思主义哲学,比如马克思主义哲学现代性的问题、世界历史理论与全球化问题、价值观、生态问题、人的发展和社会发展问题、虚拟实践、精神生产理论等等,创新实践也是马克思主义哲学的一个新的生长点,它是对新的时代条件下人类生存方式新的特点的研究和概括。虽然从近代到现代世界先后发生了多次科技革命,当代科学创新、制度创新和知识创新也在不同国家频繁地进行着,但是人类还没有真正进入已经展露曙光的知识经济时代,也就是说,创新实践还没有和精神生产实践一起成为普照的光,创新实践还是一个崭新的论题,尤其是在哲学领域。随着人类实践的不断推进,创新实践必将成为马克思主义哲学的重要论题和理论生长点。

第二,创新实践的哲学研究,不仅将把马克思主义哲学的实践论发展到一个新的境界,而且必将成为马克思主义哲学现代化的主要内容和基础性的部分。马克思从实践一般,到实践特殊,再到当时资本主义的实践个别,一路走来,对于实践的哲学研究不断具体化。创新实践的研究是对知识经济、全球化时代的理论回答,是在新的时代条件下对于马克思的实践理论的又一次推进,是实践哲学研究的具体化和创新,对于保持马克思实践理论的活力、影响力和适用性都会起到一定的作用。同时,实践理论在马克思哲学革命中的决定性作用和在马克思主义哲学中的核心地位,决定了这种探索必定在马克思主义哲学现代化的过程中起到至关重要的作用。

第三,强调创新的哲学研究是对于现代西方哲学挑战的回答。马克思主义哲学作为现代哲学,与西方现代哲学面对同样的历史文化遗产、同样的时代提出的哲学问题,回答却是不同的。现代西方哲学从一开始就不断诘难马克思主义哲学,实用主义、马赫主义、逻辑经验主义、存在主义、新托马斯主义等流派都对实践作出了自己的不同解释,这是对马克思主义哲学实践观的直接挑战。到了20世纪,随着创新活动地位的凸显,尤其是熊彼特在学理上提出了创新范畴和创新理论以后,现代西方哲学更是把马克思的实践理论束之高阁,对它的解释力提出了怀疑。我们研究创新实践,就是结合时代特征,证明和扩展马克思实践理论的解释力和适用性,回答这种挑战。

三、建构创新实践的理论体系

确立创新的哲学根基,引导创新理论回归马克思主义哲学,并促进马克思主义哲学的发展,还需要建构马克思主义的创新实践理论体系。建构这个理论体系,需要做好四个方面的工作,并相应地坚持四个原则:熟悉马克思的文本,梳理马克思的实践理论和创新实践理论,坚持马克思创新实践理论的基本旨趣;全面掌握并扬弃创新理论诞生以来的精神成果;以现实生活世界为立足点,深入研究人类创新实践的历史,尤其是近代以来的历史;研究马克思《资本论》,甚至黑格尔《逻辑学》的逻辑,在哲学视域下本着从抽象到具体的逻辑原则进行正面建构。

根据以上原则,在建构创新实践的理论体系时,我们必然以实践理论为基础选择"创新实践",而不是把"创新"作为我们的核心范畴,并从最为抽象的创新实践含义入手,展开创新实践理论的完整画面。基于已经取得的研究成果,我们认为创新实践理论大概需要包括这样几个部分:创新实践的基本规定、创新实践的类型、创新实践的动力、创新实践的功能、创新实践的途径和创新实践的价值取向等。

创新实践的基本规定部分包括三个层次的内容。首先,明确提出创新实践的定义。所谓创新实践,是指人们在现实生活中通过研究发现自然、社会和思维现象及其之间相互作用的新的本质和新的规律,以及运用这种新的认识成果发明新的技术、新的制度,创造新的事物和过程的实践活动。初步介绍创新实践的类型和内外部结构,界定当代创新实践和古代创新实践,指出创新实践贯穿于人类历史的始终,相对于古代创新实践的自发性、体能性、专制性和渐进性,近代以来的创新实践出现了自觉性、智能性、民主性和革命性的特点,尤其在当代知识经济和全球化的背景下,创新实践成为当代人类生存方式的突出特点。其次,分析创新实践和常规实践构成的基本矛盾,明确两者的本质联系和区别。创新实践和常规实践都是改造客观世界的实践活动,实践活动就是创新性和常规性的统一,它们所涉及的人类活动领域和历史跨度也是一致的。但它们是以实践的内部结构要素的性质是否发生本质变化为标准划分的两类不同的实践,它们内部结构要素的性质不同,创新实践更大程度地发挥了主体性,改造世界的效果更加明显,作为矛盾双方它们的相互排斥和相互对立表现为各种情形,与不同领域实践的关系不同,在不同历史阶段的地位不同。在创新实践与常规实践的比较中,创新实践的特性更加清晰地呈现出来。相对于常规实践的同质性、重复性、稳定性,创新实践是异质性、创造性、风险性的,内部要素充盈新的内容,人的主观能动性尽情发挥,无限突破地改造客观世界,代表社会的先进势力,代表着未来世界的发展方向,是当代和未来社会人类实践方式的突出特点。最后,论述创新实践和常规实践作为一个整体与物质生产、交往和精神生产三种类型实践的关系,融合了实践研究的两个不同视角。创新实践和常规实践普遍地存在于全面生产实践的各个领域,并通过对两个视角分别进行的历史回顾,找到创新实践和精神生产实践的契合。

以创新实践的基本规定为基础,我们论述创新实践的类型、动力、功能、途径和价值取向。创新实践有三大类型:知识创新实践、技术创新实践和制度创新实践。知识创新实践是创新实践的精神源泉,技术创新实践是创新实践的物质基础,制度创新实践是创新实践的社会环境,它们互为中介,构成整体,共同承载着社会和人的发展。创新实践的动力是一个系统,包括需要、利益、社会基本矛盾和社会结构内部矛盾等要素。其中,需要是创新实践的原始动力,利益是创新实践的直接动力,社会基本矛盾是创新实践的根本动力,社会结构内部矛盾是创新实践的具体动力。在需要和利益之间是人类实践活动的展开,是社会基本矛盾和社会结构内部矛盾的辩证运动。它们构成创新实践的动力系统,推动创新实践的展开。创新实践的功能主要表现在两个方面:一是促进社会发展;二是促进人的自由而全面发展。创新实践的途径与创新实践的结构紧密相关,深入创新实践的内部结构和外部结构,分析创新实践的要素,就可以寻找到如何开展创新实践的途径。创新实践的途径主要包括四个方面:培养创新实践的普遍主体、开发创新实践的客体资源、打造创新实践的中介系统和营造创新实践的外部环境。创新实践的价值取向在不同历史时期是不同的,原始社会的创新实践是为了集体的生存,奴隶社会和封建社会的创新实践是为了家天下的稳定和强盛,资本主义社会的创新实践是为了资本逻辑的延伸和剩余价值的获得,共产主义社会的创新实践是为了物质的极大丰富、社会制度的完善和谐、精神世界的丰富强大、人的自由而全面发展。在当前人对物的依赖关系全面展开,并为向自由人联合体过渡准备条件的阶段,我们应该积极地将创新实践的价值取向调整为人的自由而全面发展。

当然马克思主义创新实践理论才刚刚开始建构,各方面的问题都存在广阔的研究空间。

创新活动的哲学根基是实践,马克思主义创新实践理论体系的建构,既是对马克思主义哲学基本旨趣的回归,也是对马克思主义哲学的发展。创新活动只有在哲学的视域下才能获得更加深刻的意义,创新理论只有在马克思主义哲学的科学土壤中才能全面展开;创新实践是当代和未来人类的生存方式,创新实践理论在新的平台上打通了马克思主义哲学的众多领域,赋予马克思主义哲学新的生命力。

第二章 创新文化的基本规定

在马克思的实践理论视域下,创新实践和常规实践是一对矛盾。如果说古代世界常规实践占据主导地位,人类的创新实践分散、孤立的话,那么现代世界创新实践则逐渐取得优势地位,人类的创新实践密集、融通,在某种程度上已经成为人类的生存方式,创新理论应运而生。马克思是创新理论的奠基人(马克思在哲学上的实践生成论和政治经济学上的剩余价值理论为创新理论奠定了基础),熊彼特是创新理论的创立者,后经技术经济学派和制度经济学派而逐渐走向综合发展道路,更多影响创新的因素被考虑和研究,文化视角显现,学界称之为创新文化(Innovation Culture)。

第一节 创新文化的理论定位、哲学根基和定义

创新最初是一个经济学范畴,随着创新问题在整个社会影响力的拓展,尤其是创新本身的普遍性,哲学层次的阐释就有了必要性。而哲学阐释最重要的就是准确地找到它的哲学根基,从而将其纳入哲学体系之中,并成为新的生长点。在马克思主义哲学的视域下,创新的哲学根基是实践,创新就是创新实践。沿着这条思路,如果我们想要深刻地把握和理解创新文化问题,就需要弄清楚三个问题:创新文化和创新实践是什么关系?创新文化的哲学根基是什么?什么是创新文化?

第二章 创新文化的基本规定

一、创新文化在创新实践理论中的定位

马克思主义哲学本质上是实践生成论。作为人的生存方式的实践是作为现代哲学的马克思主义哲学的本体,它不仅普遍地存在于人的生存空间中,而且形成变与不变的辩证法。从横向的静态视角来看,按照领域实践分为物质生产实践、关系生产实践(交往实践)、精神生产实践;从纵向的动态视角来看,按照生产和再生产的性质,即是否具有新的要素和创造性,实践分为创新实践和常规实践。所谓创新实践,是指人们在现实生活中通过研究发现自然、社会和思维现象及其相互作用的新的本质和新的规律,并运用这种新的认识成果发明新的技术、制定新的制度、创造新的事物和过程的实践活动。所谓常规实践,是指人们传播和运用已被发现的客观事物的本质和规律,按照原来的思维方式、生产方式、规章制度重复进行,并且生产同质性成果的实践活动。两个视角是融合的。创新实践和全面生产实践的一般关系是,所有领域的实践活动都既有常规性又有创新性,创新实践按照实践领域可以分为技术创新实践、制度创新实践和知识创新实践。知识创新实践是创新实践的源泉,对应新的本质和新的规律,包括真理知识、善德知识和美感知识;技术创新实践是创新实践的基础,对应新的技术,包括新的物质设备、工艺流程和操作方法;制度创新实践是创新实践的保障,对应新的制度,包括人们之间在经济交往、政治交往和精神交往各领域的新的组织方式、管理制度和社会制度。它们彼此互为中介,构成一个整体,共同承载着社会和人的发展。创新实践和全面生产实践的特殊关系是,按照不同实践在历史上的优势地位来描述,"常规实践—常规实践和创新实践—创新实践"的历史演进序列与"交往实践—物质生产实践—精神生产实践"的历史演进序列基本上存在对应关系,知识经济和信息技术的时代创新实践占有主导地位。也正是在这个意义上,我们称现时代为知识经济时代,称当代人的生存方式是创新实践。

在马克思的整个理论体系中,动态的创新是基本特征。马克思主义哲学本质上是实践生成论,人类以实践为生存方式展开社会建构;马克思主义政治

经济学的核心是剩余价值理论,强调扩大再生产、相对剩余价值和资本积累。正如马克思所说:"在再生产的行为本身中,不但客观条件改变着……而且生产者也改变着,他炼出新的品质,通过生产而发展和改造着自身,造成新的力量和新的观念,造成新的交往方式,新的需要和新的语言。"①

创新文化是创新实践的文化环境。如实践一样,创新实践是动态的开放结构,内部结构包括主体、客体和中介,外部环境包括经济形式、政治体制和文化土壤等。马克思说:"人们用以生产自己的生活资料的方式,首先取决于他们已有的和需要再生产的生活资料本身的特性。这种生产方式不应当只从它是个人肉体存在的再生产这方面加以考察。……个人是什么样的,这取决于他们进行生产的物质条件。"②由此可见,实践活动是一个动态的创新实践过程,但是再生产总是依赖于既成的实践结果,即实践的外部环境,其中文化环境就是一个重要因素。作为精神生活方式和成果,文化是人类实践活动的内在机理,实践是人类文化意图的外在表现,两者具有同构性。影响创新实践的文化因素指的就是创新文化,创新实践需要创新文化作为生长的土壤。

当然内部因素和外部因素的划分是相对的,外部因素一旦纳入创新实践过程中,成为创新实践的主体、客体和中介,或者主体、客体和中介因素,就成为创新实践的内部因素;内部因素,一旦经过创新实践的过程,成为创新实践的成果,就成为下一个创新实践的内部要素或外部环境。创新实践就是在内部因素的矛盾运动与内部因素和外部因素的交互运动中展开的,它是人的本质力量的集中体现。就创新文化而言,创新文化是创新实践的外部精神因素,但是它可以渗透到所有内部要素,即主体、客体和中介之中,在技术创新实践、制度创新实践和知识创新实践之中发挥作用,并作为创新实践的结果的精神部分成为下一个创新实践的内部精神要素或外部文化环境。其中精神生产实

---

① 《马克思恩格斯选集》第2卷,人民出版社2012年版,第747页。
② 《马克思恩格斯选集》第1卷,人民出版社2012年版,第147页。

践和知识创新实践(由于我们这里取的是狭义的文化,因此也可称为文化生产实践和文化创新实践)与创新文化的关系最为直接。

二、创新文化的哲学根基

文化在内涵上主要和自然相对,是特定时代特定地域特定人群为追寻某种程度的自由所创造的生活方式;外延上有广义和狭义之分,广义上包括物质、制度和精神文化,狭义上是指精神文化,当然还有更为狭义的情况,专指文学艺术。我们研究的创新文化中的文化是在狭义上使用的,是指与物质、制度并列的精神文化。因此我们认为创新文化的哲学根基是社会意识。

社会意识分为不同的领域和层次,又包括历史、比较和结构三个维度。创新文化虽然根植社会意识之中,是社会意识的一个部分,但并不是某个领域、层次、维度,而是从性质上划分的,是指文化中有利于创新的部分,与常规文化相对。因此正如创新实践普遍地存在于实践的各个领域一样,创新文化也普遍地存在于社会意识的各个领域、层次和维度。社会意识是实践的精神场,创新文化是创新实践的精神场,有关社会意识的哲学理论可以帮助我们形成对于创新文化的基本规定。

三、创新文化的定义

对于创新文化,一般的理解是指有利于创新的社会氛围,创新理念和行为得到社会认可,人们相信创新、推崇创新、鼓励冒险、奖励创新、宽容失败。针对这个理解,金吾伦认为:"创新文化的含义不但指创新需要一个良好的文化环境,而且指文化对创新具有导向作用和牵引作用。"[①]意思是说,创新实践不仅需要社会认可,而且需要价值引导。所谓价值引导,一方面是指经济效益,另一方面是指恪守职业道德、讲求爱国主义、追求生态价值等。但是这仍然是

[①] 金吾伦:《创新文化模式》,《科学决策》2001年第4期。

一种单纯的价值观阐释,不过是价值观的两个方面:认可和引导。我们认为,创新文化应该包含更多,所谓创新文化,是指为人们的创新实践活动提供思想材料、创新形式、社会氛围和价值引导的精神文化。简言之,就是支撑、推动、认可和引导创新的文化。

第二节　创新文化的领域、层次和维度

在确定了创新文化的理论定位、哲学根基和定义以后,我们就可以利用相关理论对创新文化进行分析了。创新文化的哲学根基是社会意识,因此我们可以从领域、层次和维度三个方面进一步对创新文化进行研究。

一、创新文化的领域和层次

创新文化分为不同的领域和层次。创新文化几乎涉及所有的领域。通常人们认为创新文化的核心部分是价值观,因为人类社会获得能量和信息的方式,不是完全凭借本能,而是具有主观能动性,很多行为及其结果都是主体的选择,这依赖于人的价值取向。但是价值判断是以真理事实为基础的,脱离真理,价值就会脱离正确的轨道,目的必须寻求合理的手段。同样,美感是人类在真理和价值基础上追求的更高目标,也是创新文化不可或缺的部分。"各门科学是同宗同源的。"[①]创新文化是一个自然、社会、艺术等各方面精神产品构成的系统。

同时这个系统是分层次的,即社会心理和社会意识形式。创新文化的社会心理层面是自发的、没有理论化系统化的、不定型的社会意识,停留于感性认识层面,表现为感觉、知觉、表象、情感、意志、心态、风俗、习惯等;创新文化的社会意识形式层面是自觉的、理论化系统化的、定型的社会意识,上升为理

---

① 夏先良:《知识论》,对外经济贸易大学出版社2000年版,第8页。

性认识层面,表现为社会科学和自然科学的各类思想。两个层面的创新文化是相通的,前者是后者的基础,后者是前者的升华,在创新实践中,两者共同发挥作用。

二、创新文化的三个维度

创新文化具有历史、比较和结构三个维度。历史维度就是古今视角,在创新文化研究中我们可以挖掘古代创新文化资源,它们作为文化基础、底色和基因是一个国家、地区和民族创新文化的本源要素,从而形成传统创新文化对现代创新文化的观照。传统创新文化的内容非常丰富,比如中国传统文化中的"贵和尚中"思想,如能摆脱中庸之道的束缚就可以成为求同存异综合创新的智慧。再比如"刚健有为"的思想,其实就是革故鼎新的"向上之心",如能不受"相与之情"的局限,就可以成为改革创新精神的思想渊源。[1] 还有中国古代的辩证法、变法革新思想、科学技术史等。

比较维度就是中外视角,在创新文化研究中我们可以到外国文化中寻找可以借鉴的创新文化元素,形成外国创新文化对于中国创新文化的观照。比如西方文化中的科学理性精神、逻辑抽象思维、进取批判传统等,再比如英国社会发展的渐进变革的模式。现代创新文化理论和实践也先发于西方,在国家创新战略、企业文化、大学文化等方面西方社会积累的丰富经验,值得我们借鉴。

结构维度就是上下视角,是社会本身的立体层级。在结构维度方面,主要是处理好国家创新文化、知识分子创新文化和大众创新文化的关系,尽力实现三者的上下贯通。国家创新文化与国家创新体系相关,是指有利于并指导创新型国家建设的价值观、理念、行动纲领等。知识分子创新文化包括产学研很多领域,目前比较活跃的是企业创新文化和大学创新文化。大众创新文化是指社会底层群众的科学精神、创新意识、突破性思维等。创新文化在社会结构

---

[1] 参见梁漱溟:《中国文化要义》,上海人民出版社2014年版,第127页。

中最理想的状态就是做到上下贯通,既能上升为国家意识,也能渗透到民族和大众的血液中,并得到知识分子文化的理论自觉、智力支持和合理规范,从而形成立体的、动态的、和谐的有利于创新的文化氛围和文化环境。

同时由于中国民族关系的特色,结构维度也表现为中华民族与各个民族多元一体的关系,一方面是开发中华民族共有精神家园的创新文化价值,另一方面是批判继承各个民族的创新文化资源。

在创新文化内部结构探讨的基础上,我们有必要对其外部结构进行拓展研究。我们之前对创新文化进行了狭义的规定,限定在精神文化领域。但是精神文化具有内置性、无形性和抽象性,必须通过物质形式表现出来,比如语言、行动、制度和技术等。创新文化的研究和把握也必须借助创新文化的外在表现。在马克思主义实践理论所规定的广义的三种文化形式中,精神文化位于内层、制度文化居中、物质文化处于外层。"创新文化内核应该属于精神层面,对它的理解不能泛化,但精神的抽象性要求对创新文化的把握,不能脱离创新文化系统的表现层次与环境,如果脱离了创新文化系统的表现层次和环境,对完全抽象的创新文化系统的研究、分析与把握将难以进行。"[1]

第三节 创新文化的主要内容、分类和特性

在创新文化的深层理论背景、基础理论和基本视角确定之后,以此为基础和线索,有关创新文化表层的理论问题就会比较容易研究了,本节主要介绍创新文化的主要内容、分类和特性。

一、创新文化的主要内容

我们之前对创新文化下了定义,也了解了创新文化的领域、层次和维度,

---

[1] 王平聚、曾国屏:《创新文化系统分析的一个理论框架》,《自然辩证法研究》2015年第1期。

第二章 创新文化的基本规定

但是如果不能有理有据准确明白地指出创新文化的内容,我们其实仍然不知道什么是创新文化。

我们先来看领域和层次这个方面,可以把它们理解为同一视角,是就创新文化本身进行的内容规定,而它们分别是这一视角的横纵坐标。

作为横坐标的是真善美三个领域。从真的角度,创新文化包括科学思想和科学精神。正如有学者所说:一部科技创新发展史,也是一部创新文化的发展史。科学,无论是自然科学,还是社会科学,包括技术,其本身的知识体系、思想内容和科学方法就是创新文化。除此以外,科学家共同体在科学研究、传播和应用的活动中也表现出科学精神,这也是有利于创新的文化内容。科学精神的内容比较丰富,比如理性精神、求真精神、批判精神、挑战精神、献身精神等。从善的角度,创新文化表现在人与人的关系层面上,其核心的就是价值观问题。创新理念和行为得到社会认可,人们相信创新、推崇创新、鼓励冒险、奖励创新、宽容失败,创新主体恪守学术道德、具有协作精神和开放心态、讲求爱国主义和国际主义精神,追求经济价值、生态价值和人文价值的统一。从美的角度,创新文化和人的超越性存在直接相关,是人们在创新实践中基于真理和价值之上的更高追求。马克思在《1844年经济学哲学手稿》中说:"动物只是按照它所属的那个种的尺度和需要来构造,而人却懂得按照任何一个种的尺度来进行生产,并且懂得处处都把固有的尺度运用于对象;因此,人也按照美的规律来构造。"[①]这说明美感是人所独有的,是人的内在尺度之一,是人的一种比较高级的超越性的尺度,一件事物的美丑,就是由人的美的内在尺度决定的。人们在知识创新实践、技术创新实践和制度创新实践中总是试图发现新的审美对象、获得新的美感知识、掌握新的创造美感事物的方法。因此创新文化也包含对美的探索精神。总之,创新文化的内容指的就是该领域的思想内容和该思想内容体现的精神,即科学思想和科学精神,价值观和协商精神,美感知识和探求美的精神。

---

① 《马克思恩格斯选集》第1卷,人民出版社2012年版,第57页。

作为纵坐标的是社会心理和社会意识形式两个层次。在社会心理层次，创新文化包括科学常识、素朴的科学精神，对于创新自发的认同态度、情感上的欣赏热爱、意志上的坚忍不拔，创新变革的传统、风俗、习惯，对于美好生活的向往等。总之，社会心理层面的创新文化虽然尚未理论化系统化，却十分珍贵和重要，是创新实践的民众基础。在社会意识形式层面，创新文化包括自然科学、社会科学、人文学科的各类思想观点中有利于创新的内容和形式、理论和实践，其中最为直接的就是各类创新理论、创新理念、创新战略等。

我们再来看维度方面，是指结构、历史、比较三个维度，这是从创新文化在社会历史中的位置这个视角所作的规定。

我们可以先来看结构维度，主要是指主体的层级。国家、组织和个人都体现了创新文化真善美的全面性与社会心理和社会意识形式的层次性，只是每个主体层级各具特点。从国家角度，创新文化具有宏观指导性，作为顶层设计，对国家创新体系中的创新实践都具有影响力。新时代国家创新文化的精神核心是创新发展理念。创新发展理念认为创新是驱动发展的第一动力，在经济发展的新常态下，唯有创新才能解决经济形态升级和可持续发展的问题。这是马克思主义创新理论演绎的必然结果，也是中国革命和建设实践的历史趋向。行动纲领是创新驱动发展战略。创新驱动发展战略主要包括六个方面：战略背景、战略要求、战略部署、战略任务、战略保障和战略实施。战略支撑是科技创新观及全面创新观。"科技创新是提高社会生产力和综合国力的战略支撑，必须摆在国家发展全局的核心位置。"[1]与此同时，习近平也多次指出，实施创新驱动发展，必须"不断推进理论创新、制度创新、科技创新、文化创新等各方面创新，让创新贯穿党和国家一切工作，让创新在全社会蔚然成风。"[2]社会基础是科教兴国战略和人才强国战略。科技是第一生产力，人才

---

[1] 《国家创新驱动发展战略纲要》，人民出版社2016年版，第1页。
[2] 《习近平关于科技创新论述摘编》，中央文献出版社2016年版，第9页。

是第一资源。"产业强、经济强、国家强",创新型人才都是关键。从组织角度,创新文化具有中观的中介性,一方面是国家创新文化的落实、监督和滋养,另一方面又是大众创新文化的塑造和升级。以企业创新文化为例,具有创新精神的企业对于企业员工应该设置合适的挑战,激发创新动力,并给予相应的自主权,使其可以灵活负责地处理事务,配合物质和精神上的双重认可;团队可以充分交流、精诚合作、相互支持;领导者支持参与创新,设置明确目标,提供运行资源;企业组织具有凝聚力,配备符合企业文化的物理环境,具有风险承担能力。[①] 大学创新文化也是组织层面的重要内容,大学精神应该包含创新文化。从个人角度,创新文化具有微观性和基础性,是国家和组织创新文化的体现者,是创新实践的直接动力。创新文化在个人身上的体现是创新意识、创新思维、创新能力,在生活和工作中,能够运用创新理论和创新方法进行创新实践,并对他人的创新活动给予鼓励、理解、包容和配合。个人的合体就是大众,大众创新文化是创新最深厚的文化土壤,对于滋养创新因素、激发创新活力、推动创新行为、形成创新蔚然成风的生动局面具有决定作用。

从历史维度来看,自主创新是民族复兴的根本。而自主创新的本源要素就是中国传统文化中的创新文化基因。中国传统创新文化资源主要体现在三个方面:中国古代辩证法的创新意蕴和中华民族精神中的创新基因,中国历代的变法革新思想,中国古代科学技术思想。中国革命创新文化是在革命实践的基础上融合中国传统创新文化和马克思主义创新文化的结果。其包含的以毛泽东思想为代表的革命理论,五四精神、红船精神、井冈山精神、苏区精神、长征精神、延安精神、西柏坡精神等革命精神,农村包围城市、统一战线、土地改革等革命政策,都是当代中国创新发展的重要文化资源。而且现代民族精神也正在形成中,创新文化应该成为其中的重要内容。《国家创新驱动发展战略纲要》中明确指出:"在全社会形成鼓励创造、追求卓越的创新文化,推动

---

① 参见[澳]阿曼莎·英博:《塑造创新文化》,陈劲等译,电子工业出版社2018年版。

创新成为民族精神的重要内涵。"①中国精神包括以爱国主义为核心的民族精神和以改革创新为核心的时代精神。

从比较维度来看,创新文化的内容还包括国外的创新文化资源。欧美等国家和地区的民族文化特质中就包含创新文化的基因,比如古希腊的理性主义、欧洲的科学主义精神、文艺复兴和启蒙运动精神、美国的移民文化等。当代创新文化的实践和理论缘起于西方,国外学者对于创新文化的研究已经比较深入,尤其在国家创新体系、区域创新系统、企业创新、大学创新等领域。

二、创新文化的分类

创新文化具有很强的普遍性,涉及人类生活的各个领域。随着文化继技术、制度之后成为创新实践的第三大要素以来,创新文化作为研究主题就逐渐得到学术界的重视,并产生了各个领域的研究成果。除了总论性的研究,即研究创新文化的内涵、历史、结构、内容、特性、功能、机制、建构等问题以外,创新文化的具体研究领域主要包括三个视角:一是国别视角,即国内和国际视角,在国内主要是挖掘传统创新文化,寻找自主创新的动力,在国际主要是介绍、学习和借鉴国外创新文化;二是主体视角,主要是三个层次,高层是国家创新文化,地域创新文化、城市创新文化和民族创新文化也可以归为此类,中间层是组织创新文化,主要包括企业创新文化、大学创新文化,底层是大众创新文化;三是学科视角,主要分为科技创新文化和人文创新文化或者技术创新文化、制度创新文化和知识创新文化,当然还可以细分。这既是创新文化的研究领域,又是创新文化的分类。

当然我们也可以依据之前我们论述过的创新文化的领域、层次和维度进行分类。

从历史维度来看,立足当代中国创新发展,提高自主创新能力,需要挖掘

---

① 《国家创新驱动发展战略纲要》,人民出版社2016年版,第32页。

第二章　创新文化的基本规定

传统创新文化,因而形成古今视角,创新文化可以分为古代创新文化和现代创新文化。古代创新文化即传统创新文化,是中国创新文化的本源因素,即一个民族、国家和地区素来的文化基础。一个民族的社会思想文化土壤是否蕴涵着创新的因子,对于一个民族的创新实践具有关键性的作用。中国文化能够源远流长,必有其深刻的生存智慧,其中隐藏的创新文化元素不容忽视。因此传统创新文化对于现代创新文化的观照是重要的学术焦点。我们在创新文化的实践路径部分将展开论述。"在社会认识系统中,一定类型和形式的文化特质,既是作为主体的人的规定性,也是作为客体的社会的规定性,还是所有认识中介和工具的共同的规定性。文化中介与社会认识结构中的对应两极处于同质同构的自相纠缠状态之中,发挥着沟通、连接、转换、媒介等积极功能。这是问题的一个方面。……另一方面,迄今,人类文化还不是完全同质和一体的,有着明晰的和严格的内部分化。一定性质和类型的文化体系既然把一定的人和社会联系起来,沟通起来,也就必然将他们与别的文化体系分割开来,隔离起来。在这种意义上,文化体系和文化圈层的差异实际上又成为社会认识的屏蔽和遮障。""在这种情况下,强化和发挥文化体系在社会认识活动中的中介性积极功能,减弱和防止其屏障性消极功能,应当成为社会认识论研究的题中应有之义。"[①]

从比较维度来看,立足当代中国创新发展,提高创新能力,需要开放发展,借鉴国外创新文化资源,因而形成中外视角,创新文化可以分为中国创新文化和国外创新文化。各国在国家创新战略、区域创新体系、企业文化、教育理念等方面取得的成就,对中国现代创新文化的形成都有积极的借鉴意义。

从结构维度来看,立足当代中国创新发展,提高自主创新能力,需要建构合理的创新文化体系,因而形成社会分层视角,创新文化可以分为国家创新文

[①] 欧阳康:《社会认识论——人类社会自我认识之谜的哲学探索》,云南人民出版社2002年版,第380—381页。

化、知识分子创新文化和大众创新文化。我们在建构创新文化系统时,也要积极挖掘和建构中国各个社会层面、各个区域的创新文化,以及各个少数民族的创新文化。其中有很多宝贵的资源,对具体对象更具有因地制宜的作用,文化根基甚至格外深厚。比如,我们既要发挥知识分子创新文化的主体性作用,让更多的科学家、工程师、企业家涌现出来;同时也要注重大众创新文化的养成,它是创新最深层的文化土壤,创新发展需要普遍主体,需要创新蔚然成风,如果大众文化中充实着创新文化的元素,那将非常有利于中国的突飞猛进,充满可持续的力量,甚至形成井喷式的创新实践。

从领域和层次角度划分,其实类似于创新文化自身外延的横向和纵向结构。根据领域视角的横序,也可以理解为学科视角,创新文化可以分为科技创新文化和人文创新文化,或者技术创新文化、制度创新文化和知识创新文化。科技创新文化本意是有利于科技创新的文化,探索促进科技创新的积极的文化因素。以此类推,其他学科创新文化都可以作类似的理解。当然不同领域中的创新文化的功能也可能突破学科的壁垒形成全局性影响,科技创新文化就是科技这一学科领域中有利于创新的文化,人文创新文化就是人文知识领域有利于创新的文化,但是它们有利于创新的性质具有普遍性,从自身领域出发对于创新实践整体都具有积极作用,比如达尔文的进化论、马克思的唯物史观,爱因斯坦的相对论等。根据层次视角的纵序,指的就是作为社会心理的创新文化和作为社会意识形式的创新文化。

三、创新文化的基本特性

创新文化的上层范畴是文化,创新文化作为文化的一种,其特性表现在与其他文化的区别上。

创新文化是培育创新的文化,因此创新的特点很大程度上就代表着创新文化的特性。"如果以实践理论来解析人类生存的维度,创新实践和常规实践作为普遍存在于人类活动中的两种不同性质的实践恰好代表着过去和将来,它们以现在为契合点,一个执着于未来,一个坚守于历史,构成人类生存的

第二章 创新文化的基本规定

张力。"①常规实践是同质性的生存方式,它启示人们注重社会的稳定,尊重历史的赐予。创新实践是异质性的生存方式,它启示人们注重社会的进步,创造未来的美好。创新文化的特点在基本方向上与此一致。具体言之,创新文化的基本特性包括创造性、挑战性、进取性、自主性、开放性、目标性、风险性、激励性、宽容性、规范性等。

创造性是创新文化的首要特性。创新文化培育的是异质性行为,人们需要在创新文化的滋养下从事知识探索、技术开发、制度建构等活动,因此创新文化必然是具有创造性的文化,比如科学技术史、革命史、辩证法这些创新文化的内容都传达着创造的气息。创新实践是创造这个世界上从来没有的东西,因此必然具有挑战性。这种挑战性一方面来自于现存社会保守性的压力和阻碍,另一方面来自本身的艰巨性以及同行的竞争。这就要求创新主体具有较强的心理素质、突出的创新能力、勇于探索的精神。由此观之,进取性就是创新文化必然的品质,"这种文化能够唤起一种不可估计的能量、热情、主动和责任感"②,帮助主体达成高成就目标。

由于创新实践具有极大的突破性,不是常规思维能够包容的,因此创新文化提倡自主性,即创新实践主体是相对独立的,能够比较自由地对自身行为作出决断和安排,并有权利表达观点、参与决策。同时创新文化又是开放性的系统。系统内部具有非线性、自组织性和聚集性,外部具有共享性、交互性和适应性。创新主体可以根据任务对内部要素进行随意的拼接,没有绝对的规则,同时能够获得外在的支持,并对外部刺激作出自组织性反应,迅速调整策略方案。

创新文化还具有目标性。创新文化的使命是培育创新实践,以满足主体发展的需要,无论这个需要是工具理性的,比如获得经济效益;还是价值理性的,比如制定公正的社会制度。因此创新文化有着明确的目标,通过应用渗透

---

① 刘然:《人类生存的张力:创新实践与常规实践之辨》,《学术探索》2010 年第 3 期。
② 张炜等:《创新文化及其作用机制的研究述评》,《科技管理研究》2010 年第 11 期。

于主体认知和行为之中,从而形成创新氛围和行为模式。

创新实践要突破已有的知识体系、技术壁垒和制度瓶颈,对于未来即使计划得再周密也只是假设,因此带有很强的风险性。创新文化是一种冒险性文化,可能获得巨大成功,也可能面临失败。因此创新文化还具有宽容性和激励性。必须对创新行为给予物质和精神上的鼓励,并宽容失败。这样的文化氛围才能促使创新实践蔚然成风。

最后创新文化还具有规范性。创新是突破性行为,因此越少束缚越好,但是也不是完全没有底线的。创新实践的风险不仅仅是指失败,而且失败的后果,以及成功的失败应用,甚至是目标性中原本的恶,都会给人类的生存带来风险甚至是破坏和灾难。因此创新文化还提倡创新主体恪守学术道德、具有爱国主义和国际主义精神,追求经济价值、生态价值和人文价值的统一。

第三章　创新文化的拓展阐释

人们在面对创新文化这个主题时,经常会提出这样一些问题:创新文化与文化创新是什么关系?创新文化在历史上向来就有吗?它是如何成长为创新的重要因素的?为了对此作出回应,在创新文化的基本规定的基础上,我们还想在两个方面对创新文化作进一步的阐释。

第一节　创新文化与文化创新的辨析

从学科体系的角度看,文化起初是人类学、文化人类学和文化学范畴,创新是经济学范畴,两者没有直接的关系。但是随着世界现代化和全球化浪潮的演进,各国文化发生了激烈的碰撞和融合,文化自觉、文化转型和文化创新成为理论焦点。在同一背景下,创新理论也逐渐从最初单纯对于生产领域科学技术和制度的关注,拓展到综合性研究,企业、产业、城市、国家的创新文化的建构,也成为社会发展的重要动力。文化和创新的关系变得紧密起来。文化和创新,文化创新和创新文化之间到底是什么关系,成为对文化研究和创新研究都具有重大意义的事情。而且由于文化和创新如今都已经从最初的学科归属拓展到整个学术领域,理论发展的必然趋势就是哲学探讨,马克思主义哲学也不能置身事外。

一、创新、文化、创新文化、文化创新含义的基本阐释

19世纪是个风云际会的时代,在这个世纪的中叶,马克思主义诞生,创立了以实践理论为核心的社会历史发展理论。与此同时,从创新理论的发展史来看,马克思在阐述资本的运行规律时,也为创新理论奠定了基础。熊彼特在1912年出版了《经济发展理论》一书,第一次明确地提出了以创新理论为核心的动态发展理论,标志着创新理论走过萌芽阶段,正式建立起来。同样,文化人类学也是在19世纪下半叶出现的,并在20世纪初从人类学中独立出来,与体质人类学并列成为人类学两个支柱,文化学则是文化人类学进一步演化的产物。

这一系列看似巧合的理论事件,其实是有必然联系的。它们和"不断地进行革命"的资本主义走向成熟密切相关。[1] 资本主义带来了现代化、全球化和世俗化。现代化首先是生产力的科技化和物质的空前丰富,全球化首先是经济的全球化,世俗化首先是经济生活在日常生活世界的凸显。因此创新理论应运而生不足为奇。然而随着对于资本主义反思的加深,人们逐渐意识到,现代化其实是多元的,它是包括经济、政治、文化在内的整个社会的全面进步;全球化也是多元的,不仅是经济,而且还包括世界交往,各国各地文化的碰撞和融合;世俗化恰恰代表着文化视角的凸显,文化是普遍的,也是具体的,自下而上的,其深层土壤就是人们的日常生活世界。而且从西方现代哲学的角度,科学主义和人本主义的并举,在一定程度上也折射出创新和文化的必然联系。

而且不仅如此,从哲学的视角看,文化和创新在时间和空间上都具有极大的普遍性,它们都贯穿于人类历史的始终,渗透于生活的方方面面。它们都具有强烈的主体性和价值维度,都是人类在追求自由和全面发展的过程中所进行的活动和创造的结果。它们的共同的哲学根基都是人们的现实活动,在马克思主义哲学视域下就是实践。

---

[1] 参见《马克思恩格斯选集》第1卷,人民出版社2012年版,第403页。

第三章 创新文化的拓展阐释

实践是创新的哲学根基,创新就是创新实践,创新理论在马克思主义哲学视域下称作创新实践理论。所谓创新实践,是指人们在现实生活中发现自然、社会和思维以及它们之间相互作用的新的本质和规律,并运用新的认识成果发明、制定新的技术和制度的实践活动。创新是当代人的生存方式,它已经渗透到社会生活的全部领域,并成为社会发展的核心动力。但是我们必须辩证地理解创新实践和常规实践的关系,一个是生存的异质性,它启示人们关注社会的进步,创造未来的美好;另一个是生存的同质性,它激发人们注重社会的稳定,尊重历史的赐予。创新实践和常规实践作为一对范畴构成了实践研究的新的视角,它们以实践活动是否发生质的突破为划分标准,区别于我们通常把握实践活动的全面生产视角,即物质生产、交往和精神生产。但是两个视角是可以融合的,按照全面生产实践的三个领域,创新实践分为技术创新、制度创新和知识创新三种类型。创新实践的内部结构是主体—中介—客体,外部环境因素比较复杂,大致包括经济运行环境、制度环境和文化环境。

从创新实践理论的视角来看,文化创新是创新的内容。就文化的广义而言,文化包括人类的全部实践活动及其创造的成果,文化创新是创新的全部内容;就文化的狭义而言,文化是指人类的精神生活和精神产品,文化创新是创新的一个领域,部分内容与知识创新大致相同。当然对于文化人们还有更为狭义的理解,将文化等同于文学艺术,文化创新就成为知识创新的一个部分。但是即使作为部分内容,由于精神的渗透性和对象性,文化事实上是人类一切实践活动及其成果的内在机理。

从创新实践理论的视角来看,创新文化是创新的环境。创新文化是创新的土壤和空气,是创新生存的必要条件。而且作为环境,创新文化的影响和作用是普遍的,对于主体的创新精神的塑造,对于客体和中介的渗透,对于经济和制度环境的影响都是至关重要的。创新在当代蔚然成风需要创新文化的建设。正如金吾伦所说:"创新文化……是指与创新相关的文化形态,主要涉及两个方面:一是文化对创新的作用;二是如何营造一种有利于创新的良好文化范围,使创新成果繁花盛开。"①

实践也是文化的哲学根基。文化是与自然相对的范畴,主体性是它的根本属性。实践是人的生存方式,是人从主体方面理解和改造世界的活动,是人在社会历史发展中追求自由和全面发展的方式。文化就是人在目的的指引下通过实践活动创造的,体现了人的本质力量和价值取向。因此马克思主义的文化理论也蕴含在马克思主义以实践理论为核心的社会发展理论之中,马克思主义的文化理论可以称为实践论的文化理论,马克思主义的文化哲学可以称作实践论的文化哲学。②

从马克思主义文化哲学的角度来看,创新文化是文化的内容。文化的内涵非常丰富,即使是专指精神内容的狭义文化也涉及普遍性的各个领域,比如宗教、哲学、道德、政治、法律、历史、文学、艺术等。创新文化不是某一领域的文化,而是从性质上作的划分,即有利于创新的文化。如果前者是共时态的,那么创新文化和常规文化就是历时态的,它们分别代表未来和历史两个向度。

从马克思主义文化哲学的角度来看,文化创新是文化形成和发展的路径。文化创新创造了新的文化样态,为文化的演进和提升提供各种资源和成果,滋养着人们的文化生活。文化创新可能是具体的部分的微观的,比如绘画技艺的增进、城市文化的改观、成人教育的完善;也可能是抽象的整体的宏观的,比如哲学形态的改变、民族的文化强国、生态文化模式的构建。

二、文化的创新意蕴

在进行文化和创新、文化创新和创新文化的基本含义的阐述时,无论是从马克思主义创新理论的角度,还是从马克思主义文化哲学的角度,我们始终采取的是二分的方法,文化和创新似乎是一种外在关系,文化创新是用文化规定了创新,创新文化是用创新规定了文化。但是实质情况是,文化和创新有着更

---

① 金吾伦:《创新的哲学探索》,东方出版中心2010年版,第275页。
② 参见衣俊卿、胡长栓等:《马克思主义文化理论研究》,北京师范大学出版社2012年版,第43页。

第三章　创新文化的拓展阐释

为密切和深刻的关系,我们不妨形象地将两对处于并列关系的范畴作一个位移,让它们重叠在一起,无论是文化承载着创新还是创新承载着文化,两者都相互融合。

文化和文明是相关的概念,学者们在区分两者时常有这样的观点,认为文化是事实判断,文明是价值判断;文化是发展的,文明是既成的。这些观点基本上是正确的,但是又不尽然。

在中国古代文献中,"文"的本义是指纹理,明显地带有人文色彩。那么这些纹理是什么样的呢?《礼记·乐记》中说:"五色成文而不乱。"文是美丽的纹理。郑玄《礼记》注释中又说:"文犹美也,善也"。这说明"文"本身就带有价值取向,是倾向于真、善、美的人文追求。文化,当然就是指使人和事物向好的方向变化。在西方也大致是一样的,文化(Culture)最初的含义是耕作,使土地符合人们种植的目的,而后演化为对人的培育。基本倾向也是属人的,向真向善向美。因此文化并非只是简单的事实判断,而是具有明显的价值倾向。但是社会发展是复杂的辩证的,真善美总是伴随着假恶丑,它们同处于一个矛盾体中,真善美总是在假恶丑的促动下向更好的方向发展,因此才有黑格尔关于恶是历史发展的动力的说法。

文化是发展的,这也是基本正确的,是我们谈论文化和创新关系的关键。但是同样文化在历史维度上也是辩证的,文化不仅有创新文化,也有常规文化,文化不只向着未来,也包含着对于历史的尊重。

由此观之,文化就是在假恶丑的伴生下,带有历史观照的,面向真善美的创造未来的活动及其成果。研究文化,主要就是研究这种有价值倾向的创新向度的人类生存方式。"我们了解和研究文化,其实主要是观察和研究人的创造思想、创造行为、创造手段及其最后成果。"[①]文化具有创新意蕴。

文化的创新意蕴最明显最直观的表现是文化历史形态的演进。无论是广

---

① 周熙明主编:《中央党校学员关注的文化问题》,中共中央党校出版社 2010 年版,第 226 页。

义的历史形态的变迁,比如从生产力角度划分的渔猎社会、农耕社会、工业社会,还是从生产关系角度划分的原始社会、奴隶社会、封建社会、资本主义社会和共产主义社会,或者人对人依赖关系的社会、人对物依赖关系的社会、自由人的联合体,还是狭义的文化形态的变迁,比如文化重心的转变,宗教、政治、经济、伦理,或者神话、宗教、世俗、生态,似乎都有一种动力牵引着文化向更高级的状态发展,这个动力就是创新。创新不是外部力量,它是文化本身的意蕴。文化是活的生命体,它的本体就是人,人按照自己的目的,在人与自然、人与文化、人与人的互动中,按照真善美的样子进行创造。

文化的创新意蕴还表现在文化的交流和融合。文化的演进不是单纯的线性发展,一个文化内容从头到尾变换形态。文化的演进是不同文化因素交流和融合的结果,这些文化因素可能是一个文化体内部的,也可能包括文化体之外的因素。比如在中国传统文化的雏形时期,即春秋战国时期,百家争鸣共同孕育了中国文化。汉朝虽独尊儒学,但是内含道、法、阴阳等学说;而魏晋南北朝玄学的兴起,史是形成了儒道的相反相成,这也是中国传统文化的基本结构;成熟的中国文化出现在唐朝,儒释道三教合流完成。而释家即佛家,是从异域传来的。此外还有以中原汉族文化为核心的各个少数民族文化的融入。由于古代科学技术落后,文化交流和融合还主要是在文化圈内部,或者相邻文化圈之间进行的。如今文化的交流和融合就成为世界性的。如果说古代中国的文化的主体趋势是儒释道三教合流,如今正是中西马综合创新的时代。"古为今用、洋为中用,融通各种资源,不断推进知识创新、理论创新、方法创新",[①]这构成了当代中国文化创新的基本格局。

文化的创新意蕴也表现在文化系统的内部结构中。从广义上来说,文化包括物质文化、制度文化和精神文化。它们之间不是简单的并列关系,也不是线性关系,而是构成一个系统,共同发挥作用,类似于唯物史观中生产力、生产关系和上层建筑之间的关系。物质文化是文化演进的物质基础,制度文化是

---

① 《习近平谈治国理政》第二卷,外文出版社2017年版,第339页。

组织保障,精神文化是思想动力。它们不仅能够相互作用,而且能够相互转化。例如马克思曾说:"火药把骑士阶层炸得粉碎,指南针打开了世界市场并建立了殖民地,而印刷术则变成新教的工具"。① 而进一步思考,我们就会发现,火药、指南针和印刷术都是精神成果的转化,"批判的武器"变成了"武器的批判"。② 因此文化的创新意蕴是文化系统的整体内涵,文化的每个因素都流淌着创新的血液。

三、创新的文化维度

文化的根本性质是主体性,是人们追求自由的方式。所谓创新的文化维度其实就是对于创新的主体性的探讨。谁在创新?创新为了谁?为什么要创新?创新什么?如何创新?创新活动时时处处体现着文化的本体,即人在其中的本质规定和根本作用。

谁在创新?创新为了谁?这是关于创新的主体和创新的价值主体的问题。抽象地说,创新无疑是人的行为,是人们有目的有计划地创造活动;创新的核心目的是为人的,是人们在追求自由的道路上进行的活动。但是正如马克思所强调的,这里的人"是处在现实的、可以通过经验观察到的、在一定条件下进行的发展过程中的人"。③ 在具体的历史形态中,创新的主体和价值主体存在各种情形,错综复杂。

在渔猎社会,常规实践和交往实践处于绝对的主导地位,这个时候的创新是基本的、偶然性和漫长的,没有明确的主体,创新的主体具有原始的群体性。韩非子《五蠹》中说:"上古之世,人民少而禽兽众,人民不胜禽兽虫蛇。有圣人作,构木为巢以避群害,……,号之曰有巢氏。民食果蓏蚌蛤,腥臊恶臭而伤害腹胃,民多疾病。有圣人作,钻燧取火以化腥臊,……,号之曰燧人氏。"所谓的"燧人氏""有巢氏",都是祖先对于自身群体历史行为的一种抽象。在农

---

① 《马克思恩格斯文集》第8卷,人民出版社2009年版,第338页。
② 《马克思恩格斯文集》第1卷,人民出版社2009年版,第11页。
③ 《马克思恩格斯文集》第1卷,人民出版社2009年版,第525页。

业社会,常规实践和交往实践仍然处于主导地位,社会没有条件高频率地创新,也不鼓励创新,人们的主要精力放在现有生产结果的分配上。而且由于社会分工的发展和社会等级的出现,"创新基本上是少数人的个人兴趣和爱好"。[1] 在工业社会,创新实践和常规实践分庭抗礼,物质生产取得优势地位,创新取得理论形式。熊彼特在马克思资本研究的基础上建立了创新理论,但是熊彼特认为创新是企业家进行新组合的行为,创新仍然局限在科学家和企业家的职业领域。在知识经济社会,创新实践和精神生产取得优势地位,创新逐渐成为国家重视和社会参与的事业。创新主体具有了普遍性。

按照同样的历史顺序,创新的价值主体起初和创新的主体是一致的,带有很强的群体性;在等级社会,分配基于出身的不平等,因此创新的价值主体具有等级区分,最大的受益者是作为少数人群的贵族;在资本社会,分配基于财产的不平等,创新的价值主体主要是资本家。随着经济行为的复杂化,创新的价值主体开始多元化,更多人成为创新的受益者。

人们为什么要创新?创新是为了满足人的需要。人的需要有什么特点?为什么满足人的需要就要创新?这实质上就是关于人的生存方式的问题。从哲学视角看世界,存在现实性、可能性和应然性三个层面。人和动物的生存方式存在本质区别。动物仅仅停留于现实性的层面,适者生存是基本规则;人则进行应然性的考虑,然后在可能性的层面寻找通向现实的道路。正如马克思所说:"人却懂得按照任何一个种的尺度来进行生产,……人也按照美的规律来构造。"[2]人的生存方式是实践,实践不仅直面现实,而且忠于理想。人的需要随着历史发展不断丰富和提升,人的需要依赖于自然,但是越来越少地直接来自于自然。创新是满足人的需要的根本路径。

抽象地说,人的需要是追求真善美和自由。按照历史的具体阶段来说,依次是人类的生存、等级统治、剩余价值和人的自由全面发展。在远古,人的生

---

[1] 丰子义:《发展的反思与探索》,中国人民大学出版社2006年版,第302页。
[2] 《马克思恩格斯文集》第1卷,人民出版社2009年版,第163页。

存是当务之急。"在古代,利益要服从政治原则,而现代却不同,政治原则要服从利益。"①未来则是私人利益服从公共利益,经济服从伦理。

创新什么?这个问题涉及的是为了实现人的需要人们创新的具体内容。根据马克思的实践理论,人有三大需要:物质、交往和精神,因此创新就有三大内容,也即三种类型:技术创新、制度创新和知识创新。它们就是广义的文化世界的构成部分,各自又包含很多具体内容,形成立体结构。

最后是如何创新?创新具有普遍性,是一个系统。就内部因素而言,包括创新的主体、客体和中介;外部因素包括经济运行环境、政治制度环境和文化环境等。创新活动的开展就是整个系统的运行。其中内部因素以主体为主导,创新越发展,客体和中介的知识内涵就越丰富;外部因素就是人的文化世界,即人所创造的整个社会结构。

至此,创新的文化维度就大致描述清楚了。另外需要说明的是,即使从创新理论的视角来看,创新也不能构成整个文化维度。如前所述,文化包括历史和未来两个向度,因此在创新的文化维度问题上,是创新活动和常规活动共同构成这个视角的文化维度整体。

四、文化创新和创新文化的互动和融合

从创新的角度,文化创新是创新的内容,创新文化是创新的环境;从文化的角度,文化创新是文化的路径,创新文化是文化的内容。两者相互促进,共同发展。而且基于创新和文化的互有意蕴的关系,两个角度实质上又融合为一个整体。文化创新和创新文化不仅保持着与对方的开放关系,而且相互包含。文化创新需要到它的文化环境中获得资源和动力,包括创新文化;文化创新出来的新文化成为包括文化创新在内的创新的新的文化环境,其中最重要的是创新文化,文化创新包括创新文化的创新。创新文化也需要到创新活动中寻找建构的路径,包括文化创新;创新文化滋养出来的更高层次的创新成为

---

① 谭培文:《马克思主义的利益理论》,人民出版社2002年版,第23页。

包括创新文化在内的文化的新的创新路径,其中最重要的是文化创新,创新文化包括文化创新的文化。它们在互动中融合为一个整体,共同呈现的是人们追求自由的场景。

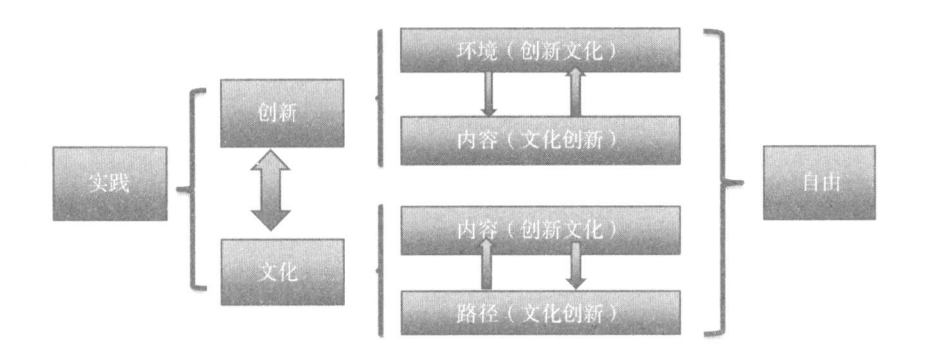

实践是人的生存方式,具有强烈的历史现实感。随着世界历史的开启,人们开始面对现代化、全球化和世俗化的问题。就中国而言,传统文化的危机、断裂、重组和现代化;与世界文化的遭遇、碰撞和融合;市民社会的形成和日常生活世界的凸显,这一系列文化现象的出现,都是对这个浪潮的现实反映。不仅马克思主义需要中国化、时代化,中国文化的整体都需要中国化、时代化。而这个过程就是文化创新。如果说古代中国是儒释道三教合流,那么当代中国就是文化的交流互鉴与综合创新。

近代中国的文化探索和文化创新,首先是在救亡图存的现实问题面前,突破了中国传统文化的藩篱,引进西方文化,尤其是马克思主义文化。中国传统文化虽然有创新文化的基因,但是在民族危亡之际也遭遇了危机,暴露出其内在的弊端。中国传统文化的核心理念是天人合一,体用不二。自为文化与自在文化、现实主义和理想主义之间缺乏必要的张力。中国文化需要向西方文化学习,其中最重要的就是创新文化。而新文化运动、马克思主义中国化等文化创新活动又为自身营造了更好的创新文化环境和新的起点。接着是在民族复兴的现实问题面前,冲破了僵化了的马克思主义的禁锢,理性面对中国传统文化。这里包括通过中国化、时代化和大众化,恢复马克思主义的应有活力,挖掘中国传统文化的创新文化资源。中国社会就在文化创新与包括创新文化在内的文化环境的互动中,递进式地发展着。

文化创新为创新文化在中国的生根发芽提供了契机。除了以上我们提到的作为一般文化精神的创新文化(它作为内容自然和它的文化创新环境之间形成对应的互动关系),更为重要的是对于创新的特殊研究。中国的创新研究开始于20世纪70年代末80年代初,一些学者开始翻译和介绍一些国外的创新理论成果,这种状态一直持续到90年代末。20世纪末至今,中国才出现大批相对独立的创新理论著作,而且在追随国外创新理论的同时,形成了一定的自身特色。

与国外不同的是,由于马克思主义在中国的特殊地位,加上中国的后发优势,中国的创新研究一开始就具有很强的综合性,创新的文化环境,即创新文化就被涉及。与国外相同的是,中国也大致重复经历了经济、制度、文化依次凸显的过程,只是压缩了时间,目前对于创新文化的专题研究才刚刚开始。

由此可见,创新文化的凸显依托于宏观的文化创新的背景。只有在中国文化的转型和创新走向成熟时,创新文化才能发展起来,创新文化不能单独成熟。创新文化其实就是对各种创新文化资源的挖掘、吸收、培育和整合。而创新文化的形成和发展,必然反过来促进人们的创新实践,其中就包括文化创新。如果说文化创新体现了创新对于文化的作用,文化创新涵养了创新文化,那么创新文化的本质就体现了文化对于创新的作用,创新文化培育了有利于创新的文化氛围。

创新文化对于创新的作用主要体现在两个方面:第一,形成激励、包容和保护新思想产生的文化氛围;第二,促成有利于新思想得以应用形成现实价值的文化环境。如今企业、产业、城市、国家创新文化在我国越来越受到重视,拥有良好发展态势的企业,必定具有优良的企业文化,具有良好发展态势的国家,必定是创新型国家。

创新文化的作用和影响不仅局限在文化环境领域,它还可以整合创新环境。创新的环境是一个整体,经济运行环境是物质基础,政治制度环境是组织保障,文化环境是思想资源。就文化环境的整体影响而言,文化是人类全部实践活动的内在机理。创新文化不仅通过文化体制改革营造宽松的文化氛围,而且会形成对于经济体制和政治体制改革的思想引导。在利用市场经济的优势的同时,做好社会主义价值观对其的引导作用,有效遏制经济运行的功利主义;实现政治制度的民主法治,克服政治体制的官僚主义。

随着中国创新文化的日益成熟,它必然滋养出更高层次的创新,这种创新包括高科技、生态理念、多元文化和中国特色等积极因素。而中国更高阶段的文化创新终将形成成熟的现代中国文化模式,为创新文化提供更好的平台。这样文化创新和创新文化就在互动中融为一个整体。

第二节　创新文化及创新文化研究的历史

创新文化古已有之,只是由于古代的创新实践孤立、散发,不具有主导性,因此不可能出现研究创新和创新文化的理论,创新理论和创新文化理论的出现是晚近的事情。因此今天我们研究创新文化,可以采取古为今用的方法,到传统文化中去挖掘创新文化资源,比如古希腊的理性精神、对外部世界的探索精神、对智慧的崇拜等,中国春秋战国时期的百家争鸣、三教合流的综合创新、刚健有为的民族精神等。

创新文化突飞猛进的发展是同现代社会直接相关的,资产阶级对于剩余价值尤其是相对剩余价值的无限追求,客观上激发了创新活力。从启蒙运动到今天的高新科技文明,创新文化的中心经历了这样几个国度:意大利、英国、法国、德国和美国。15—16世纪,近代科学的中心在意大利,这是由于文艺复兴运动首先在意大利展开;16—17世纪,科学的中心在英国,这是因为意大利的科学运动受到了教会的反扑,而经历了宗教改革、文艺复兴和海外拓殖、资产阶级革命的英国的社会环境更加民主开放;18世纪中后期到19世纪初期,科学中心转移到了法国,这主要应归功于18世纪的法国启蒙运动和法国大革命;19世纪被称为"科学世纪",科学的中心从法国转到了德国,这在很大程度上是由于德国哲学思想的活跃和宗教改革以后的一系列政治、经济、社会方面政策措施的实施;到了20世纪,科学中心又由德国转到美国,这很大程度上与美国是个移民的多民族国家,文化的包容性、开放性有关。①

19世纪是创新理论的奠基阶段。马克思是资本研究的集大成者,成为创新理论的奠基人。马克思的创新实践理论主要集中在科技创新和制度创新,但是也指出了资本主义文化对于创新的特殊意义。熊彼特在1912年出版《经济发展理论》一书,标志着创新理论的诞生。熊彼特的关注点是企业创新,早期是单个企业家的创新,后期是以大量个案研究为基础的大型企业创新。他的创新理论比较具象,涉及新产品、新生产方法、新市场、新材料供应来源和新组织等综合性的内容。在创新文化方面,熊彼特最大的贡献是他对企业家和企业家精神的阐述。20世纪50年代以后创新理论形成技术创新经济学派和制度创新经济学派的分庭抗礼。20世纪80年代末90年代初,随着世界经济从工业经济向知识经济的转变,创新获得普遍重视,成为公认的社会发展的主要动力。创新理论由此走向综合发展道路。以弗里曼和纳尔逊为代表的经济学家开始重视制度创新和技术创新的结合,1987年弗里曼提出了国家创新体系的概念,更多影响创新的因素被考虑和研究,包括文化视角。

国外将影响创新的文化环境定义为创新文化,形成了政府、企业和大学的三螺旋结构,但是以企业文化和产业文化为主,实证性较强。西方发达国家的创新发展战略各具特色,并重视创新教育,不但注重培养学生的创新兴趣、能力和精神,而且已经形成比较成熟的创新教育模式,比如MIT模式、东京大学模式、廷伯莱克模式、泰勒模式等。

中国创新文化的蓬勃发展也是伴随着现代化进行的。第一步是与救亡图

---

① 参见《发展创新文化 培育创新精神——访朱清时、侯自新、李景源、金吾伦》,《求是》2006年第18期。

存相关。近代史上第一次变革是"洋务运动",表现在器物层面,也就是技术创新方面;后来是官僚资产阶级的"百日维新"和民族资产阶级的"辛亥革命",表现在制度创新上;最后是"新文化运动"和"五四运动",国人最终意识到文化的落后才是最深层的问题。马克思主义中国化贯穿了中国新民主主义革命、社会主义革命和建设、改革开放和社会主义现代化建设新时期,在中国特色社会主义新时代实现了新的伟大飞跃。如果说革命时代,中国的创新主要表现为革命文化指导下的政治制度创新;改革时代,中国的创新就开始在中国特色社会主义文化的指导下全面展开,科技革命迅速发展、生产力不断变革、经济社会深刻变化;那么在中国特色社会主义新时代,中国的创新已经作为引领发展的第一动力,摆在国家发展全局的核心位置。

社会主义作为本质上比资本主义更为完善的社会制度,对于生产力具有更大的解放作用,并在生产关系上保证公平正义。因此社会主义同样需要创新,而且更加有利于创新。

中国的创新研究开始于20世纪70年代末80年代初,从"科学技术是第一生产力"到"科教兴国战略"再到"建设创新型国家",对创新发展的研究越来越受到党和国家的高度重视。2012年党的十八大提出创新驱动发展战略;2015年在党的第十八届五中全会上,习近平总书记提出创新、协调、绿色、开放、共享的新发展理念,将创新发展推向新的战略高度,新时代国家创新文化逐渐形成。

由于马克思主义在中国的特殊地位,创新理论的综合研究比较突出,而且在哲学理论上达到很高水平,创新文化研究包含在整个体系之中。整体性的研究起初限于一般性学科的论述,比如易杰雄的《创新论》、王伟光主编的《创新与中国社会发展》、冯之浚主编的《国家创新系统研究纲要》等。随着研究的深入,出现以创新为主题的哲学论著和文章,比如金吾伦的《创新的哲学探索》、庞元正的《创新实践与马克思主义哲学当代化》等。他们系统性地研究创新的含义、类型、动力、结构、功能、路径等。文化环境是影响创新的重要外部因素,并逐渐形成专有范畴"创新文化"。

第三章 创新文化的拓展阐释

在我国,创新文化作为一个科学概念,形成于20世纪90年代末。在科教兴国战略和国家创新体系建设的背景下,1998年,我国学者首次明确提出了创新文化的概念。2006年1月召开的全国科学技术大会提出要"发展创新文化,努力培育全社会的创新精神"。2016年党中央制定《国家创新驱动发展战略纲要》,明确指出:"在全社会形成鼓励创造、追求卓越的创新文化,推动创新成为民族精神的重要内涵。"[①]

创新文化是一个崭新的学术范畴,一经确认就出现了很多专题性研究,论述的维度和范围也比较广,包括基础理论研究、传统创新文化、国际创新文化、国家创新文化、区域和城市创新文化、企业创新文化、大众创新文化、校园创新文化、科技创新文化、创新文化与学习思维、创新文化与自主创新、人物创新文化思想等。主要集中在企业、教育和城市创新文化等具象方面,特别是在科技哲学和科学技术社会论(STS)等带有桥梁作用的领域,涌现出一批带有较强理论色彩的专著和论文,比如张健的《创新文化与文化创新》、陈依元的《创新文化:自主创新的文化驱动力》等。总体来说,创新文化还没有像文化创新那样成为普遍性的理论范畴,尚需向整个社会科学和人文领域拓展。

[①] 《国家创新驱动发展战略纲要》,人民出版社2016年版,第32页。

第四章　创新文化的运行机制

我们将创新文化限定为狭义的文化,专指精神层面,处于广义文化的内层,具有抽象性,但是它作为人类实践活动和实践结果的内在机理,对人类全部活动和全部结果都具有影响力,而且可以通过广义文化的中层和外层,即制度文化和物质文化获得有形的显现,甚至转化为物质力量。因此创新文化的运行机制不是完全无形的渗透和影响,而是可以描述的有形过程,创新文化运动机制的基本方向就是从非实体到实体的演变。推而广之,作为现代生产力创新发展的三大要素,科学技术、管理和创新文化都是非实体性要素,不是直接的生产力,它们的运行机制都是如此。根据人们实践活动的开放结构,创新文化的运行机制表现在两个方面:一是实践的内部结构,包括主体、客体和中介三个因素;二是实践的外部结构,包括经济环境、制度环境和文化环境。

第一节　培育创新实践的普遍主体

创新实践的主体,是指从事现实的创新实践活动的人。"人类的存在,本质上是一种主体性存在。人类在进化的过程中,不断地生成和积聚着自己的主体能力和主体意图,并使之通过自己的创造性活动而对象化、实在化,使外部世界发生一种合目的性变化,由自然存在转化为社会存在,由人属世界转化为属人世界。"①创新实践其实就是在主体需要的原始驱动下的人的创造力的现实发挥,它总是从主体的精神世界开始,精神生产实践和知识创新实践是创新实践的起点和源泉。创新实践的客体是主体的对象或作品,创新实践的中介系统是主体意识和肢体的延伸,创新实践的环境是主体所创造的文化和文明。因此创新实践的主体处于创新实践的核心地位,创新文化的功能首先在于培育创新实践的主体。

创新实践的主体有多种形式,按照主体的人数和层次,创新实践的主体分为个体主体、集团主体、国家主体和国际主体。这四类主体又可归结为两类:一类是以个人为单位的主体,另一类是以多人按照一定原则和目标构成的组织为单位的主体。丰子义教授认为:"现代社会的一个基本特征,就是创新成为社会行为,即创新社会化。在远古社会,虽然也有创新,但那是偶然发生的;在农业社会,创新基本上是少数人的个人兴趣和爱好;在现代工业社会特别是知识经济社会,创新不仅是科学家和企业家等的职业工作,而且逐渐成为国家重视和社会参与的事业。"②这说明,现代创新实践需要的是普遍主体,即创新实践主体的社会化,而不是熊彼特所提出的作为企业家的特殊主体。因此无论是个体主体,还是组织主体,无论个体主体和组织主体从事的是精神生产,还是物质生产,他们都应该具备创新实践的意识和能力,成为创新实践可能的或者现实的力量。通过各种途径塑造了创新主体的创新意识和创新能力,推动创新主体系统的形成和创新实践的开展,这是创新文化的运行机制之一。

一、培育创新实践意识

人与动物最本质的区别是实践。人的实践活动之所以与动物的活动有本质的区别,是因为人的实践活动是有意识的活动,也就是说,人不是直接地依

---

① 欧阳康:《社会认识论——人类社会自我认识之谜的哲学探索》,云南人民出版社 2002 年版,第 29 页。
② 丰子义编:《发展的反思与探索:马克思社会发展理论的当代阐释》,中国人民大学出版社 2006 年版,第 302 页。

赖于自然,不是和自然的直接统一,而是对自然的反观,对自然的超越,这依赖于人的意识、依赖于人的自觉能动性。马克思说:"有意识的生命活动把人同动物的生命活动直接区别开来。"①从最初意识代替本能,到人类构建相对独立的意识体系,意识活动表现在人类的生活的各个方面,"人不但能够意识到外部世界的存在,而且能够意识到人的自我存在,从而能够把自我作为主体而同外部存在的客体区别开来;人不但能够意识到外部世界和人自身的存在,而且能够通过思维的认识活动,观念地掌握对象世界的存在属性及其发展规律,从而能够有目的、有计划地利用它们为人自身服务;人不但能够意识到人和物的存在以及认识它们的存在属性、发展规律,而且能够意识到人自身的行为活动和内心世界,具有自觉的主体意识和意识的意识,从而有可能对自己的内心活动和行为活动实现自我控制、自我调节。"②而且意识最终把自己的价值体现在人的所有实践活动之中,转变为现实的力量。

创新实践意识,可以说是人的主观能动性最高的存在和表现形态,也是创新实践活动的本质要求。正是凭借着人的创新实践意识,创新实践创造了一个属人的世界。它不仅创造了人类的物质生活条件,而且创造了人类的精神财富;它不仅创造了外化的属人的对象世界,而且也创造了一个不断发展着的、内化的属人的世界;它不仅创造了属人的客体、属人的工具,而且在主体和客体的互动过程中,创造了属人的主体。"人的行为总是受其思想支配的。只有具有强烈的创新意识,明确的创新目标,才会产生强大的创新动力,才会有很强的创新能力,创新过程中才会有百折不挠的毅力,才可能真正做到有所发现,有所发明,有所突破,有所前进。"③人的创新实践是在创新实践意识的指导下完成的,没有创新实践意识就没有创新实践。因此,创新文化在推进创新实践和社会发展、培养创新实践的普遍主体的过程中,首先应该使所有社会

---

① 《马克思恩格斯选集》第1卷,人民出版社2012年版,第56页。
② 肖前、李淮春、杨耕主编:《实践唯物主义研究》,中国人民大学出版社1996年版,第149页。
③ 易杰雄:《创新论》,安徽文艺出版社2000年版,第43页。

第四章　创新文化的运行机制

成员都认识到创新实践的重大意义,普遍培养全民族自觉的创新实践意识。

自觉的创新实践意识,是指有明确的敢于创新实践的精神、明确的创新实践动机、明确的创新实践目标和明确的创新实践计划的创新实践意识。敢于创新实践的精神包括两方面的内容:一是指创新实践活动本身是一种挑战性的活动。创新实践本身是人类的一种创造性的劳动,是对现有的突破,是人根据自身的需要创造过去所没有的新事物,因此它是一个艰辛的劳动过程,需要创新实践的主体具有坚定的决心和敢于挑战的精神。二是指创新实践会遇到来自于社会其他成员的阻力。创新实践的实质是后人对前人成就的不满足,是对已有的怀疑、批判与超出,因此它往往会遭遇到已有权威的质疑和现存社会既得利益者的阻挠。因此创新实践主体要有敢于面对世俗力量的勇气。动机是需要的主观表现。明确的创新实践动机,是指创新实践的主体自觉到某个或某些新的需要,同时认识到创新实践是自己满足需要的唯一途径,因此而产生明确的"我要满足需要""我要创新实践"的欲望。也就是说,创新实践的主体,要有强烈的主体意识、自由的精神和强烈的责任感,要明确自己的需要、自己所属团体和国家的需要以及整个人类的需要,并且认识到创新实践在推进社会进步和人的发展中的重要作用,然后在此基础上产生我要创新实践的动机。继而创新实践主体会以自己的知识结构和客观条件为背景,理性地分析自己要满足的需要,提出明确的创新实践目标和达到这一目标的计划,并最终依靠自己的创新实践能力来完成自己提出的任务。

创新文化对于塑造创新实践意识具有非常直接的作用。包含理性精神、求真精神、批判精神、挑战精神、献身精神的科学精神,包含相信创新、推崇创新、鼓励冒险、奖励创新、宽容失败的社会认可,以及人们对于美的探索精神,都会激发创新实践主体敢于创新实践的精神,明确创新实践的动机。自然和社会科学思想,技术知识和方法,学术道德,协作精神和开放心态,爱国主义和国际主义精神,经济价值、生态价值和人文价值的统一,人们在知识创新实践、技术创新实践和制度创新实践中对于新的审美对象、新的美感知识、掌握新的创造美感事物的方法的探讨,可以帮助创新实践主体进一步明确创新实践的目标和制定创新实践的计划。

创新实践主体之间也会相互作用,形成有利于创新实践意识形成的社会氛围。国家创新文化以国家创新体系为对象从宏观视野进行顶层设计,对主体创新实践意识的影响具有全局性。组织创新文化塑造的是中观的具体氛围,一方面是国家创新文化的落实,将创新发展理念、创新驱动发展战略、科技创新观和全面创新观、科教兴国战略和人才强国战略落实于政府部门、企业、大学、科研机构、金融机构等;另一方面又是大众创新文化的塑造,为成员创新意识的形成提供社会氛围、制度设计和物理环境。大众创新文化具有微观性和基础性,既是国家和组织创新文化的体现者,是创新实践的直接动力,又是创新最深厚的文化土壤,对于滋养创新因素、激发创新活力、推动创新行为、形成创新蔚然成风的生动局面具有决定性作用。

创新实践意识深层的来源是社会心理,主体能够自发地产生创新的热情、敢于面对挑战的勇气和坚忍不拔的意志。这是创新文化深厚积累的表现,说明创新已经成为民族精神,成为社会传统、风俗和习惯,人们遇到危机,自然而然地会产生奋斗精神,憧憬美好生活。当然创新实践意识还需要从自发上升为自觉,主体需要在社会意识形式层面获得更加系统化理论化的创新文化熏陶,掌握社会科学和自然科学的各类思想、人文学科中有利于创新的内容、自觉的科学精神,了解创新理论、创新理念、创新战略等。

二、提高创新实践能力

创新实践能力是创新实践主体完成自身创新实践需要和创新实践任务的能力。创新实践能力是一种综合能力,内涵非常丰富,概括起来主要包括:认识方法、思维能力、心理素质、知识储备、行为能力和合作能力等。创新文化在内容上包含这些元素,可以帮助主体提高创新实践能力。

认识方法在这里主要是指在本体论基础上的哲学层面的人的认识路线和思维方法。在中西哲学史上有两种相反的自然观:一种自然观的核心思想是"天人合一",中国哲学中的大多数哲学家都持有这样的观点;另一种自然观的核心思想是"天人相分",即认为自然界和人类是对立的,这种思想在西方哲学史上占有主导的地位。两种不同的自然观决定了两种不同的认识路线:天人合一的自然观,要求人回归自然、顺其自然,在身心各方面向自然作认同,因此人与自然的关系是一种审美的、道德的关系,而不是探索求真的关系,它决定了在认识论上由内而外的认识路线和重视反省内求,轻视感性经验的认识方法;人与自然对立的自然观决定了由外而内的认识路线和用逻各斯来求得真理的认识方法。这两种认识路线和认识方法,或者说这两种哲学思维方式从总体上来说各有千秋。人和自然的关系本来就是既对立又同一的辩证关系。如果更多地看到两者的同一,忽视对立,就会丧失对自然的探索精神和弱化抽象思维的能力,同时也就失去了创新实践真的维度。不懂得自然的本质和规律,主观能动性就失去了用武之地,科学创新实践、技术创新实践和真正现代的制度创新实践都无从谈起。真是善和美的基础,失去了真的维度,善和美也会变得苍白无力。相反,如果更多地看到人与自然的对立,忽视两者的同一,就会为狭隘的人类中心主义埋下伏笔,人类在不断探索自然奥秘的过程中,也在不断地破坏着自然,资源问题、环境问题都是人类忽视与自然同一的结果。真只是创新实践追求的目标之一,只有同时看到人与自然善的关系和美的关系,创新实践才能利用真的手段,利用更少的或非短缺的资源创造更多的财富,才能学会欣赏大自然的美,也才能在此基础上建立更和谐的人际关系(包括同时代和代际之间)与更加完美的人类生活环境和生活方式。因此在认识方法上,创新实践的主体应该兼收并蓄,充分利用两种认识方法的优势,完善自身的主体条件。

恩格斯说:"一个民族想要站在科学的最高峰,就一刻也不能没有理论思维"。[1] 我们这里提到的思维能力主要指的就是这种理论思维能力,而且主要指的是抽象思维能力,即运用严密的概念、判断和推理等逻辑形式获得对于外部世界本质和规律认识的思维能力,同时也包括在人类思维过程中出现的非常规思维方式,比如想象力、直觉和灵感等。它们都是人类创造性的思维方

---

[1] 《马克思恩格斯选集》第3卷,人民出版社2012年版,第875页。

法,是创新实践主体必须具备的条件。恩格斯还指出了培养理论思维的方法,他说:"理论思维无非是才能方面的一种生来就有的素质。这种才能需要发展和培养,而为了进行这种培养,除了学习以往的哲学,直到现在还没有别的办法。"①当然由于自然本身的唯物性和辩证性,自然科学家可以在自然科学发现的过程中直接地获得这种能力,但是这是一个比较长期、缓慢的过程。因此恩格斯又说:"如果理论自然科学家愿意较为仔细地研究一下辩证哲学在历史上有过的各种形态,那么上述过程可以大大缩短"。② 至于想象力、直觉、灵感等这些非常规的思维方式,它们在创新实践中的作用也非常重要,它们不是什么神秘的体验,"只有在人类实践积累的知识基础上才可能产生具有创造力的想象。而直觉也并非绝对排斥逻辑,……它是认识主体在以往经验积淀的基础上表现出来的'茅塞顿开'、'豁然开朗',实际上其中隐含着一种'敏捷'的逻辑,只不过不像通过严格的分析、推理那样让人能明显地意识到罢了。"③因此,培养主体的思维能力,主要的就是学习哲学和在具体科学研究过程中总结的一些训练方法,积累知识。

心理素质也是创新实践必备的主体条件。就人类精神整体而言,除了理性因素外,还存在非理性的因素。有些非理性因素,比如直觉、灵感等,和理性的逻辑思维有密切关系,有些就表现为人的心理素质。创新实践是一种充满挑战性的创造性的活动,因此需要主体在心理素质方面具备强烈的好奇性、坚强的意志、自我调节的能力、勇敢和自信的品质等。

知识储备也很重要。当代的创新实践是人类的自觉活动,需要明确的创新实践理论和科学、政治、法律、道德、艺术、宗教、哲学等各方面知识作为材料。"工业经济时代,生产工人是主要劳动力,工人阶层是社会主体。知识经济时代,知识工人是主要劳动力,知识阶层是社会主体。"④主体只有具备一定

---

① 《马克思恩格斯选集》第3卷,人民出版社2012年版,第873页。
② 《马克思恩格斯选集》第3卷,人民出版社2012年版,第876页。
③ 易杰雄:《创新论》,安徽文艺出版社2000年版,第236页。
④ 王永杰、冷伟:《创新与知识经济》,西南交通大学出版社2005年版,第30页。

的知识储备,才能符合时代的要求,立足社会,完成创新实践的任务。另外,创新实践往往就是从知识创新实践开始的,只有具备广博、扎实的专业知识,才可能在理论上有所突破,并完成向技术创新实践和制度创新实践的应用。

行为能力和合作能力是创新实践主体至关重要的素质。"认识、观念本身的更新、创新,对整个创新来说虽然是第一位的,但仅仅停留于认识、观念本身的更新和创新,又是远远不够的。不能把创新、更新了的认识和观念付诸行动,物化出来,造福社会,奉献给人类,其意义就要大大地打折扣。"①因此我们不能让新的认识和观念停留在头脑中,停留在书本等信息载体上,而应该把它们应用于技术研制、市场开发、制度建设等各个方面,使之变为现实的力量和财富。这就需要创新实践主体具有一定的行为能力。同时,人的实践活动是一种社会性的活动,无论是知识创新实践、技术创新实践,还是制度创新实践,都是以人的交往为中介的活动。贺善侃曾说:"现代哲学对主体的研究,越来越从'主—客'框架走向'主—客—主'框架,从而越来越把主体交往论作为一个重要内容。主体性的确立前提在于交往活动中形成的'主体—主体'关系,发挥主体性功能的机制在于'主—客'与'主—主'关系的交融"。②因此对于主体来说,与人合作的能力是必不可少的。

三、建立创新实践系统

前面在论述创新实践的意识和能力的时候,我们主要针对的是个体主体。但是创新实践,尤其是当代创新实践,不是单纯的个人行为,也不是"一个简单的从新思想的产生到科研机构的开发、中试,再由生产部门生产、营销部门营销的线性过程,它是企业内的研究与发展部门、生产部门和营销部门,以及企业与企业外的研究与发展机构、高等学校及其他企业互相作用的结果。不仅如此,政府、金融、法律、文化等因素也都是影响创新的重要变量。因而,对

---

① 易杰雄:《创新论》,安徽文艺出版社 2000 年版,第 21 页。
② 贺善侃:《实践主体论》,学林出版社 2001 年版,第 159 页。

创新效率的考察,必须从系统整合的角度出发"。① 创新实践是一种社会性的活动,需要以人与人的交往为中介,涉及社会的各个层面,是各层面主体的系统行为。因此创新实践发展到一定水平之后,必然要求建立创新实践系统。

对于创新的研究是从经济学起步的。在经济学中,这个创新实践的系统被称为"国家创新系统"。国家创新系统是由英国经济学家克里斯托夫·弗里曼于1987年在研究日本科技立国的经验时首先提出的。他认为:国家创新体系是公共部门和私人部门的机构组成的网络,它们基于一定组织制度的活动和相互作用促成、引进、修改和扩散了各种新知识和新技术。② 克里斯托夫·弗里曼在国家创新系统中提到的"私营部门"和"公共部门"与马克思的市民社会和国家的思想在理论上是一致的。俞可平认为,马克思的市民社会既是一个历史范畴,又是一个分析范畴。"作为一个历史范畴,市民社会指的是人类社会的一个特定发展时期,""作为一个分析范畴,市民社会是对私人活动领域的抽象,它是与作为公共领域的抽象的政治社会相对应的。"③前者是指资产阶级社会,后者是指与共同领域对应的私人活动领域。这里我们主要是在后者的意义上运用马克思的市民社会思想。这样创新实践系统实质上就是由国家和市民社会集团共同构成的。国家创新系统是在一个国家范围内各个层次和各种功能的组织主体共同构成的一个网络性的创新实践系统。具体讲,国家创新系统的构成主要包括:企业(以大型企业集团和高技术企业为主)、科研机构(包括国家级科研机构、地方科研机构和非营利科研机构)、高等院校(尤其是研究型大学和教学研究型大学)、政府部门、其他教育培训机构、中介机构等。④

同时我们也要注意到,在创新文化和创新文化研究的历史部分,我们说

---

① 冯之浚主编:《国家创新系统研究纲要》,山东教育出版社2000年版,第2页。
② 参见[英]C.弗里曼:《日本:一个新国家创新系统》,载[意]G.多西等编:《技术进步与经济理论》,经济科学出版社1992年版,第402—419页。
③ 俞可平:《马克思的市民社会理论及其历史地位》,《中国社会科学》1993年第4期。
④ 参见单志刚:《知识经济概论》,中国传媒大学出版社2006年版,第256页。

第四章　创新文化的运行机制

到,国家创新体系不仅仅是各层次各类型主体构成的有机结构,而且也是各种影响创新的因素汇聚的综合创新思路,更多影响创新的因素被考虑,除了技术、制度,还有文化。在研究创新文化的内容时,我们很重要的一个维度就是主体的层次,创新文化在这个角度分为国家创新文化、组织创新文化和大众创新文化。由此可见,创新文化在塑造国家创新系统中发挥着重要作用。

国家在创新实践系统中居于主导地位。创新实践是一种探索性、创造性的实践活动,充满了风险和不确定的因素。国家是政治上层建筑,它集中地反映了市民社会中私人的利益关系。作为权力机关,有必要也有能力做宏观的调控,从而弥补市场的不足,使创新实践的知识资源、物质资源得到合理的配置和流动,协调各主体的创新实践活动,发挥自身优势集中财力办大事,在基础理论研究、大规模基础设施建设、协调产业结构等方面发挥一般主体无法起到的作用。因此在构建创新实践系统时,国家主体的建设目标就是在经过经济体制、政治体制和文化体制改革之后,国家真正承担起这样的责任,为创新实践营造有利的政策、法律、市场、金融和文化环境。这对于发展中国家尤为重要,因为发展中国家的创新实践社会化水平比较低,市场不够健全,企业创新实践能力也比较低,因此国家的任务就更紧迫。另外中介机构的建设也是政府推动知识和技术流动和扩散的重要途径。

企业是创新实践系统的主体。第一,企业具有创新实践的现实动力。恩格斯说:"社会一旦有技术上的需要,这种需要就会比十所大学更能把科学推向前进。"[1]在现时代,市场经济是最有利于创新实践的经济形式,它为赢利而生产,以追求利润最大化为基本原则满足和开发社会需要,这在客观上促进了创新实践的发展。而企业是最适合市场经济需要的主体形式,它也是市场经济的主体,遵循市场的原则而从事创新实践,因而具有创新实践的现实动力。第二,企业活动是创新实践的主要实现方式。创新实践的目的就是把人类新发现的知识资源和自然资源合理地变成人类现实的物质财富和精神财富,企

---

[1] 《马克思恩格斯选集》第4卷,人民出版社2012年版,第648页。

业是实现这一目标的主要基地。在现时代,人们通过知识创新实践生产出来的精神产品,需要经过企业的批量生产、市场运作,才能成为人类普遍的精神财富;人类的精神产品需要面向企业的生产实践,才能转变为现实的技术和制度;技术创新实践的成果,需要经过企业的生产活动,才能创造人类的物质财富;企业也是制度创新实践的基地,很多制度设想,都在企业的生产过程中得到了实现,变成了现实的生产力。有些具有研发能力的企业本身也是知识创新实践、技术创新实践和制度创新实践的主体。因此促使企业适应创新实践的要求就变得非常重要。企业要适应创新实践的时代要求,建立现代企业制度和企业文化,调整或重组自身的生产要素,使企业内的研究与发展部门、生产部门和营销部门协调发展,既有长远的计划,又能够快速反应,并能够建立同企业外的研究与发展机构、高等学校、其他企业、政府部门良好的合作关系,合法地利用它们的研究成果和其他资源,提高创新实践的能力。

科研机构、高等院校和其他教育培训机构是知识生产、传播、储备和应用的重要环节、创新实践的源泉和人才培养的基地。这里的知识是全面的知识,包括自然科学、社会科学、哲学、宗教、道德、艺术等多种社会意识形式。在创新实践系统的建设中,这些机构都要有意识地增强自己的创新实践能力。它们不仅是传播和储备知识的组织,而且是肩负知识创新实践即生产知识的组织;不仅是生产知识的组织,而且是应用知识,为生产和生活进行技术创新实践和制度创新实践的组织。同时这些组织也应该调整自己的教育方针,培养有创新实践意识、创新实践能力和良好文化修养的适合创新实践和知识经济的人才。这些组织主体与企业的不同点是,它们主要是教育和科研机构,而不是生产组织,如果把创新实践分为应用和技术层面的创新实践和基础理论层面的创新实践的话,无疑科研机构和高等院校更多地承担着后一层面的任务。企业以经济效益为原则,因此它对没有直接的、特定的使用意义的科学知识兴趣不大,企业所开展的基础研究,其目的也是为了掌握相关领域的动态,便于抓住商机。但是从长远的可持续的创新实践和发展来看,基础理论的创新实践对公共利益具有更大的作用,因此国家必须重视这个方面的创新实践,承担起大部分科学研究的投入,由科研机构和高等院校来执行。具体来说,科研机构应该承担起一部分基础研究的任务,并努力开发应用,做好前期的研发工作;机构内部做好改革,营造创新实践的氛围,鼓励有科研能力人员的创新实践,并培养团队合作的精神;各科研机构之间应加强联系和合作,避免条块分割、盲目和重复性研究;科研机构也应该加强与企业的合作,与政府和高校的沟通。高等院校是创新实践的重要基地,它不仅为生产力准备了条件,同时也创造了生产力。"国内学者在进行国际比较研究时,针对我国高校层次结构进行分析,认为我国大学可分为研究型大学、教学科研型大学、教学型大学、高等专科学校和高级职业学校五类。后两类高校的情况是大家熟知的,前三类则显得较为新颖。教学型大学是指那些几乎不进行基础研究,不具有独自专业领域研究成果的、以教育为中心的大学。研究型大学是指具有较强的研发实力和能力,以培养高级创新人才(研究生)为主要任务、以科研为中心的大学,它一般以学院制为基本管理模式。教学科研型大学是介乎于二者之间的中间型大学。"[1]因此在高校建设中,除了一般性的投入以外,国家应加大对具有研究能力的大学的投入,这些高校也应该把提高科研能力作为自己的重要目标之一。

另外,有人还提出了全社会主体和全人类主体的说法。我们认为全社会在客观上是存在的,但是主体必须具有统一的意志和自主实施的能力,全社会在当代不具有这样的特点。如果把全社会理解为代表私人领域的市民社会,全社会表现为个体主体和组织主体层面上的企业、科研机构、学校、民间组织等,私人意志具有更加突出的地位,全社会的共同意志是私人意志重合的部分或者合力,它以私人意志为基础,全社会没有自主的实施能力,全社会的共同意志的实现通过私人意志的达成来实现;如果把全社会理解为代表公共领域的国家,那么我们研究国家主体就可以了,没有必要使用全社会主体,而且国家是对经济基础的反映,如果国家是虚幻的共同体,它主要代表的是一定阶级

---

[1] 王永杰、冷伟:《创新与知识经济》,西南交通大学出版社2005年版,第189—190页。

的共同利益,如果国家是真正的共同体,它才代表着全社会的利益;如果把全社会理解为全世界人民组成的地球村,那么它就是全人类主体,全人类主体在当代是不存在的。在当代,人类也有共同的利益,但是人类整体不可能作为一个同一的系统去运作,而必须通过个体、集团、国家和国际组织等主体形式来完成。民族国家的内外交往是当代全球化的现实动因,是国际创新实践和共同利益实现的主要主体形式。另外,国际交往的主体还包括跨国公司、国际组织(联合国、世界银行、世界贸易组织等)、区域集团联盟(欧盟、亚太经济圈、北美自由贸易区等)、非政府组织等。有些交流合作以固定的国际组织即国际主体的方式进行,其中一些国际组织的成员为国家,一些国际组织的成员是各国的非政府组织;有些是暂时性的组织主体间的合作,为完成某项科学技术创新任务或其他行为而进行合作。随着科学技术和生产能力的发展,人类出现了一些全球问题,比如,人口、生态环境、能源等等,这些问题的解决都需要国际合作创新实践的背景。在未来的共产主义社会,国家和阶级消失的时候,全社会的统一意志凸显出来,具备自主的实施能力,那个时候才成就全人类主体。

总之,创新实践是一个系统工程。在当代,建立国家创新系统和实行国际交流合作,综合利用技术、制度和文化因素促进创新实践,已经成为各个国家和各国人民的共识。这也是当代创新实践社会化和生活化的突出表现。虽然各个组织主体分工不同、各有特色,但是它们之间没有绝对的界限,在创新实践的过程中,它们彼此贯通,相互合作,达成共识,分享资源,共同完成国家创新实践的任务。

第二节　开发创新实践的客体资源

在创新实践中,主体和客体是两个最基本的要素,创新实践活动是创新实践主体和创新实践客体辩证关系的展开。它们作为同一矛盾的两个方面,具有相互关联的性质。"一方面,表现在主体的知识水平和掌握的技术手段,制约着它对客体认识和改造的深度和广度;另一方面,人的全部活动都是在外部世界存在的前提下进行的,不可避免地要受到世界客观规律及其提供的物质条件的限制。"①因此在创新实践的过程中,不仅需要培养创新实践的主体,而且需要开发与之相称的客体资源。对于创新实践客体的影响和引导,也是创新文化的运行机制。对应于实践的三种类型:物质生产实践、交往实践和精神生产实践;或创新实践的三个类型:技术创新实践、制度创新实践和知识创新实践;主体和客体形成了三种关系:人与自然的现实关系,人与人的现实关系,人与自然、人与人的观念关系。因此相应的创新实践客体也分为三类:自然客体、社会客体和精神客体。

一、开发创新实践的自然客体

自然客体是指人类从自然获得的物质资料,是主体物质生产实践的对象,表现的是人与自然的实在性的关系。自然客体分为两类:一类是进入人的物质生产实践范围,但是还没有经过主体加工的纯自然的客体;另一类是已经经过主体加工,但是为了主体进一步的需要,进行再加工的人工化的客体。

自然客体来源于自然,可是自从它成为实践客体的那一刻起就具有了社会历史性。自然客体随着人类科学技术的进步,随着人类历史的发展,不断扩展和变化。一方面,自然客体扩展到越来越广阔的领域,相应的种类越来越丰富。人类在原始材料的基础上利用科技手段创造的越来越多的新型人工材料,更是增添了自然客体的种类。另一方面,自然客体的结构在不同历史时期也会发生变化。比如,从石器时代到青铜时代再到铁器时代,原有的自然客体在新的时代还保留着,但是在比例上已经让位给新的自然客体。再比如,由于工业时代对自然资源的不断索取,产生了资源短缺的问题,知识经济时代就要

---

① 黄楠森、杨寿堪主编:《新编哲学大辞典》,山西教育出版社1993年版,第348页。

求开发一些新的自然资源或不稀缺资源来补充或替代现有的资源,尤其是不可再生资源,这样就改变了原来自然客体的整体结构。

自然客体的历史变化和发展有一个规律:随着历史的发展,在自然客体中,知识的含量不断增加,这带来了自然客体数量和种类的增加,决定了深加工的程度和结构调整的方向。在原始社会,人类主要利用自然的动植物资源等来生活,其中几乎没有什么知识含量。到了农业社会,少量的知识带来了农业的发展,可利用的动植物的种类增多,手工业也有了一定的发展,在原始冶炼术的基础上,人们生产了锄、犁、磨等有效的生产工具,一些贵重的生活用品和贵族住宅等开始艺术化。工业社会,是知识突飞猛进的时代,科学取得了独立的地位,从搜集资料到整理资料,越来越丰富地发展起来。主体变得强大,相应地提高了自然客体的水平。越来越多的自然客体进入人们的实践范围,并得到了越来越深度的加工,人们还利用这些自然客体发明了机器这种高效率的生产工具,从而创造了空前的生产力。当代已到来的是知识经济的社会,是一个知识大爆炸的时代,知识成为第一位的生产要素,它将解决人类资源短缺的问题,开发更多的自然资源,尤其是可再生资源和不稀缺资源,提高有限资源的利用率,自然客体中知识的比例将取得绝对优势。自然客体的不断知识化,深刻体现了人的价值,在促进人与自然和谐的同时,也改善了人与人之间的关系;而且人类生活不断艺术化,从古代贵重的生活器具、贵族住宅等对美的考究,到现代商品设计中的艺术理念,都体现了这一点。自然客体的发展遵循着以自然资源为基础、以知识为主导的规律。

因此,在自然客体方面,为提高创新实践的效率和水平,人们需要做好两个方面的工作:一方面,利用自然科学知识,不断地开发新的资源,提高自然客体的科技和文化含量。目前精神生产已经成为社会化大生产中越来越重要的部门,高科技产业化、文化艺术制作的产业化,以及各类知识产业公司的合作,已经开始为提高自然客体的水平打开了美好的前景。另一方面,对科学技术的应用应该不断成熟,以人类的长远利益和可持续发展为重,在合理开发自然客体的同时,保护好我们赖以生存的自然环境。可喜的是,保护环境在当代越来越成为人们的共识。创新文化在这两个方面都发挥着重要作用。

二、开发创新实践的社会客体

主体和客体的关系是辩证的,它们既彼此对立,又相互依存,相互转化。主体在一定条件下可以转化为客体,这包括两种情形:一种是指人的本质力量、人的创造力的对象化,人类对于自然客体的开发就属于这种情形;另一种是指主体和客体关系的互换,这种情形和社会客体的特殊性相关。社会客体是交往实践的客体,交往实践的特点是结构的两端都是人或由人构成的组织,彼此互为主体和客体,即主体和客体的关系可以互换。

在交往实践中,交往双方互为主体和客体,这是一个客观的事实,具有普适性,不以人的意志为转移。无论交往双方在地位上平等还是不平等,是合作关系还是支配与被支配的关系,都既是主体,又是客体,彼此互相影响,互相改造,比如企业合作,老师和学生之间的教学活动等。但是这个事实往往遭到人们的忽视,在张扬自身主体性的同时,忽视他人的主体性。在人们日常的平等交往中这种情况就经常出现,比如打扰别人的休息,无视对方的感受等,但是最多、最突出的表现还是存在于交往双方地位不平等,尤其是支配与被支配的关系之中。这个时候,处在较高地位的一方往往忽视另一方的主体性,而无限地放大自己的主体性。比如在奴隶社会,奴隶主就是把奴隶作为会说话的工具;在一个企业或者行政机关中,有些领导一贯地无视下属的主体性,搞一言堂;组织对于个人也往往犯这样的错误,重视组织利益,忽视个人利益等等。人类交往的发展趋向是人际关系的合理化。在现代生活中,当人们忽视这个规律的时候往往会受到惩罚,专横跋扈领导最终失去人心,地位产生危机,无视个人利益的集体失去了组织发展的动力。

对于创新实践来说,不合理的人与人之间的关系会扼杀一个人、一个组织创新实践的精神和能力。亚当·斯密就曾说过:"这类职业〈手工业者和制造业者劳动者的职业,在许多古代国家〉被看做只适宜于奴隶,而市民则不准从事这类职业。……但是奴隶很少有发明;工业上一切减轻劳动和缩短劳动的最有利的方法,无论是机器还是更好的劳动组织和分工,都是自由民发明的。即使有的奴隶想出了并且提议实行这类方法,他的主人也会认为这是懒惰的表现,是奴隶企图牺牲主人的利益来减轻自己的劳动。可怜的奴隶不但不能由此得到报酬,还多半会遭到辱骂,甚至惩罚。因此,同使用自由民劳动的制造业相比,使用奴隶劳动的制造业,为了完成同量的工作,通常要花费更多的劳动。因此,后一类制造业的制品通常总要比前一类制造业的制品贵……"①奴隶的创新实践精神和能力淹没在呵斥和皮鞭之中,同样,封建的官本位制度、领导的家长作风、教师的灌输式教育等等都会产生同样的后果,人的创造力遭到摧残。

因此,我们在提倡创新实践、开发社会客体的过程中,一方面是实现社会客体的社会化,培养社会客体创新实践的素质和能力;另一方面,最重要的就是建立合理的人际关系和民主制度,畅通交流,精诚合作。文明的制度,可以吸纳和整合更多的社会力量,塑造更加宽松和合理的社会结构,有效地规范和协调人与人之间关系。人既是目的,又是手段。人和人只有互相尊重对方的主体地位,怀着健康的心态充分发挥社会客体的作用,才能更好地体现自身的主体性,实现自己的理想。这些都是创新文化的应有之义。

三、开发创新实践的精神客体

精神客体是精神生产实践的客体。精神生产实践是人们对于世界观念性的探索,它全面体现人与自然、人与人的关系。但是精神生产实践不是现实地改变自然客体的物质结构和能量运动,不是对社会关系的直接变革,而是对于来自客观世界的信息的把握、处理和超越。精神客体虽然来源于客观世界,但是自从与人的感觉器官接触进入人的意识的那一刻起,就进入了主观世界,它的生产工厂是人的大脑,因此它是最富有主体色彩和人的主观能动性的客体。

---

① 转引自《马克思恩格斯文集》第8卷,人民出版社2009年版,第241—242页。

第四章 创新文化的运行机制

正如马克思所说:"对象如何对他来说成为他的对象,这取决于对象的性质以及与之相适应的本质力量的性质;因为正是这种关系的规定性形成一种特殊的、现实的肯定方式。眼睛对对象的感觉不同于耳朵,眼睛的对象是不同于耳朵的对象的。每一种本质力量的独特性,恰好就是这种本质力量的独特的本质,因而也是它的对象化的独特方式,是它的对象性的、现实的、活生生的存在的独特方式。因此,人不仅通过思维,而且以全部感觉在对象世界中肯定自己。"[1]与自然客体的情形相似,精神客体也有两类:一类是直接来源于自然、社会和思维的信息;另一类是主体加工过的信息,它是人们以往的研究成果,由于社会发展的需要,这些成果又转变为信息,进入精神生产的再加工过程。后者体现了人类精神生产的相对独立性,知识发展的内在逻辑就是后人在前人研究成果的基础上不断知识创新实践的过程。

精神客体相对于自然客体和社会客体的特殊性,决定了精神客体的两个基本特点:摹写性和创造性。精神客体的摹写性,是指精神客体以客观事物为原型和源泉,但是精神客体不是对客观事物照镜子式的映现或直接的描摹,它是主体按照自己的需要对客观事物的主动选择,带有主体的感官特性和思维形式,并且主体能够借助一定的中介手段、方法,透过客观事物的现象,不断深化对其本质和规律的认识。精神客体的摹写性是客体主体化的一种体现,客观事物被主体在观念上把握,作为思想和知识而成为主体的精神因素。精神客体的创造性,是指主体在获得了关于事物本质和规律的认识以后,利用这些本质和客观规律,以满足自身需要为目的,从可能性的领域中选择和建构他所视为真的、善的、美的理想的观念对象,超前反映未来实践的成果。精神客体的创造性为主体客体化即主体的精神客体物化为现实客体准备了条件。

精神客体的特点说明精神客体具有相对的独立性。它来源于客观世界,但是又不拘泥于客观世界,它是一种主观的、创造性的存在,它能够加工、可以变动发展、可以超越现存世界。因此精神客体的开发和利用对于创新实践具

---

[1] 《马克思恩格斯文集》第 1 卷,人民出版社 2009 年版,第 191 页。

有重大意义,创新文化对于创新实践精神客体具有直接的作用。创新实践精神客体的开发主要包括以下四个方面:

第一,不断丰富精神客体资源。精神客体是人类创新实践的源泉,人类社会的发展水平和创新实践的水平与精神客体的丰富程度和发展水平直接相关。近代以来,创新实践的飞跃发展正是知识革命的结果。从蒸汽技术革命到电气技术革命,再到电子和信息技术革命,知识系统化、理论化的水平越来越高,知识越来越成为经济发展和社会进步的核心因素,知识创新实践推动技术创新实践和制度创新实践。人类的存在方式是生存,是一个不断提升和超越的过程,知识发展的内在逻辑也是后人在前人研究成果的基础上不断开发新的精神客体资源,不断知识创新实践的过程。创新实践精神客体资源的开发不可能一劳永逸,精神客体需要永远的创新实践。

第二,建构精神客体的整体结构。按照精神客体的内容,创新实践的精神客体可以分为三类:有关自然的信息和自然科学知识,有关社会的信息、社会思想和社会科学知识,有关思维的信息和思维科学知识。按照现代社会的学科划分,自然科学知识又分为数学、物理、化学、生物等领域,社会思想和社会科学知识又分为政治、法律、道德、宗教、艺术、哲学等领域,思维科学知识又分为逻辑学、语言学等领域。它们各有侧重地探索客观世界的本质和规律。但是创新实践是人们对于真、善、美的整体追求,尤其在当代,社会发展已经达到比较高的水平,时代对于创新实践提出的任务往往非常复杂,需要从事不同实践活动、不同学科研究的主体在比较高的平台上交流和合作。因此精神客体应该作为一个整体发挥作用。目前边缘学科、横断学科和综合学科的兴起,已经开始打破原来条块分割的局面,它们沟通了精神客体之间的关系,在促进创新实践精神客体系统化的同时,深化了人们对于客观世界的认识。这种学科建设的发展方向,符合客观规律和辩证法。我们在丰富精神客体资源的同时,也应该注重各种精神客体的综合建构,发挥精神客体的整体优势,这是知识创新实践的重要途径。

第三,重视精神客体的传播。精神客体除了具有摹写性和创造性以外,还具有不可消耗性、共享性和互补性的特点。精神客体不会像自然客体那样因为分配而分散,因为消费而减少,精神客体在主体和主体之间的传播,不会消耗,只会共享。而且每个主体都是各种不同精神客体的载体,在交流中会产生互补,增加彼此的精神客体含量,提高彼此的知识水平,从而巩固创新实践的知识基础。"批判的武器当然不能代替武器的批判,物质力量只能用物质力量来摧毁;但是理论一经掌握群众,也会变成物质力量。"[1]知识经济的即将到来,创新实践的开展,要求知识的广泛传播,提高主体的整体素质。"工业经济时代,直接从事生产的工人占劳动力的80%。知识经济时代,这部分工人不到20%,而从事知识生产和传播的人占80%。"[2]促进精神客体传播的最专业、最有效的途径是教育。国家必须加大对教育的投入,提高民众受教育的广度和深度,促进精神客体的传播,为创新实践准备条件。同时,大众传媒、图书馆、书店等也是知识传播的重要途径。

第四,推进理论理性向实践理性的转变。"理论理性是从把客体看作给予的、独立的出发,要扬弃客体的独立性和外在性,将其'内化'为思想的东西;实践理性相反地是从主观规定(意图、目的)出发,要把主观的东西'外化'为客观存在物。""理论理性探索事物的必然,它是认知真理的冲动;实践理性则不仅有'真'的要求,更有对'善'的追求和对'美'的向往,它是实现善的冲动,是对理想世界的追求,其目的是观念建构出理想的客体,因而它具有鲜明的理想性特点。"[3]理论理性体现的是精神客体的摹写性,是客体内化为主体的精神因素的过程;实践理性体现的是精神客体的创造性,是主体的精神成果外化为现实客体的过程。我们要创新实践,就是要在符合客观规律的前提下,实现客观世界的人化,使之更符合人的需要,超越现有,达到应有。因此我们必须推进理论理性向实践理性的转变,完成精神客体从客体主体化到主体客体化的完整过程。精神客体的完整价值必须借助于一定的物质过程来实现。

---

[1]　《马克思恩格斯选集》第1卷,人民出版社2012年版,第9页。
[2]　王永杰、冷伟:《创新与知识经济》,西南交通大学出版社2005年版,第29页。
[3]　王炳书:《实践理性论》,武汉大学出版社2002年版,第69页。

第三节　打造创新实践的中介系统

在创新实践的内部结构中,主体和客体是最基本的因素。所谓中介,是指在事物自身中对立双方相互联系的一切居间因素和事物自身变化、发展的一切过渡环节。中介是事物本身所具有的、本质的、必然的因素和环节,它不是外在的、强加给事物的。在创新实践这一矛盾体中,创新实践的中介是创新实践主体和创新实践客体的统一,它既是主体需要和本质力量的体现,又符合客体的本质和规律。中介不是创新实践的最基本要素,中介可以归结和还原为主体和客体的要素,我们必须在主体和客体的基础上,才能谈论创新实践的中介。但是正是因为中介是主体性和客体性的结合,融合了主体和客体的特点,所以最能代表实践视角的优越性,成为人类实践力量的标志,在创新实践中起着关键作用。

中介是辩证法中的重要范畴,具有丰富的含义。中介最基本的含义是间接性。具体地说,各种中介又存在一定差异。"当我们从相对静止的角度研究事物联系时,引进了中间环节的概念,当我们从运动的角度、从事物发展过程来考察事物时,又可以把它叫作中间阶段或过渡阶段。中间环节、中间阶段,都是中介的不同表现形式,其实质是一致的。"[①]由此中介可以分为两类:其一,矛盾双方联系中的中介;其二,矛盾双方转化中的中介。其中矛盾双方联系中的中介又可分为两种:一种是中介因素没有独立形态,因此实际上是矛盾双方互为中介;另一种是中介因素取得了独立的状态,中介是矛盾双方之间的中介。这两种情形是有本质联系的,比如,商品交换中的中介就可以充分说明这一点。在货币出现以前,人们之间进行的是物物交换。按照马克思的分析,物和物,或者说商品与商品之间之所以可以交换,是因为它们之间有一个

[①] 陶富源:《实践主导论——哲学的前沿探索》,安徽人民出版社2001年版,第175页。

共同的因素,那就是无差别的人类劳动,即价值。这时矛盾双方是互为中介。货币产生以后,中介因素外化为独立的因素,便成为矛盾双方之间的中介。联系中的中介和发展中的中介的划分也是相对的。发展过程中的中介,即矛盾双方转化中的中介,与矛盾双方联系中的中介存在密切的关系,它的展开正是矛盾双方以及矛盾双方之间的中介或中介因素相互作用的结果。而矛盾双方的相互作用和中介、中介因素的参与又必然导致矛盾的转化,从而展开事物发展过程的中介环节。矛盾双方联系中的中介于是又在新的平台上参与矛盾运动。

发展过程中的中介往往表现为"一",一事物以自身为中介不断发展;矛盾双方互为中介,是对"一"的分析,表现为"二";矛盾双方之间的中介,是矛盾双方之间中介因素的独立化,表现为"三";"三"的进一步丰富,又会产生"多"。正如黑格尔所说:"认识是从内容到内容向前转动的。首先,这种前进是这样规定自身的,即:它从单纯的规定性开始,而后继的总是愈加丰富和愈加具体。因为结果包含它的开端,而开端的过程以新的规定性丰富了结果。普遍的东西构成基础;因此不应当把过程看作是从一个他物到一个他物的流动。绝对方法中的概念在它的他有中保持自身;普遍的东西在它的特殊化中、在判断和实在中,保持自身;普遍的东西在以后规定的每一阶段,都提高了它以前的全部内容,它不仅没有因为它的辩证的前进而丧失什么,丢下什么,而且还带着一切收获和自己一起,使自身更丰富、更密实。"[①]

创新实践是一个系统工程,它的丰富和发展不仅需要培养主体条件,开发客体资源,而且还需要打造中介系统。创新实践的中介包括:生产工具、语言工具、思维工具以及操作它们的方法。对于创新实践中介的影响和引导,同样是创新文化的运行机制。

一、打造创新实践的生产工具中介系统

生产工具中介系统主要是物质生产实践的主体与自然客体相互作用的物

[①] 黑格尔:《逻辑学》下卷,商务印书馆2001年版,第549页。

质中介。它的内容非常广泛,包括主体用以改造自然客体的各种物质资料和物质条件。其中生产工具是核心部分,除此还包括发动生产工具进行生产的动力系统、能源系统,进行物质生产所必需的基础设施、运输系统、储存系统、包装设备以及富有高科技含量的统筹性的自动控制系统和信息传递系统等,操作这些物质资料的方法也是必要的因素。

生产工具系统作为中介是主体性和客体性物态性的融合,它既符合自然客体的规律,又契合主体的目的,是主体客体化和客体主体化的直接体现。生产工具系统是主体的需要、精神因素和力量在客体上的物化,同时它也是客体向人的延长了的肢体、扩大了的体力和延伸了的脑力、扩大了的智力的转化。因此,一方面,生产工具中介系统是人类创造力的体现,是人的知识创新实践的精神产品现实化的重要途径,精神力量成为一种现实的力量;另一方面,生产工具系统是一种现实力量,它是技术创新实践的载体,人的创造力得到了客观的诠释,创造力得以保留。这正如马克思所说:"动物遗骸的结构对于认识已经绝种的动物的机体有重要的意义,劳动资料的遗骸对于判断已经消亡的经济的社会形态也有同样重要的意义。各种经济时代的区别,不在于生产什么,而在于怎样生产,用什么劳动资料生产。劳动资料不仅是人类劳动力发展的测量器,而且是劳动借以进行的社会关系的指示器。"[①]也就是说,马克思认为劳动资料决定了人类怎样生产,并且像动物遗骸一样可以保留当初人类生产生活的面貌,因此劳动资料比劳动对象更重要。这里的劳动资料和生产工具系统的含义基本是一致的。黑格尔关于禾苗与锄头的论述,观点与此相同。黑格尔也认为作为生产工具的锄头比禾苗具有更大的价值,因为禾苗在人的一次性的消费中就消失了,而锄头却可以保存下来,成为人类文明的标志。因此生产工具系统在创新实践中的地位非常重要。

在人类历史上,生产工具中介系统经历了一个不断丰富和发展的过程。以生产工具为例,随着人类的发展,生产工具经历了从简单工具到工具群,再

[①] 《马克思恩格斯选集》第2卷,人民出版社2012年版,第172页。

到机器和机器体系的发展过程。生产工具一般划分为手工工具和机器工具两大类。手工工具阶段,劳动主要依靠人的体力和身体的灵活,工具处于辅助的地位;机器工具阶段的初期,机器在很大程度上取代了人的体力;随着现代科学技术的发展,机器工具中的科技含量不断提高,开始向智能化方向发展,不仅更大程度地取代了人的体力劳动,而且部分地取代了人的脑力劳动。因此,"作为沟通主客体之间物质和能量交换的中介的工具或手段就其实物构成来说,可以分为两大类:第一类是作为人的肢体延长、体能放大的工具系统。……第二类是作为人的感官和大脑延伸、智力放大的工具系统。"[①]当代生产工具中介系统的特点是机器的体系化和智能化。

有鉴于生产工具中介系统在创新实践中的重要作用和当代发展特点,在推动创新实践的过程中,我们应该做到以下几点:第一,注重知识创新实践成果向生产工具系统创新实践的渗透。知识创新实践是生产工具系统创新实践的源泉,它是人类创造力的起点。只有不断开发知识源泉,变理论为现实,才能提高生产工具系统的科技水平,实现组织上的合理化管理。第二,重视开发新材料。生产工具系统处于中介地位,不仅需要主体的创造力,而且需要新的自然资源作为载体。生产工具中介系统在创新实践过程中常常会遇到的瓶颈问题就是材料问题,也就是说,新的生产工具在科学上有合理的支持,在生产中有应用的环境,但是苦于找不到合适的材料承载新的生产工具的功能。因此新材料的开发在生产工具系统的创新实践中起着重要作用。第三,协调生产工具系统内部因素。生产工具系统具有丰富的内容,包括生产工具、动力、流通、储存、技术控制、操作方法等多方面的因素。系统的正常运行和整体水平的提高需要各种因素的有机结合,有序运行。因此各方面因素的发展应该协调一致,不能顾此失彼。第四,以智能化为发展方向。生产工具系统是一个充满活力、不断发展的系统。在知识经济到来的今天,生产发展对生产工具系统提出了智能化的要求。因此自动控制系统和信息传递系统建设就成为发展

[①] 贺善侃:《实践主体论》,学林出版社2001年版,第137—138页。

中的重点。这两个系统是基于当代科学技术尤其是电子信息技术的成果发展起来的,具有统观全局、快速反应和智能处理的特点,因此成为系统普遍建设中的重点。

生产工具系统介于物质生产实践的主体和自然客体之间,是主体的精神力量和客体的物质力量的现实融合,是人类创造力和实践能力的直接标志。它甚至区分了不同时代,决定了不同时代人们的生活方式,创新实践在某种程度上就是在生产工具系统的演进中展开的,打造生产工具中介系统是创新文化发挥功能的必要途径。

二、打造创新实践的语言工具中介系统

语言工具系统是人与人交往实践的中介。人们之所以需要交往,一是因为交往本身是人的需要,是人实现社会化的途径;二是因为交往是物质生产和精神生产的前提条件,它为物质生产和精神生产提供人与人组合的力量。物质生产和精神生产都是主体与客体之间对象性关系的表现,一个以实在的方式,另一个以观念的方式。主体和客体之间不仅有能量、物质的交流,还有信息的交流。一个人获得的关于客体的信息是有限的,只有使信息在主体之间交流起来,才能形成一股强大的社会力量,从而有效地提高物质生产和精神生产的能力和效率。主体与主体之间交流和交往的中介就是语言。

语言是一种比较复杂的社会现象,我们必须从实践的角度理解,才能阐释它的全部意蕴。首先,语言是思想的物质载体,它承载了人和整个客观世界的观念性关系。马克思说:"思想是……现实生活的表现","语言是思想的直接现实"[1],"思维本身的要素,思想的生命表现的要素,即语言,是感性的自然界"[2]。人类的思想和知识全面体现了人与自然、人与人的关系,它们不仅反映了客观世界的现象,而且反映了客观世界的本质和规律。但是思想必须借

---

[1] 《马克思恩格斯全集》第3卷,人民出版社1960年版,第525页。
[2] 《马克思恩格斯全集》第3卷,人民出版社2002年版,第308页。

助语言这个物质工具才能得以存在和表达,因此在现实性上,尽管语言不是思想本身,但是思想和语言无法分离,语言是思想的直接现实。其次,语言是人与人交往的中介,体现了人类社会性的存在方式。人与人的交往内容丰富,包括经济交往、政治交往和精神交往等。无论什么交往,都需要思想的表达,以语言为中介。而且语言是人与人之间的纽带,是人实现社会化的重要手段,维系着社会组合的力量。最后,语言是物质生产的工具。人类的物质生产以交往为前提,伴以思维过程,交往和思维都离不开语言,因此语言间接地也是物质生产的工具。

而且不仅如此,语言工具系统不是主体需要时就拿来不需要时就抛弃的工具,它是人的本质性生存状态。语言永远和主体、客体同在,没有不是表达者的主体,也没有无法表达的客体。关于语言工具对于创新实践的意义,深层次的理解是:第一,语言本身就是一种文化现象。语言不仅是人类思想的物质载体,而且更准确地说是思想的直接现实。语言交流其实就是思想交流,是不同信息、精神财富和文化的交流。因此,语言在创新实践中现实性地扮演了知识的角色,打造语言中介,实质上深藏了文化建设、知识创新实践的意思。第二,语言体现了人与人的社会关系。语言不仅是人与人交往的工具,而且体现了人的社会性存在方式。语言和语言的交流方式在现实生活中的丰富性,实质上体现了人们不同的交往方式和社会关系,体现了人类多样性的社会存在状态。由于国度、文化背景、地位、职业、受教育程度、长幼、性别等的差异,主体之间的交往和社会关系呈现了多样性的状态。不同的交往方式和社会关系决定了主体之间语言交流的具体内容和形式。因此打造语言工具,也深藏了民主法治建设、制度创新的意思。第三,语言是一种现实力量。语言承载了精神产品的创造性,携带了交往的社会力量,间接地成为物质生产的工具,成为一种现实力量。

因此,我们在创新实践中打造语言工具系统的直接工作是语言学的研究,外语教学和翻译,文字、发音和语法的规范化等。而更深层的工作是把语言的研究和发展与文化建设、民主法治建设、经济发展联系起来。语言是感性的自然界,语言也是感性的社会,人与人的语言交流不仅仅是词句的传递和翻译,而且是携带文化的精神交流,是人与人社会关系的体现,因此语言建设应该包括语言背后文化和社会关系的建设。只有文化健康地发展,社会关系协调一致,才能为创新实践提供有力的语言中介、文化背景和社会条件。埃尔顿在批评传统历史学家的语言工作时就说:"意识形态理论对历史学家的工作是一种威胁,因为它使他们受到预定解释方案的左右,从而迫使他们去裁剪证据,以适合某种从外界植入的所谓范式。"①这就说明,语言是否能够准确地表达原本的意思,有时不是语言本身的问题,而是受到语言背后的人和人之间关系等各种因素的影响。在文化贫瘠和缺乏民主的社会里,语言往往成为虚伪和虚假的表达工具。只有健康的文化氛围和社会关系,才能赢得语言的澄明。语言的建设也离不开生产的发展,知识经济的建设、现代企业制度的发展和生产经营的全球化为语言文化的发展提供了强大的推动力量。

三、打造创新实践的思维工具中介系统

思维工具系统是精神生产实践的主体与精神客体相互作用的中介。思维工具系统包括两个方面的要素:一是思维形式,包括概念、判断、推理等;二是思维方式,即各种思维方法的总和,它是思维活动运行的规则和程序。

思维工具系统和精神客体的关系非常密切。思维工具系统作为中介不是无内容的单纯的形式工具,它的内容就是精神客体。思维工具系统和精神客体的关系与物质生产实践中生产工具系统和自然客体的关系相似。生产工具系统和自然客体的划分是相对的,生产工具和物质设备等劳动资料就是曾经的自然客体,即劳动对象;而加工过的自然客体,除了用于生活消费的部分,大都可以成为生产工具系统的组成部分。思维工具就是曾经的精神客体,加工过的精神客体形成精神成果,精神成果又被运用在思维活动中,转变为加工新

---

① 转引自韩震、董立河:《论西方历史哲学的"语言学转向"》,《北京大学学报》(哲学社会科学版)2005年第5期。

的精神客体的思维工具。首先我们以概念为例分析思维形式。概念是思维的基本形式,是客体信息的内化,是主体对于客体的信息内容进行综合、抽象和浓缩的结果。以往的概念是主体的思维成果和精神产品,同时它也成为主体进行新的思维活动的思维工具。思维方法也有相同的情形。"认识的真理性是指理论、概念范畴体系反映客观现实的正确性,它标志着人们的认识成果,属于观点、理论和世界观的范围,其本身并不是方法。只有当我们运用理论、概念去规范现实(包括认识世界和改造世界)时,这种理论、概念才转化为方法;只有在这时,认识的真理性才与方法的有效性挂起钩来。"[1]这说明思维方法其实就是主体对于加工过的精神客体的运用。

思维工具系统和精神客体一样具有变动性和创新性。主体总是运用旧的概念、判断和推理对新的或原有的精神客体进行加工或再加工,创造出新的概念、判断和推理。人类的思想史在某种程度上就是人类各学科的范畴史。主体也总是根据自身需要和自身实践的需要,运用新的理论成果和新的思维方式重新组织自身的思维过程。随着人类实践的发展和知识的丰富,思维方式也在不断地变化发展。从古代到现代,知性的思维方法和辩证的思维方法一直都在发展,两者相得益彰;在现代,原有的归纳法和演绎法、分析法和综合法得到高度发展,新的思维方法不断涌现,比如系统方法、结构方法、功能方法、信息方法、模型方法等都是现代科学的重要思维方法,并成为哲学思维方法的源泉。

思维工具系统的变革对于创新实践具有重要的意义:第一,思维工具系统的变革支撑知识创新实践的独立空间。精神生产实践为物质生产实践和交往实践所决定,但是它们的关系不是机械的决定与被决定的关系。由于人类知识的不断丰富,结构不断系统化和复杂化,精神生产实践的独立性不断增强,因此很多创新首先在人的头脑中刮起了风暴。以现代自然科学为例,现代自然科学已经超越了以往的经验科学而出现了高度抽象化的特征。爱因斯坦

---

[1] 贺善侃:《实践主体论》,学林出版社2001年版,第150页。

说:"一个理论可以用经验来检验,但是并没有从经验建立理论的道路。像引力场方程这样复杂的方程,只有通过发现逻辑上简单的数学条件才能找到,这种数学条件完全地或者几乎完全地决定着这些方程。……人们一旦有了那些足够强有力的形式条件,那么,为了创立理论,就只需要少量关于事实的知识"。[①] 这说明,现代自然科学与事实、经验出现了非直接对应的关系,甚至与实验也没有严格的依赖关系,知识、理论创新实践的直接需要是逻辑上"强有力的形式条件",这些形式条件指的就是思维工具系统。思维工具系统包括两个层次:一个是具体科学思维工具系统,另一个是哲学思维工具系统。它们对于知识创新实践都具有重要作用,分别在特殊性和一般性两个层面为知识创新实践开拓出更多自由空间。可以说,没有这些思维工具,就没有现代科学的发展。

第二,思维工具系统的变革为技术和制度创新实践提供知识源泉和方法论的指导。现代创新实践的特点是知识创新实践的先导性,也就是说,创新实践以知识创新实践为起点,导向技术创新实践和制度创新实践。知识创新实践不但为技术创新实践和制度创新实践提供不同层次的新知识,而且也为它们提供现代的思维工具。现代技术创新实践和制度创新实践实质就是对这些新的知识成果和新的思维工具的应用。它们和现代思维工具系统一样具有系统化、信息化、智能化等特点。可以说没有现代的思维工具系统,就没有现代科学,也没有现代的技术、现代生产和现代组织管理制度。

第三,思维工具系统的变革是精神客体现代发展的要求。现代科学技术的发展,使精神客体的领域不断扩展,从宏观世界进入了微观和宏观世界;人们对于精神客体的研究层次不断深化,不仅包括物质、能量过程,而且包括信息过程;由于主体对于人类思维本身探索的突破,精神客体还出现了智能化的特点等等。精神客体的变革必然要求思维工具系统发生相应的变革。

第四,思维工具系统的变革是创新实践主体现代发展的要求。在现代,精

---

① 爱因斯坦:《爱因斯坦文集》第1卷,商务印书馆1976年版,第40页。

神生产实践主体的存在方式发生了变化:由于科学等精神生产领域的发展,单独的主体已经难以完成精神生产的任务,主体的社会化空前增强,甚至发展到全球合作的局面;电脑对人脑的补充,改变了人们的生活方式;现代经济和科技的迅速发展,加速了主体的生活节奏,扩大了主体的信息处理量等等。这些都促使主体改进自己的思维形式,改变思维方式。思维工具系统变革本身就是主体创新实践能力的提高,它必然会拓展主体的视野,提高主体的思维水平,促进创新实践活动的展开。

掌握现代思维工具的方法有两个:一是研究逻辑学。逻辑学是以人的思维为对象,研究如何正确思维的科学,包括形式逻辑和辩证逻辑,两者各有自己的适用范围。恩格斯曾恰当地把它们的关系类比为初等数学和高等数学的关系,两者在现代都在高速发展。当然,现代思维的特点是辩证思维。逻辑学曾经是哲学的重要组成部分,现代的很多哲学家也在研究逻辑问题,因此,研究相关哲学著作也是研究思维工具的好办法。二是研究现代科学的思维形式和思维方法。爱因斯坦说:"哲学的推广必须以科学成果为基础。可是哲学一经建立并广泛被人们接受之后,它们又常常促使科学思想的进一步发展,指出科学如何从许多可能的道路中选择一条路。等到这种已经接受的观点被推翻以后,又会有一种意想不到和完全新的发展,它又成为一个新的哲学观点的源泉。"[1]这说明,具体科学的思维方法是哲学思维方法的基础和源泉,也是哲学思维方法的具体化;哲学思维方法是具体科学思维方法的动力和指导思想,也是具体科学思维的升华。因此两者配合起来研究对创新实践的意义更大。

第四节　整合创新实践的外部环境

创新实践是一个变动、开放的系统,内部结构要素包括主体、客体和中介,

---

[1] 爱因斯坦、英费尔德:《物理学的进化》,上海科学技术出版社1962年版,第62页。

外部结构要素包括经济环境、制度环境和文化环境。创新文化就是有利于创新实践的文化土壤,处于广义文化的内层,制度环境在中间层,经济环境处于外层。所谓创新文化对于创新实践外部环境的整合,就是内层文化对于中层和外层外化的渗透和影响以及它们之间的互动。

一、构建民主法治的制度环境

政治体制是创新实践的政治法律环境。政治体制的民主化和法治化有利于创新实践。民主的政治制度为创新实践的主体提供自由、宽松的生存环境,可以激发主体创新实践的欲望和灵感,培养主体的创新实践精神,便于不同主体之间的交流与合作。法治化的政治制度,可以克服人治的随意性,持续有效地保护创新实践主体的利益和创新实践成果的应用。由此可见,民主法治的制度环境与创新文化的精神实质是一致的,是创新文化在制度系统中的外化。

专制政治对创新实践具有阻碍作用。首先,专制的政治制度难以实现制度的创新发展。在专制统治的历史上出现的所谓新制度多是对原有制度的修补,以便于统治阶级既得利益的巩固,并没有实质的变化。其次,专制制度还总是对思想自由横加干涉,窒息民族的创新精神。一个民族要想有所发展,有所创新,在世界竞争中取得胜利,那么它的思想文化应该是多元的。中国的历史也证明了这一点,在春秋之交,中国思想界出现了"百家争鸣"的局面,这促使中国在世界历史上率先完成了从奴隶社会向封建社会的过渡,成为世界公认的强国。而中国在近代的落后,一个重要的原因就是长期的封建专制统治。最后,专制制度也是对创新实践主体的直接摧残。被禁锢的主体不能成为创新实践的主体。因此我们建设民主政治必须反对专制政治。

马克思认为:"自然因素的应用——在一定程度上自然因素并入资本——是同科学作为生产过程的独立因素的发展相一致的。生产过程成了科学的应用,而科学反过来成了生产过程的因素即所谓职能。每一项发现都成了新的发明或生产方法的新的改进的基础。只有资本主义生产方式才第一次使自然科学为直接的生产过程服务;同时,生产的发展反过来又为从理论上征服自然提供了手段。科学获得的使命是:成为生产财富的手段,成为致富的手段。""只有在这种生产方式下,才产生了只有用科学方法才能解决的实际问题。只有现在,实验和观察——以及生产过程本身的迫切需要——才达到使科学的应用成为可能和必要的那样一种规模。现在,科学,人类理论的进步,得到了利用。资本不创造科学,但是它为了生产过程的需要,利用科学,占有科学。这样一来,科学作为应用于生产的科学同时就和直接劳动相分离,而在以前的生产阶段上,范围有限的知识和经验是同劳动本身直接联系在一起的,并没有发展成为同劳动相分离的独立的力量,因而整个说来从未超出传统的手艺积累的范围,这种积累是一代代加以充实的,并且是很缓慢地、一点一点地扩大的。"①

资本主义的民主制度给人们提供了一条通过资本积累获得财富、获得民主权利的道路,这本身就是一种自由。在人们追求财富进而获得民主的过程中,创新实践显示了自身的优势。在资本主义制度下,作为创新实践源泉的精神生产成为一个独立的部门,科学成为独立的力量,科学成果的应用推动了技术创新实践的进行,带来了生产力的发展,为资本的拥有者创造了巨大的财富。

资本主义民主制度在促进科技创新实践的同时,也体现了它的虚伪性和历史局限性。这一点决定于资本主义利用科学技术的初衷,即资本主义的本性。它不是为工人而是为了资本家、不是为了劳动力而是为了资本、不是为了必要价值而是为了剩余价值而进行创新实践活动。因此科学技术创新实践在资本主义生产中的应用必然成为资本的力量,而与工人相对抗。工人在强大的科学技术面前,变得更加渺小,只能沦为服从于"头脑"的"躯体",从事异化的单一而简单的劳动。因而资本主义民主制度对于创新实践的推动是有历史局限性的。到了资本主义晚期,资本的逻辑和社会的发展越来越依靠社会整体的力量,全体社会成员的自觉和自由全面发展成为社会发展的必备条件和

---

① 《马克思恩格斯文集》第8卷,人民出版社2009年版,第356—357页。

动力。而创新实践的社会化在促进资本逻辑全球展开的同时,也必然导向一种异质的东西。

我们要建立的民主制度是社会主义的民主制度,在本质上,这种民主制度相对于资本主义民主制度具有优越性和发展前途。国家层面提出的新发展理念和创新驱动发展战略,充分体现了社会主义民主制度对于创新实践的有利作用。新发展理念和创新驱动发展战略,鼓励科学技术创新和全面创新,主张经济社会的升级发展;强调人与自然的和谐,人与人关系的和谐;提倡绿色发展,美丽中国;倡导利用面向世界的开放式发展,建立人类命运共同体;维护人民群众的利益,以人民为主体,以人民为中心。这极大地激发了人们的创造热情,推进了社会的进步。

创新实践政治体制环境建设的另一个目标是政治制度的法治化。法律是代表统治阶级利益,具有强制性的政治手段。真正健全的法治具有强大的力量,成为有效的社会思想导向和文化因素,并对创新实践具有直接的作用。法治对于创新实践的作用集中体现为保护,主要表现在两个方面:一是克服了人为因素对创新实践的干扰。法治虽然容情于法,但是与人治相对,它克服了人治的随意性,可以持续有效地保护创新实践主体的利益和创新实践成果的应用,避免有人利用权力随意干涉创新实践活动的过程。二是保护创新实践主体的个人利益。创新实践是一个充满风险和艰辛的劳动过程,其成果对人类历史的进步具有积极意义。因此创新实践主体理应获得经济上的回报和社会对于他的尊重。这样才能激励创新实践主体的积极性,从而形成良好的社会示范效应,形成良好的创新实践氛围。政治制度的法治化主要在两方面做好工作:一是加速有关创新实践的立法,做到有法可依。1993年我国已经出台了《中华人民共和国科技进步法》,这是关于科学技术的基本法。但这只是创新实践立法的开始,关于创新实践的法律应该形成一个健全的体系,从而在各个环节上有法可依,有效保护创新实践主体的利益。二是加强执法的力度。有法可依只是一个基础,真正使法律成为创新实践的保护伞,还需要做到有法必依,执法必严,违法必究。这样才能在人们心中真正形成尊重知识、尊重创新实践的意识,切实地保护创新实践的顺利进行。

政治制度环境是创新实践的深刻基础和必然条件。一个社会的创新实践是否具有活力,一般总是与制度环境是否能够激励主体的创新实践意识和行为并保护其获得合理回报直接相关。因此为了促进创新实践,必须实行制度创新实践,实现制度的民主化和法治化。制度既是创新实践的条件,也是创新实践的成果。理想的社会主义政治制度需要营造,开发制度资源、创新制度内容、合理安排制度结构,从而为新的制度创新实践和知识、技术创新实践提供良好的政治环境。

二、培植社会主义的市场环境

不同的经济体制对于创新实践的作用是不同的。在当代,我们认为市场经济体制最能促进创新实践,但是要做好社会主义对于市场经济的引导作用。

首先,我们来看自然经济和市场经济对于创新实践的不同作用。"创新在自然经济条件下和市场经济条件下有着不同的命运。自然经济的一个基本特点,就是生产主要是为了满足消费的需要,一旦这种需要得到满足,生产就失去了内在动力。而市场经济则不然,它不是为了满足自身需要而生产,而是为了赢利而生产。用最小的成本获得最大的利润,不断追求利润的最大化,这就是市场经济的基本准则。正是这一准则推动经济主体不断开拓创新,以降低成本,提高利润。"[①]也就是说,在自然经济条件下,人们追求的是使用价值,以满足自身的直接需要,当产品的使用价值满足了人们的衣、食、住、行等具体需要之后,生产就失去了内在动力;但是在商品经济和市场经济条件下,人们追求的是价值,它不是为了满足人的具体需要,而是获得具有一般意义的需要的满足,即获得一般等价物——货币。货币可以和一切商品交换的价值本性,驱使市场经济遵循资本的逻辑,降低成本,不断追求剩余价值。为了达到这个目的,科学、技术、管理、教育等等一切可以利用的东西都成为经济主体创造剩

---

① 丰子义:《发展的反思与探索》,中国人民大学出版社2006年版,第315页。

余价值的手段。这在客观上提高了主体的知识水平和创新实践能力,促进了科学和其他社会意识形式的发展,缩短了知识创新实践向技术创新实践转化的时间,提高了企业和社会的组织管理水平。因此相对于自然经济体制,市场经济体制是更适合创新实践的经济形式。

其次,我们来看市场经济和计划经济体制对于创新实践的不同作用。计划经济其实是马克思所设想的未来共产主义社会的经济形式。马克思设想社会主义革命同时在多个发达国家取得成功,国家实现公有制,国家按照社会需要统一安排生产和分配。但是社会主义革命的历史事实却相反地在作为资本主义最薄弱环节的俄国首先取得了胜利,列宁的一国胜利论创造性地为社会主义打开了一个缺口。随后东欧、亚洲、美洲等国家都相继建立了社会主义制度,并实行了计划经济体制。马克思并未完全准确地设想资本主义进入共产主义社会的具体步骤,在资本主义经济没有得到充分发展而跨越进入的社会主义国家实行计划经济体制可以看作是一个实践曲折。没有发达的生产力、完善的制度基础和自由而全面发展的主体条件,建立计划经济体制虽然可以在特定时期内实现集中力量创新实践的目的,但是从长期来看,必然使创新实践失去群众基础,失去动力。创新实践是一个充满风险和辛苦的创造性活动过程,它的原始动力是人的需要,它的直接动力是人的利益,知识创新实践、技术创新实践和制度创新实践都是在它们的推动下主体行为的具体展开。在生产力不发达,经济发展无法满足人们日益增长的物质、精神需要的情况下,主体创新实践最切实的动力是解决这个矛盾,而不是行政命令。我国在社会主义的实践中终于认识到了这个真理,正在积极地改革经济体制,提出了建设社会主义市场经济体制的目标。社会主义市场经济体制的最大特点就是,在以市场为基础的前提下,充分发挥社会主义国家宏观调控的优势,使两种经济手段相互补充,相得益彰。

当然我国社会主义市场经济体制还在不断地发展和完善,因此对于我国来说,经济领域的创新实践和社会发展的过程,就是完善市场经济体制,建立利益回报、风险补偿和价格机制,统一全国市场,规范政府行为,不断提高市场对知识、技术和制度创新实践的刺激程度。这也是创新文化在外层的表现。

三、扩大创新实践国家投入

国家投入是创新实践的政策环境。政治是经济的集中体现,政治上层建筑的核心是国家,国家在政策上的倾向就代表了国家可控经济资源、制度资源、知识资源和人力资源的流向。因此国家投入是创新实践重要的环境因素,它为创新实践提供直接的人力、物力和财力的支持。虽然它不直接介入创新实践活动本身,但是在一定程度上决定了创新实践的成败。创新实践的国家投入包括两个方面的内容:一是国家投入多少的问题,即创新实践投入与其他投入的比例关系;二是国家如何投入的问题,即国家投入在创新实践各个领域中的比例关系。

第一个方面是国家对创新实践投入多少的问题,即创新实践投入与其他投入的比例关系。中国作为一个发展中国家,新中国成立前基础薄弱,以农业为主;新中国成立后,为了经济独立和现代化又大力发展了工业经济;目前我国加快产业结构转型升级,高科技产业和文化产业发展势头良好。在知识经济中,知识取代自然资源成为第一位的经济要素,知识经济不是不要物质,而是利用高科技找到节约资源的新方法,开发不稀缺的资源,从而达到既满足人类需要又节约资源的目的,用最小的成本获得最大的利润。知识经济的支撑是知识、技术和组织管理制度的创新实践。这个经济理念和经济模式无疑对中国的经济和社会发展具有指导意义,也是中国经济未来发展的方向。

农业是一个国家的基础性产业,农业、农村、农民的"三农"问题一直是中国政府高度关注的问题。如何解决好这个问题呢?知识经济的理念提供了很好的启示:依靠创新实践。国家对农业的常规投入不能在根本上解决问题,必须依靠科学技术的创新实践,在质上改变农业基础设施的面貌,提高农业生产力;必须依靠制度创新实践,彻底提高农村的管理水平,推进农村民主法治进程;必须增加对农民子弟的教育投入,彻底改变农村落后的文化面貌,提高农民自身的创新实践能力。

对于工业产业的问题,知识经济的理念也是同样有效的。利用创新实践的成果,对工业进行技术改造,建立现代企业制度,变粗放型的发展模式为集约型发展模式。扩大对农业和工业领域创新实践的投入,而且要直接地发展以高科技产业和文化产业为核心的第三产业(有人把服务业称为第三产业,而把高科技产业和文化产业称为第四产业)。经合组织专家经过调查研究认为:知识经济型的国家对科研的投入应从工业经济后期的1%上升到3%,对教育的投入应从2%—4%上升到6%—8%,在产业结构中,高科技产业所占比重大约为65%,劳动力结构中高科技产业的劳动力占全部劳动力的40%以上。①

第二个方面是国家如何投入的问题,即国家投入在创新实践各个领域中的比例关系。知识创新实践有三个层次:应用知识、技术知识和基础知识;技术创新实践分为两个层次:调整性技术创新实践和根本性技术创新实践,前者是外观、形式上的创新,后者是内在结构、本质上的突破;制度创新实践也是分层次的,在一定的基本制度下,制度创新实践分为体制创新实践、具体制度创新实践和机制创新实践三个层次。从技术创新实践和制度创新实践到知识创新实践,从技术创新实践中的调整性技术创新实践到根本性技术创新实践,从知识创新实践中的应用知识创新实践到基础理论创新实践,从制度创新实践中的机制创新实践到社会体制创新实践,创新实践的难度越来越大,创新实践对于经济和社会发展的意义也越来越大。我们不妨看一个例子,关于美国和日本近些年发展的对比,"第一个对比是70年代后,随着冷战的缓和,综合国力取代军事对抗成为新一轮竞争的焦点。日本的科技政策较早于欧美从关注'基础研究'向技术创新转移,强调国家技术创新系统的主体作用,特别是政府的产业政策和创新政策,使经济发展有了较大的飞跃,从而出现了日本经济的高速发展而欧美经济发展相对落后的现象。第二个对比是90年代以来,世

---

① 参见单志刚:《知识经济概论》,中国传媒大学出版社2006年版,第56—58页。

界经济由工业经济向知识经济转移,科研系统在知识经济中起着关键作用。与此相适应,必然要求创新系统从早期的单纯强调技术创新转移到既重视技术创新,又关注知识在经济中的作用。因此,对知识创新和技术创新并重的欧美,特别是美国,经济发展态势良好,其相对完善的国家创新系统成为国民经济可持续发展的重要支柱。"[1]从这个例子中我们不难看出,新知识的应用和技术创新实践对于一个国家的发展非常重要,因为只有应用的知识才能成为现实的生产力。但是从长远的和可持续发展的角度来看,知识创新实践,尤其是基础理论的创新实践更为重要,它是技术创新实践的源泉。基础理论的突破往往能够引起一个新的巨大的科学技术群的产生和发展,对整个国家科学技术创新实践事业具有重大的意义。因此两者是相辅相成的关系,而在权衡中,更应该强调的是对基础理论研究的投入。另外,由于基础理论研究在短期内无法取得经济效益,投入又大,因此以经济效益为指导的企业不愿投入;有些创新实践领域虽然有好的效益但投入和风险很大,也是企业和个人的禁区,因此国家更应该有责任加大对这两个领域的投入。

我国在向社会主义现代化强国迈进的新时代,经济、政治、文化、社会和生态文明"五位一体"统筹推进,社会健康稳定发展,国家有意识地逐渐加大对创新实践的投入比例,尤其是科研、教育和基础理论的投入,将有效提高我国科学技术的水平和原始创新实践的能力。

---

[1] 王永杰、冷伟:《创新与知识经济》,西南交通大学出版社2005年版,第169—170页。

第五章　创新文化的发展形态

在理解了创新文化在创新实践中的重要地位、创新文化到底是什么、创新文化的运行机制等问题以后,我们有必要将视线引向当代创新文化的发展形态,从而为实践路径的打开做好准备。创新文化的发展形态突出表现在三个方面:一是创新文化中西马综合创新的模式,充分利用各种创新文化资源建构创新文化;二是创新文化的大众启蒙,让创新成为中国的民族精神;三是创新文化的一体化,实现文化和经济、政治的整合。

第一节　创新文化模式:多元文化综合创新

笔者曾经向同行和学生问过同样一个问题:当代中国最大的文化现象是什么?同行的回答大多是文化转型、建设中国特色社会主义文化、马克思主义中国化等;而学生的回答最多的是文化多元化。笔者觉得他们说的都有道理。

一、儒释道三教合流的基本演进过程和路径分析

中国传统文化轴心时代的基本现象是百家争鸣。西汉司马谈做《论六家要旨》,确定其中最重要的六家,即阴阳家、儒家、墨家、名家、法家和道家。后刘歆做《七略》又附四家,他们分别是纵横家、杂家、农家和小说家。不论其中地位和争议,中国文化雏形基本清晰呈现。佛学此时在古印度也已产生,但并未传于中土。因此儒释道三教合流首先是儒道合流,而儒道合流的早期背景

第五章　创新文化的发展形态

是十家的相与激荡。

孔老所承载的都是夏商周三代文化,但是路向殊异。冯友兰先生说:"儒家强调个人的社会责任,道家强调人内心自然自动的秉性。……孔子重'名教'(把各种社会关系规范化),老庄贵'自然'(顺事物和人的本性)。"[1]黑格尔在研究中国哲学之时也指出:"孔子只是一个实际的世间智者,在他那里思辨的哲学是一点也没有的。""当我们说中国哲学,说孔子的哲学,并加以夸羡时,则我们须了解所说的和所夸羡的只是这种道德。但中国人尚另有一特异的宗派,这派叫做道家。……这派的主要概念是'道',这就是'理性'。"[2]从这个意义上,孔子重伦理,主张德治主义,是个伦理学家;老子重本体和宇宙,主张自然主义,是个哲学家。

儒道两家思想在先秦的合流互补,是指战国中后期儒家与稷下黄老道家之间的交流。道家接受了儒家的仁学和礼制文化,主要表现在黄老之学的代表作品《黄帝四经》《慎子》《管子》等著作中;儒家吸收了道家的宇宙论、自然观和理论思维,主要表现在《孟子》《荀子》《易传》《大学》《中庸》等著作中。

东汉,佛教正式传入中国,儒释道三教合流拉开序幕。"罢黜百家,独尊儒术"的官方儒学在西汉后期和东汉年间逐渐走向保守,加之魏晋南北朝时期的政治斗争和战火频仍,官方和民间都在寻找新的精神支柱。魏晋南北朝兴起的玄学实为道家文化与官方儒学的理论携手,援儒释道佛,尤其是援道释佛成为重要补充。佛学还处于侍从地位,不能与儒道相较。

儒释道三教合流肇始于南北朝后期,标志事件是北周武帝组织三教讲论,尽管这次活动以佛家法难收尾,但是说明当时儒释道已经成为中国最有影响力的三种文化势力。唐代儒佛道三教名流论难蔚然成风,并渐由论难而趋于融合。甚至有人说,宋明理学以唐朝三教讲论为先绪,不无道理。

宋明是儒释道三教合流的完成时期,宋明理学是其理论形态。宋明理学

---

[1]　冯友兰:《中国哲学简史》,新世界出版社2004年版,第19页。
[2]　[德]黑格尔:《哲学史讲演录》第1卷,商务印书馆1996年版,第119、125—126页。

在学派归属上自称儒家,甚至辟道辟佛,但是这个新儒学大规模吸取佛道两家的思想,是不争的事实,佛道两家对于新儒学的出现具有至关重要的作用。比如奠定宋明理学本体论基础的周敦颐的《太极图说》,实为援引道家的本体论;朱熹"月印万川"之理,与禅宗的"一在遍含一切法"的提法直接相通;王阳明的心学更是暗通佛道,"二氏之学,其妙与吾人只有毫厘之间"。但是正如张岱年先生所说:"宋明理学表现了儒、道、释的交光互映,其中儒、道思想的交融更为显著。"①儒道本来同宗,更易结合,早在战国中后期就已开始融合,早期儒学吸收的主要是黄老之学,后期儒家接受的则主要是老庄之学。正如林语堂所言:"道家及儒家是中国人灵魂的两面。"②入世出世相反相成,形成一个整体。佛学传入中国早期借助道家接引之功,后逐渐成为独立的文化力量,并对中国文化多有裨益。

在梳理了儒释道三教合流的基本演进历程的基础上,我们重点分析三教合流的路径,以资当代中国文化建构。

儒释道三教合流,这个主题本身就说明三者存在分合的辩证关系。既然是三教,那么一定有三个相对独立的因素;既然是合流,那么三者又形成一个整体。北京大学李四龙先生说:"儒释道三家的会通融合,形成'和而不同'的宗教文化体系。这种现象,在世界文明史上实属罕见。三教合流,并没有消除儒释道自身的特点,三教相似的对话策略,保留各自的主体性,体上会通,用上合流,体现了中国社会协调不同宗教关系的高超智慧。"③这段话很好地概括了三教合流的基本状况和路径特点。一方面,儒释道并非水乳交融,不分彼此,它们相对独立,各有特点;另一方面,儒释道三教合流的路径主要体现在两个方面,即体上会通、用上合流。

我们先看"体上会通"。体上会通主要是指儒释道在学说内容上的相互

---

① 张岱年:《道家在中国哲学史上的地位》,载《道家文化研究》第6辑,上海古籍出版社1995年版。
② 转引自牟钟鉴、林秀茂:《论儒道互补》,《中国哲学史》1998年第4期。
③ 李四龙:《论儒释道"三教合流"的类型》,《北京大学学报》2011年第2期。

借鉴和补充。儒家重伦理道德,在体察传统中国社会的宗法精神和专制制度方面颇有建树;道家重自然思辨,在本体论、宇宙论和思维方法方面略胜一筹;佛家重觉悟关爱,教义深刻,提供终极关怀。因此,三个各有所长,在历史上,无论出于政治功用,还是出于学派自身发展的目的,都需要取长补短,融会贯通。

从儒道关系来看,早期儒道是互补关系,后来则主要是以道补儒。如前所述,早期儒道关系平等,儒家吸取道家之本体论、宇宙论和辩证思维方法;道家接受儒家仁义文化和礼乐制度。后来儒家取得统治地位,道家就成为儒家的重要支撑力量,不但继续在自然观、宇宙论、辩证法等方面启蒙儒家,而且两者形成入世与出世的张力结构,也成为中国传统文化的基础。

从儒释关系来看,早期佛家侍从儒家,后期儒佛互相补充,佛家联儒辟道。佛学初来中土,主要走的是上层路线,积极靠近官方儒学。正如东晋道安所言:"不依国主,法事难立"。官方虽然不准民间信仰,但是本身却对佛学礼遇有加,而且最终佛学也是走了一条自上而下的道路。后期佛学逐渐实现了中国化,并且在隋唐时期确立了自己的一席之地,开始在相对平等的意义上与儒学对话,甚至出现"儒门淡泊,收拾不住,皆归释氏"的慨叹。所以儒学为了收拾残局,必须向佛学借鉴。王阳明认为:"理无内外,性无内外,故学无内外。"采取的策略就是"阳抑而阴扶也。使阳明不借言辟佛,则儒生辈断断无佛种矣。今之学佛者,皆因良知二字诱之也"。[①] 当然慨叹归慨叹,佛学总体来说,还是处于从属地位,而且接受了儒家的伦理观念。在与道教的矛盾中,佛教往往采取"联儒辟道"的策略。

从道释关系来看,早期道释互用,后期道释争宠。魏晋时期,佛教的中国化不甚成熟,主要靠"格义"的法子,即借道家思想去类比,以说明佛教概念。到东晋末年,佛教才形成自身独特的解释体系。同时,佛教对于道家的最大影响就是加速了道家的宗教化进程,道教自下而上得以确立,并仿效佛家立言造

---

① 陶望龄:《歇庵集》卷十六《辛丑入都寄君弟书十五首》。

经。东晋以后,佛家地位确立,造成对道家尤其是道教的威胁,双方开始互相论争。佛教笑道,指责道教浅薄;道教则指摘佛家是胡说,并杜撰老子化胡的说法。宋元之后,双方争论才得以渐趋平息。

我们再看"用上合流"。相对于"体上会通"的复杂性而言,"用上合流"就比较好理解。其核心意思就是儒释道三教虽然在社会功能上各有所长,但是终极目的只有一个,那就是治世和荣世。南宋孝宗皇帝在《原道论》中说:"以佛修心,以老治身,以儒治世"。① 这说明三教各有所长。但是它们的社会功能却指向同一目标。明太祖朱元璋在《三教论》里说:"于斯三教,除仲尼之道祖尧舜,率三王,删《诗》制典,万世永赖;其佛仙之幽灵,暗助王纲,益世无穷,唯常是吉。……三教之立,虽持身荣俭之不同,其所济给之理一。然于斯世之愚人,于斯三教,有不可缺者。"② 博学儒士、方士散人、高德大僧也为了各自学说的昌明,明相往来,暗通款曲。

依据以上"体上会通"和"用上合流"两方面来看,儒家的价值信念显然是处于核心地位。因此,儒释道的平等地位是相对的,儒家处于核心地位,儒道的相反相成是中国传统文化的基础,佛家是至关重要的内容,与儒道暗合。

二、中西马相与激荡的基本历史过程和特征分析

马克思主义19世纪中叶诞生于西欧,19世纪末20世纪初才传入中国,因此,中西马相与激荡首先是中外文化的交流,其背景是世界历史的展开。

中国和西方由于地理位置的原因,尽管在古代历史上,由于民族大迁移、海陆丝绸之路和宗教传播,曾经有过一些往来,但是其联系并不紧密,而且往往是间接交往。中西文化的真正交流是晚近的事情。根据彼此交流的局面和深度,中西文化的交流史大体可以分为三个阶段:

从13世纪到18世纪是中西文化初识时期,以西方传教士来到中国和中

---

① 《佛祖历代通载》卷二十,《大正藏》卷49,第692页下。
② 朱元璋:《三教论》,魏伯城等编:《全明文》第1册,上海古籍出版社1992年版,第145—146页。

学西传为主要特征。这个时期又可以分为两个阶段：第一阶段主要是指13—14世纪，蒙元帝国的扩张创造了一个横跨亚欧的大帝国，这一方面引起了欧洲各国的恐慌，另一方面也成为中西文化直接交流的契机，欧洲的旅行家、使节和传教士可以通过西亚直接来华。但是这个阶段的来访者还比较零星，而且大多行色匆匆，元代在北京和泉州曾建立天主教教区，无奈时间不长且在此工作的欧洲人也很少。这些来到中国的传教士和商人写了一定数量的中国报告，向西方介绍了中国。在这些报告中最著名的就是《马可·波罗游记》。第二阶段主要是指16—18世纪，明朝后期和清朝雍正之前。14—16世纪西方发生了三件大事：文艺复兴、宗教改革和航海大发现。这成为16—18世纪中西文化交流的重要背景。文艺复兴发生在中世纪的末期，标志着封建王朝的衰落，基督教必须迎合时代的变化进行改革。在宗教改革的过程中，正统的天主教的地位发生了动摇。为了保持和扩大势力和影响，天主教会采取了向海外传教的方式。而大航海时代的到来也为海外传教和海外扩张创造了有利的客观条件。这个阶段来华传教士、商人和使者人数众多，活动范围和时间远超从前，他们生活在中国朝廷和民间，得以亲身体悟中国文化氛围。中学西传时期以这个阶段为主，主要内容是"礼仪之争"，即中国儒学和祭孔祭祖有没有宗教性的问题。基督教是一神教，罗马教廷对于祭祖祭孔是否具有宗教性的判断，直接决定他们的传教原则和策略，同时也决定着中国皇帝和士大夫们对于基督教的态度。两个阶段之间的空白是由于元明王朝的更替造成的，1368年元朝灭亡，明朝初期采取了闭关政策，外国人被驱逐，基督徒被放逐，直到16世纪中叶，中西交流才得以接续。

需要强调的是，虽然当时西方正在经历文艺复兴和启蒙运动，但是这个时期和中国传统文化遭遇的并不是西方的近代文化，而是以传教士为主要载体的中世纪文化，中西文化交流的实质是中西传统文化的接触。中国的古代文化较之西方古代文化是先进的，中国人向来具有天朝上国的心理优势，而且这次交流又是西方主动进行的，中国对西方正在经历的近代化知之甚少，因此文化的流向以中学西传为主。"当先进的地区一旦步入近代化之后，对于其余一切文明来说,最根本的问题无非就是怎样也尽快步入近代化的问题。这一场历史性的转化,恰好正肇端于晚明中国与西方世界开始接触之际。而恰好在这个历史转折的关头,中西双方都没有能提供这桩历史性转化的条件。"① 从13世纪到18世纪中西文化初识时期,西方传入中国的主要是基督教思想和部分西方科技、古代哲学,传出的是大量关于中国的报告。

从18世纪末19世纪初到19世纪末20世纪初是中西文化的碰撞时期,以西方列强打开中国大门、中西文化激烈碰撞和西学东渐为主要特征。这次交流是西方近代文化和中国传统文化的对话,两者在形态上的优劣表现得非常明显,因此不可能采取平等的方式,历史事实呈现为战争和不平等条约。中国人开始真正审视西方文化,反思自己的文化。文化流向以西学东渐为主,中国文化面临从传统走向近代的任务。

这个时期中国人的心里充满矛盾:一方面是中世纪的心理优势,另一方面是经历近代化之后的西方对手强大的事实。因此这个时期中西文化的交流表现出两个特点:一是中西交流的主导方向从中学西传转变为西学东渐,西学东渐的道路艰难曲折,表现为一系列的争论;二是中国人救亡图存的迫切历史任务赋予这个时期的中西文化和哲学交流明显的实践色彩,文化争论往往和党派、政治纠结在一起,并最终导致政治结果。西学东渐分为三个阶段,标志性事件分别是洋务运动、戊戌变法、辛亥革命和新文化运动。

广义的五四新文化运动是指1919年前后,大致是从1915年陈独秀创办《新青年》到1923年科学与玄学的论战。这是西学东渐的第三个阶段,也是中西文化交流第三个阶段的开始。新文化运动大体可以分为两个阶段:前期主要是在民主和科学的旗帜下,用西方资产阶级自由、平等学说和进化论哲学反对纲常名教所维护的封建专制制度,用资产阶级的新思想、新文化和新道德反对中国传统封建社会的旧思想、旧文化和旧道德;后期由于十月革命的影响和马克思主义学说的传入,赋予了新文化运动以新的内容,中西文化论战中的

---

① 张国刚:《从中西初始到礼仪之争》,人民出版社2003年版,"序"第3页。

第五章　创新文化的发展形态

"西"包括西方资产阶级的思想和马克思主义的思想,而且马克思主义逐渐成为一支独立的力量。

20世纪初期以来是中西文化的交融时期,中西马相与激荡的时代也终于到来。这一时期以中国救亡图存和民族复兴、积极借鉴西方先进文化,并确立马克思主义文化主导地位,反思西方理性主义危机,积极汲取中国优秀传统文化营养为主要特征。中国当代文化基本上形成了三足鼎立的局面,即马克思主义文化、中国传统文化和西方文化。

从中国的角度来看,这一时期可以分为三个阶段。

第一个阶段1919—1949年,其特点是在各类文化资源风云激荡的时代背景下,通过实践检验理论,实现新旧文化更替。在当时的中国主要有三大文化派别:以现代新儒家思潮为代表的东方文化派、以中国实用主义思潮为代表的西方文化派以及以社会主义思潮为代表的马克思主义文化派。中国文化的近代化和现代化是通过中西文化的全面接触和比较互鉴中实现的。比较的标准侧重于实践对理论的检验,即中西文化不同的实践结果。这个时期中国人接触到的外来思潮很多,比如达尔文主义、新康德主义、新黑格尔主义、柏格森的生命哲学、尼采的唯意志主义、杜威的实用主义和马列主义等。它们和中国传统文化哪一个能够在挽救中国命运的实践中得到成功的检验呢?马克思主义在俄国十月革命的成功实践为中国人提供了一个强有力的参考,结合中国社会思想的特点,中国人终于作出了马克思主义的抉择。而且"在新哲学尚未在全局确立的新旧交替阶段,有一个显著的特点,即是在政治实践中出现了新哲学的排他性,既排斥本国的传统哲学,也排斥外来的非马列哲学的'矫枉过正'倾向"。[①] 这种倾向在民族危亡的紧急时刻和文化创新的初始阶段往往是必经的。

第二个阶段1949—1978年,其特点是通过理论指导实践,巩固马克思主义的地位。马克思主义在新中国成立以后,取得了全局性地位,成为我国革命

---

① 谢龙:《中西哲学与文化比较新论》,人民出版社1995年版,第286—287页。

和建设实践的指导思想,人们往往以新文化的立场、观点、方法去理解和阐释实践的结果,以成功的实践巩固其地位。"但需明确,这时排他性的基础已从以实践检验哲学转为以哲学指导实践,因此如果不同时坚持对哲学的实践检验,即把哲学指导实践与接受实践检验结合起来,那么就会使马列主义的新哲学脱离实践从而把自己封闭起来,堵塞其继续变革与创新的道路。"①

第三个阶段从1978年到现在,其特点是通过理论指导实践和接受实践检验的自觉统一,积极进行文化的综合创新。马克思主义虽然在中国的现代实践中处于指导地位,但它不是中国更不是世界上唯一的文化形态,马克思主义文化和中国传统文化、西方文化是相辅相成的关系,它们在指导实践的同时,都应该接受实践的检验,并在现代实践的基础上汇合和交融。中国当代文化仍然由三个核心要素构成:马克思主义,包括经典马克思主义、中国化的马克思主义和国外马克思主义;中国传统文化和现代新儒家以及西方文化特别是西方现代文化。而如何完成三种要素的合理成分的有机统一,是当代中国文化建构的历史任务。"张岱年先生指出,应该抛弃中西对立、体用二元的僵固思维模式,对待中西文化的正确态度应该是:在马克思主义普遍真理的指导下,在社会主义原则的基础上,以开放的胸襟、兼容的态度,对古今中外的文化系统的组成要素和结构形式进行科学的分析和审慎的筛选,根据中国社会主义现代化建设的实际需要,发扬民族的主体意识,创造出一种既有民族特色又充分体现时代精神的高度发达的社会主义新中国文化。"②这是一种辩证的综合创新的思路。

综上所述,中西马相与激荡的过程中,中华优秀传统文化是中国当代文化的根基;西方文化是他山之玉,成为中国当代文化的借鉴对象;马克思主义文化则在不断中国化时代化的过程中成为中国当代文化的主导,这也是综合创新的时代成果。

---

① 谢龙:《中西哲学与文化比较新论》,人民出版社1995年版,第287页。
② 转引自冯波:《中西哲学文化比较研究》,北京广播学院出版社2003年版,第36页。

三、综合创新的启示

轴心时代百家争鸣背景下的儒释道三教合流与多元文化背景下的中西马综合创新具有很强的历史相似性。在当代中国文化转型和建构的过程中,我们可以从历史上获得很好的启示。

其一,避免历史虚无主义,实现中国传统文化的现代化。如前所述,综合创新不同于三教合流的历史背景是,中国本土文化要素所处的历史地位不同。张岱年先生甚至说:"儒家第一期发展是作为百家之一而存在的(儒、道、墨、法、名),第二期从汉代到辛亥革命,作为正统思想而存在,如果儒学有第三期发展的话,那它只能作为众多学派中的一个学派,而不能作为统治思想而存在了。"[1]但是中国传统文化是中华民族的文化根基,也是综合创新的土壤和基础,放弃和忽视中国传统文化就是历史虚无主义。当代中国的文化转型和建构必须以中国传统文化为基石。而对于中国传统文化的态度,不仅仅是尊重和继承,而且还需要创新和创造性转化和创新性发展,从而保证中国传统文化在现代文化建构中充分体现自身功能。中国传统文化的现代化包含同一过程的两个方面:一是实现自身的现代化;二是在与马克思主义的结合中发扬自身的特点。中国传统文化的现代化,是对传统文化的扬弃,除了需要当代实践的筛选,而且也需要以现代文明作为参考,需要马克思主义文化的引导。

其二,文明互鉴是综合创新的主干,我们不仅要将一切先进文明作为参考系统,进行互鉴互学,而且更为重要的是将其中有益的成分,转变为中国文化的重要补充,使其中积极先进的成分,成为中国文化的提升力量,并在总体上形成文明互鉴、共同发展的基本态势。

张岱年和方克立在其主编的《中国文化概论》中总结了中国传统文化的七大特点:"强大的生命力和凝聚力""重实际求稳定的农业文化心态""以家族为本位的宗法集体主义文化""尊君重民相反相成的政治文化""摆脱神学

---

[1] 张岱年:《中国传统哲学的批判继承》,《理论学刊》1987年第1期。

独断的生活信念""重人伦轻自然的学术倾向"和"经学优先并笼罩一切文化领域"。① 这些特点笔者是基本认同的,但是认为不乏遗漏和需要补充说明的内容,比如中国人注重直觉综合的思维方式等。

需要指出的是,现实生活的同构性是不同文化可以对话的根本依据,也就是说,这些所谓的文化特点都是相对的,我们在西方文化等其他文化中也可以找到相似的现象和内容,但是这不妨碍它们在某种文化中的凸显,并形成相对的特点。以上我们所列举的中国传统文化的特点,在很多方面和西方文化形成可以交流互鉴的关系。在文化总体上,西方文化属于理性宗教型文化,中国传统文化属于政治伦理型文化;在哲学超越方式上,西方文化重本体追求,中国传统文化重境界体验;在宗教信仰上,西方文化单一信仰基督教,而且基督教是可以和政权抗衡的力量,中国传统文化多元信仰,而且摆脱了神学独断;在思维方式上,西方文化重逻辑分析,善于理论抽象,中国传统文化重直觉综合,善于经验总结;在文化心态或者民族性格上,西方人具有农工商并举的开放进取心态,传统中国人怀揣稳定保成的农业文化心态;在人与自然的关系上,西方文化主客二分,中国传统文化天人合一;在人与人的关系上,西方文化是个体本位,中国传统文化是家族本位;在制度文化上,西方文化重法治,中国传统文化重人伦;在学术倾向上,西方文化重自然,中国传统文化重社会;在文化态度上,西方文化重批判,中国传统文化重继承。这些互补的方方面面恰似儒道之间的关系,有利于它们之间形成相反相成的基本结构。

20 世纪初,由于欧洲中心主义的盛行、中国民族主义的勃兴以及中西方意识形态的差异等各种原因,中西文化之间筑起壁垒。消除壁垒最根本的是要实现中国传统文化的现代化,并在实践层面取得成果,从而有力地回击欧洲中心主义。

其三,进行马克思主义文化建设,不断推进马克思主义中国化时代化。马

---

① 张岱年、方克立主编:《中国文化概论》,北京师范大学出版社 2004 年版,第 268—281 页。

克思主义文化是20世纪初中西文化交流碰撞后中国人民最终的选择,在综合创新中处于主导地位。中西文化交流是马克思主义中国化的背景和前提,马克思主义在与中国优秀传统文化和中国具体实际的结合中实现中国化时代化;同时马克思主义中国化和中国传统文化的现代化,都需要充满批判精神,只有这样才能保证这种结合的成功。

马克思主义文化自身建设的重要,正是由其在综合创新中的重要地位决定的。马克思主义文化自身建设的任务主要体现在三个方面:第一,走近马克思和恩格斯,真正理解经典作家的精神实质,并积极挖掘经典作家的思想宝库,提炼各种精神成果。第二,推进马克思主义中国化是最重要的一个方面。马克思主义中国化百年历程产生了毛泽东思想、邓小平理论、"三个代表"重要思想、科学发展观等重要理论成果。党的十八大以来,习近平新时代中国特色社会主义思想的创立,实现了马克思主义中国化新的飞跃,是当代中国的马克思主义、二十一世纪马克思主义,是中华文化和中国精神的时代精华。但是这个过程还没有完结,我们需要不断地把马克思主义中国化和时代化结合起来,吸取历史经验,考察时代特征,在国家、社会和个体三个层面形成立体结构,进行两个文化体系全方位的结合。正如郭建宁教授所说:"就马克思主义中国化的理论目标而言,要建构并不断丰富发展中国化的马克思主义,就必须不断推进马克思主义与中国文化的结合。马克思主义中国化的理论目标,是形成'中国化的马克思主义'。而中国化的马克思主义不仅要具有中国的民族形式,更为根本的还必须在根本的理论关节点上体现中国式的智慧精神。"① 第三,应该借鉴人类社会一切优秀文明成果。马克思主义是对人类文明特别是对西方文明批判继承的现代成果,是西方现代文明的重要组成部分,在某种程度上又和西方现代文明其他内容形成横向的对应关系。我们要在包括西方文明在内的一切人类文明中汲取优秀思想文化资源,来不断创新发展中国化的马克思主义。

---

① 郭建宁:《马克思主义中国化前沿问题研究》,安徽人民出版社2012年版,第179页。

第二节　创新文化启蒙:创新文化大众化

创新发展需要国家创新体系行为,即各层级主体的互动。而无论政府、企业和个人,哪个层级的主体都是由人构成的,因此,创新文化的大众化是关键。其关键路径有三:一是创新文化的大众文化生产模式;二是创新文化的教育机制;三是创新文化的日常生活形态。

一、创新文化的大众文化生产模式

大众文化处于社会文化金字塔的底层,拥有最多的主体。底层文化的古今变化很大,古代主要是指民间文化,现代主要是指大众文化。随着古代精英社会向现代大众社会的转变,大众文化的社会影响力越来越大,甚至有人认为大众文化已经成为当代的主流文化。大众文化距离生活世界最近,具有很强的原创性、抵制力和通俗性,是创新文化的源泉。马克思主义认为人民群众是历史的创造者,因此大众文化就成为葛兰西笔下各种力量角逐的场所。创新文化大众化应该充分利用大众文化生产模式。

西方大众文化理论围绕着颠覆和整合两个关键词,形成了两种态度和四种基本观点:其一,针对大众文化的颠覆力提出批评的观点,以阿诺德和利维斯主义为代表,他们站在高雅文化和统治力量的立场上,害怕大众文化的颠覆力,轻视大众文化的文化品位;其二,针对大众文化的整合力提出批评的观点,以法兰克福学派为代表,尤其是霍克海默和阿多诺,他们认为大众文化是统治力量通过现代传媒对大众控制的强大手段,是资本逻辑对整个社会的全方位渗透;其三,针对大众文化的颠覆力提出赞扬的观点,这种观点在本雅明、洛文塔尔和马尔库塞等法兰克福学派成员的具有张力的思想中就可以寻找到,但是更具代表意义的是英国马克思主义学派、费斯克和詹姆逊,他们认为大众文化是各种文化力量角逐的场所,从中我们可以看到大众不是完全被动的,大众也是大众文化的积极参与力量;其四,针对大众文化的整合力提出赞扬观点,这种观点在西方学界没有明显的代表人物,但是在主流文化的理论和实践中可以清晰地看到它的影子。

根据以上对于西方大众文化理论的梳理,我们发现,无论他们的理论有多少渊源,内容复杂到什么程度,他们对于大众文化否定或者肯定的态度和整合或者颠覆的理解,最主要的还是基于他们对于大众文化本质的理解和自身的立场。不同的是,我们在唯物史观的指导下,坚持群众史观,将大众文化放在底层文化历史演变的逻辑之中,从而更加强调大众文化的历史进步意义,大众文化具有创新的本质。

葛兰西认为大众文化是文化霸权的竞技场,按照唯物史观,这是基本正确的。任何时代各种势力都在争取人民群众,因为这是决定成败的关键,所谓"得民心者得天下"。但是葛兰西的判断又不尽然,更为准确地说大众或者大众社会是文化霸权的竞技场,而不是大众文化。大众文化本质上是社会底层民众自己创造的文化。其他文化主体在文化霸权的竞技中创造的所谓大众文化,只是具有大众文化形式的自己的文化,它们的本质没有变,仍然是主流文化。

大众文化的生成包含三个方面的条件:一是科学技术进步和工业革命;二是资本主义和市场经济;三是思想启蒙和市民社会。正是这些条件促使社会底层文化逐渐实现从民间文化和群众文化向大众文化的自主转变。知识开始普及化,技术开始生活化,交往开始世界化,市民社会形成,大众文化打破了主流文化的垄断,相对独立地生产属于平民自己的文化,并影响着整个社会。

尽管大众文化可能多少带有商业化、物质化、娱乐化、庸俗化等特点,但是它仍然是底层人们自由序列的现代环节。大众文化的积极性一般表现在四个方面:一是大众文化贴近大众生活。文化内容告别了单一的宏大叙事,具有通俗性和日常化的特点,不同社会层次的人都能感受到文化的关注,甚至体会到类似终极关怀的温暖。二是大众文化愉悦大众生活。大众文化遵循商品运行模式,具有很强的娱乐性,大众在享受文化产品的时候,有很强的精神愉悦感,不见得深刻,但确能放松身心,恢复能力。三是大众文化激活大众生活。大众文化和大众文化媒介具有较强的开放性和民主性,能够为大众提供经济、政治和文化参与的平台,任何力量都很难做到垄断,民众获得极大的参与热情。四是大众文化提升大众生活。大众文化在某种程度上是社会文化成熟的标志,大众的整体文化水平的提升改变了层级文化的固有模式,民众不仅仅是受教育的对象,也可以通过自己的文化创造丰富和提升大众生活,甚至为整个社会提供思想资源。

当代社会的重心是经济,整个社会都被纳入资本的逻辑,文化也概莫能外。主流文化和大众文化的界限只具有相对的意义,它们都融入文化工业的洪流之中,已经难辨彼此。但是越是在这种情况下,我们越应该清醒,否则无法超越资本的禁锢,找到自由的出路。马克思和恩格斯在《共产党宣言》中指出:"过去一切阶级在争得统治之后,总是使整个社会服从于它们发财致富的条件,企图以此来巩固它们已经获得的生活地位。无产者只有废除自己的现存的占有方式,从而废除全部现存的占有方式,才能取得社会生产力。无产者没有什么自己的东西必须加以保护,他们必须摧毁至今保护和保障私有财产的一切。"[①]大众文化更为重要的历史进步意义在于它的反抗性和革命性。

我们认为,大众文化不全然就是工人阶级的文化,但在革命性上主要表现为工人阶级的文化。大众文化与主流文化的关系不是单纯的被教育和教育的关系,大众文化具有自主性和能动性。大众和大众社会是各种意识形态争夺文化霸权的场域,但是大众文化是大众自己创造的文化。大众文化的反抗性不仅在消费领域,还在于对主流文化的自主解读,而且体现在自身的生产性上,甚至可以通过革命上升为主流文化。

从创新实践理论的角度来说,大众文化是具有创新精神的文化,即创新文化。它从自己在层级文化结构中的位置出发,在精神、物质和交往各个方面提

[①] 《马克思恩格斯选集》第1卷,人民出版社2012年版,第411页。

供着社会进步的资源。甚至在一定程度上,我们可以认为大众文化是创新的源泉。

二、创新文化的教育机制

创新文化在中国要想蔚然成风,中国社会急需一场创新文化的启蒙运动。这场启蒙运动除了可以借力大众文化的颠覆性、革命性和创新性以外,教育机制的贡献也非常重要。人在改造环境的同时,自身也在被改造着。教育就是对人的培养,可以促进人的全面自由发展,改变社会的文化土壤。所谓创新文化的教育机制,就是创新文化融入社会各层次的教育体制之中,成为教育理念的应有之义,并得到具体制度的保障和相应的资金投入。

中小学教育,甚至学前教育,都应该融入科学思想和科学精神的内容,重视创新价值观的引导,提高学生的创新意识、创新能力,培养他们的合作精神、爱国情怀和生态文明的意识,形成热爱生活、追求美好事物的态度。这些内容应该写入教学大纲,得到课程和学时的保障。正如习近平指出:"要努力构建德智体美劳全面培养的教育体系,形成更高水平的人才培养体系。要把立德树人融入思想道德教育、文化知识教育、社会实践教育各环节,贯穿基础教育、职业教育、高等教育各领域,学科体系、教学体系、教材体系、管理体系要围绕这个目标来设计,教师要围绕这个目标来教,学生要围绕这个目标来学。凡是不利于实现这个目标的做法都要坚决改过来。"[1]基础教育是智力开发和人格形成的关键时期,不能什么都等到大学再培养,以为就会水到渠成,之前只是一味重视应试。

大学教育,不仅仅是素质教育,更是专业化教育,处在与社会接轨和合作的阶段。创新文化应该是大学精神的应有之义,大学之道,在明明德,也在于求真创新,培养德才兼备的新时代的创新发展人才。在大学教育中,专业知识

---

[1] 习近平:《坚持中国特色社会主义教育发展道路 培养德智体美劳全面发展的社会主义建设者和接班人》,《人民日报》2018年9月10日。

是根本,专业能力是支撑,在此基础上还应该注重学生的实践,在实践中试错,在实践中磨炼。大学应该营造尊重创新的校园文化,让莘莘学子真切地感受到时代的脉搏,与祖国共命运,与时代心连心,成为改革创新的英雄儿女。习近平指出:"要深化办学体制和教育管理改革,充分激发教育事业发展生机活力。要提升教育服务经济社会发展能力,调整优化高校区域布局、学科结构、专业设置,建立健全学科专业动态调整机制,加快一流大学和一流学科建设,推进产学研协同创新,积极投身实施创新驱动发展战略,着重培养创新型、复合型、应用型人才。要扩大教育开放,同世界一流资源开展高水平合作办学。"①

知识经济时代还呼唤学习型社会和创新型国家,讲求终身教育。除了学校,社会也是一本大书。广义的教育应该还包括成人教育、各类专业培训、在企业和单位的实践学习、在工作之余的自学等等。总之,创新文化的教育机制,应该是无处不在的系统设计,成为全社会的共同责任。而全社会的教育理念应该是一致的,就是实现创新文化的大众化,尽量拓展创新的群众基础。以日本为例,在政府的重视和鼓励下,科技创新取得重大突破,迄今为止,已经有20多个科学家摘得诺贝尔奖的殊荣,而每一项重大的科技成果都成为日本发展的支柱。在这一过程中,教育发挥了不可忽视的重要作用。中国也需要鼓励创新的文化土壤。"教育是民族振兴、社会进步的重要基石,是功在当代、利在千秋的德政工程,对提高人民综合素质、促进人的全面发展、增强中华民族创新创造活力、实现中华民族伟大复兴具有决定性意义。"②

创新文化教育应该注重资源的开发,主要是两条路:一是批判继承中华民族的优秀传统文化;二是学习借鉴人类社会一切优秀文明成果。中国传统文化中蕴含着丰富的创新文化资源,比如自强不息的民族精神、辉煌的古代科学

---

① 习近平:《坚持中国特色社会主义教育发展道路 培养德智体美劳全面发展的社会主义建设者和接班人》,《人民日报》2018年9月10日。
② 习近平:《坚持中国特色社会主义教育发展道路 培养德智体美劳全面发展的社会主义建设者和接班人》,《人民日报》2018年9月10日。

技术史、百家争鸣的各家学说、变法革命的思想和实践,而且中国有56个民族,各个民族都有自己的独特智慧,值得我们去开发和总结。西方文化重视真理追求,善于理性思维和逻辑推理,在创新文化上有很多方面可以和中国文化形成互补,学习借鉴大有裨益,尤其是现代化的先期发展积累的大量经验,对于我们来说都是宝贵财富。这些内容不但应该成为中国教育的内容,而且应该得到重视和强调。

创新文化的教育当然不是单纯的市民社会行为,需要国家的重视和引导。大众文化的优势我们已经说过,但是大众文化容易受到资本的影响,往往带有商业化、物质化、娱乐化、庸俗化等特点。这些问题需要国家文化和组织文化在各个领域对于大众文化的指导和提升。

总之,创新文化教育机制的目的只有一个,就是实现创新文化的大众化,为创新型社会培养更多的创新型人才。为此,我们的教育"要在坚定理想信念上下功夫","要在厚植爱国主义情怀上下功夫","要在加强品德修养上下功夫",更"要在增长知识见识上下功夫","要在培养奋斗精神上下功夫",更"要在增强综合素质上下功夫",教育引导学生培养综合能力,培养创新思维。[1] 这是中国创新文化问题破解,创新文化大众化的关键环节之一,不可忽视,更无法逃避。

三、创新文化的日常生活形态

习近平总书记强调指出:"创新是民族进步的灵魂,是一个国家兴旺发达的不竭源泉,也是中华民族最深沉的民族禀赋。"[2]这是对于创新文化内涵的最深刻的表达。如果创新文化能够深入民众的日常生活形态,成为人们的社会心理,那么创新文化大众化就真正实现了。

社会意识按照层次分为社会心理和社会意识形式。虽然社会心理处于低

---

[1] 参见习近平:《坚持中国特色社会主义教育发展道路 培养德智体美劳全面发展的社会主义建设者和接班人》,《人民日报》2018年9月10日。

[2] 《习近平谈治国理政》第一卷,外文出版社2018年版,第51页。

层次,没有理论化和系统化,但是社会心理作为更多自发状态和感性认识特点的社会意识,具有更加深沉的社会根源。它一方面是社会意识形式的基础,另一方面也是社会意识形式深入社会的表现。创新文化的日常生活形态是指,人们在感知、情绪、情感、心态、习俗上融合创新的内容和精神,与之产生共鸣,创新文化成为人们的日常心理、行为和习惯的有机组成部分。

创新文化日常生活形态的形成在于创新文化的生活化。在情感上,人们热爱创新,生活和工作中具有自强不息的精神,对真善美的事物具有浓烈的兴趣,心态积极乐观,乐于接受新鲜事物。在行为上,人们热衷于创造创新,用科技改变生活,用协商处理人际关系。创新成为社会风尚,人们崇尚科学,认可创新行为,并在心理上把创新与热爱祖国、人民幸福、美丽中国等价值引导形成联系。创新的社会氛围蔚然成风,街头巷尾,茶余饭后,创新成为人们的热门话题,人们表达着对于创新行为的鼓励和宽容,对创新人物的崇敬和同情。

创新文化日常生活形态的形成在于创新文化的社会化。创新文化走入社区和社会,人们重视发掘创造创新的先进事迹和中华民族经典符号,通过新闻媒体大力宣传,通过学校教育和家庭教育深耕培植,让人们深切感受到经济、政治、文化、社会和生态文明都和创新有着密切的关系,创新是引领社会发展的第一动力,是人民生活幸福的第一保障,让创新文化深入人心。

中国传统文化中包含着丰富的创新文化资源,而且这些资源和传统文化本身一样具有大众化的形态。创新精神在中国传统文化中的最集中表现是刚健有为的民族精神。"天行健,君子以自强不息。"这种阳刚进取的精神品格和充斥天地的浩然正气,一直是中华民族得以延续的不竭动力,是中国人积极进取的人生态度,是人际关系的基本原则。对于具备这种品格的杰出人物,民间素有爱戴之情。虽然在传统社会刚健有为的民族精神更多的是向里用力,向伦理、政治,不向科学、民主、法治和自由,因而在一定程度上影响了批判精神和创新意识的发展,但是这种深厚的社会心理基础是大有裨益的,应该合理利用,并实现其与马克思主义的结合及现代化转型。

创新文化的日常生活形态与社会主义核心价值观的建设和时代精神的塑造同向同行。社会主义核心价值观主张"富强、民主、文明、和谐,自由、平等、公正、法治,爱国、敬业、诚信、友善",全部内容和精神都与创新文化的内容和精神相一致。社会主义核心价值观涉及国家、社会和个人各个层次、方方面面,创新文化也一样具有普遍性。而"改革创新"的时代精神,不仅是对应"刚健有为"进行的文化变革,突破了方向性上的局限,而且和创新文化高度一致。改革创新精神体现在社会各个方面。改革创新就是要彻底冲破传统观念的束缚,实现工业革命和科学技术革命;改革创新就是要开出民主法治的花朵,结出政治体制改革的果实;改革创新更具有思想启蒙的作用,实现中国人思想的大解放;改革创新还要实现社会主义现代化强国建设和中华民族伟大复兴。

实现创新文化的大众化是中国创新文化建设的关键一环。随着这个目标逐渐实现,创新文化必然"随风潜入夜,润物细无声",滋润中国大地。

第三节 创新文化整合:创新文化一体化

创新发展的文化环境、制度环境和市场环境是一个整体,存在互动关系。三者从内到外各司其职,但是又都具有全局性,其职能和影响覆盖全部实践活动和整个社会。因此整合它们的关系,实现创新文化一体化,对于解决中国创新文化的问题、促进社会发展具有重要意义。

一、文化环境的全面建构和蓄势凝结

文化是精神产品,但是其内容涉及人类全部实践活动领域,是创新发展环境的思想源泉。因此创新发展的文化环境,即创新文化需要历史、比较、结构三维视角的全面建构,从而获得充足而高质量的资源,并覆盖整个实践活动领

域和社会生活的方方面面。在此基础上,我们需要明确的是,创新文化是和技术、制度一样的创新要素,建构创新文化的目的在于促进和引导创新实践。因此创新文化需要目标清晰、积攒力量、成为利器,切实影响实践的内部结构和其他外部环境,为创新实践提供持续有力的智力输出,清除创新实践路上的思想障碍。

一方面,我们要开发各种资源,让创新文化充分涌流,形成蔚然成风的生动局面。从历史维度,我们要挖掘中华优秀传统文化,对其进行创造性转化、创新性发展,形成传统创新文化资源;从比较维度,我们要积极介绍、学习、消化、吸收国外创新文化,尤其是西方发达国家和发展态势良好的后发国家的积极经验和理论系统,为我所用;从结构维度,我们要建构国家创新体系,培植中国的国家创新文化、地域创新文化、城市创新文化、企业创新文化、大学创新文化、民族创新文化和大众创新文化,使创新文化在整个社会结构中全面开花,贯通上下。同时在内容上,我们也要做好横纵两面的建构。在横向上,我们不仅激励科学思想(无论是自然科学还是社会科学)的建树、科学兴趣的培养、科学精神的树立,而且要形成认可创新的价值观、形成适合创新的人际关系和规范体系,并在此基础上,推崇美感知识和追求美的精神。总之,就是把握全部有利于创新的思想内容和思想内容体现的精神。在纵向上,我们不仅要向下让创新文化渗透社会心理,成为大众的文化土壤和民族精神,而且要向上让创新文化形成社会意识形式,做到理论自觉,形成思想体系。巧妇难为无米之炊,有了创新文化的充分挖掘和全面建构,我们就有了解决创新实践问题的质料,为创新发展奠定了重要基础。

另一方面,我们要定位目标和明确问题,让创新文化有的放矢,充分发挥功能,大有作为。创新文化建构中存在的最大问题是保守主义,为了突破阻碍,我们除了全方面地建构创新文化,还要聚焦问题,做到各个击破。在运行机制中我们已经探讨过,创新文化的功能包括两个方面:最重要的功能就是通过对创新实践的内部结构进行渗透,作用于主体、客体和中介,从而从非实体性要素转变为实体性要素,形成生产力的提升;另外创新文化对于其他外部环境,主要是制度环境、市场环境以及国家决策,都有影响作用。这些方面就是创新文化的定位目标。在此基础上,我们要明确问题,有针对性地开展工作,方能一举中的。在主体方面,主要是提高主体的创新意识和创新能力,建构国家创新体系,实现创新文化的大众化;在客体方面,主要是提高自然客体、社会客体和精神客体的知识含量,体现真善美的价值取向;在中介方面,主要是生产工具的智能化、语言工具的协商民主化、思维工具的时代化。在制度环境方面,最大的问题就是缺乏完善的创新制度体系和自运行原则;在市场环境方面,最大的问题是经济运行中的功利主义,影响生产模式的升级,破坏公平正义的运行规则。正如德国柏林科学技术研究院专家们所指出的:"所有的创新经济都根植于其特定的文化土壤中,文化因素影响着个体和机构的个性和行为,进而在很大程度上决定了一个组织的创新成败",因此,"文化因素是国家间组织能力和制度能力差异的重要根源,而这种差异往往导致了国家间竞争力的差异"。[①] 因此创新文化必须为克服官僚主义和功利主义有的放矢地提供思想资源,实现以人民为中心和社会主义对于制度建构和市场发展的引导作用。

二、制度环境的健全完善和重点突破

制度是人与人交往实践的规范体系,有人的地方,就有交往活动,制度规范就会出现,调整人与人的关系。因此制度环境也涉及人类的全部实践活动领域,经济制度、政治制度、法律制度、文化制度等广泛存在,是创新发展环境的制度保障。在创新环境一体化的过程中,在制度环境方面首先要保证创新发展所需要的制度体系的健全完善,即制度体系的全覆盖,并且具有系统性。在此基础上,我们也要明确制度是创新要素,在创新实践中发挥着重要作用,因此它必须符合新的发展理念,具有时代特征,实现重点突破,从而保障创新

[①] 转引自王平聚、曾国屏:《创新文化系统分析的一个理论框架》,《自然辩证法研究》2015年第1期。

实践的高效运行,保护创新实践的成果,实现创新文化的充分涌流和市场经济的顺利发展。

一方面,我们要根据新时代的特征,改革旧有制度,补充完善新的制度,建构健全完善的制度体系,形成自运行原则。新时代需要新的发展理念和发展模式,创新发展作为新时代的发展理念,对经济和社会发展具有决定意义。因此从制度环境的角度,我们必须在制度体系的建设上保证创新的顺利开展。所谓创新性的制度是指有助于创新活动的体制、制度、机制的总和,主要包括经济、政治和文化体制,科技管理制度、产学研合作制度、风险管理制度、企业管理制度、知识产权制度、教育制度,政府运作机制、科研成果评价与转化机制、技术市场运行机制、投融资机制、人才评价与激励机制等各个方面各个层次制度的改革和创新。从而形成创新实践得以顺利进行的全方位、立体式的制度保障体系。另外,制度体系还应该确保实现自运行原则,避免人为因素的干扰,即使在人员发生变动的情况下,制度体系仍然可以有效运转,不会发生停滞或者主观随意的变动。

另一方面,我们要实现制度环境的重点突破,推进制度文明的民主化和法治化,有效保障创新实践的高效运行和理性发展。创新实践需要民主法治的制度体系为之提供宽容、激励和安全的环境。但是在制度环境方面,制度的不健全一度困扰创新文化的形成。新时代以来党中央通过全面推进了制度的建设和完善,有效提升了创新的制度环境。但是历史的影响依旧存在,我们还是需要在制度建设方面久久为功。对于主体,我们要通过制度确定规则,解放思想、鼓励创新、保护成果、包容失败;对于客体和中介,我们要在制度上保证其经济价值、生态价值和人文价值的统一;在制度上确证、鼓励和包容创新文化的涌流,保障市场经济的顺利发展,并作为中间环节打通文化环境和市场环境的通道,保证科技和经济等智力成果顺畅地转移转化。

三、市场环境的不断改善和健康发展

市场环境是创新发展环境的经济基础。市场环境虽然直接与人们的物质

第五章　创新文化的发展形态

生产实践和经济生活直接相关,但是其影响力和涉及范围是具有全局性的。在创新环境一体化的过程中,从市场环境的角度首先我们要极力促进市场经济的高效运行,实现创新成果的充分涌流和积极应用,实现中国社会生产力的升级改造和可持续发展,进而明确市场环境的突出问题,在追求效率的同时,兼顾公平,避免功利主义的盛行,从而为创新实践的整体环境奠定坚实的基础。

一方面,我们必须要实现市场经济的形态升级和高效运转,解放生产力和发展生产力。国家创新驱动发展战略指出:"创新驱动是发展形势所迫。我国经济发展进入新常态,传统发展动力不断减弱,粗放型增长方式难以为继。必须依靠创新驱动打造发展新引擎,培育新的经济增长点,持续提升我国经济发展的质量和效益,开辟我国发展的新空间,实现经济保持中高速增长和产业迈向高端水平'双目标'。"[1]由此可见,市场环境的建构其实就是创新发展理念的落实。具体言之,就是在生产、分配、交换、消费的各个环节实现传统模式向创新模式的转变,实现创新型生产、创新型分配、创新型交换和创新型消费。所谓创新型生产,就是在新的科技、管理和文化的助力下,生产的基本结构全面升级;所谓创新型分配,就是按照市场规则,兼顾效率和公平地进行分配,鼓励创新实践,多劳多得;所谓创新型交换,就是按照市场经济平等交换的原则,配合合理的政策指导,实现社会资源的合理流动,以实现创新实践的有效配置;所谓创新型消费,就是运用消费模式的创新促进创新实践的顺利开展,比如通过政府采购、消费示范、大众消费引导等方式促进自主创新品牌的发展、环境友好型产品的使用等。

另一方面,我们要在追求效率的同时,兼顾公平,用社会主义核心价值观引导市场经济的运行,为创新实践的一体化奠定坚实的基础。市场环境的最大障碍是功利主义的盛行,存在低端和高端两种表现形式。在粗放型的低端发展阶段,功利主义的驱使造成利益主体只顾眼前,破坏性地开发和利用资

---

[1] 《国家创新驱动发展战略纲要》,人民出版社2016年版,第3页。

源,污染环境,造成人与自然关系和人与人关系的紧张;在集约型的高端发展阶段,经济效益、环境保护和人际关系获得了一定程度的缓和,生产力得到释放,确保了国民经济持续、快速、健康发展,对发展中存在的效益的空间、社会的公平、环境的极限等问题进行有效的调节。但是市场经济还是容易诱发功利主义,我们需要发挥好社会主义对于市场经济的引导作用:在主体方面,建构国家创新体系,形成政府、企业、科研机构、金融机构等主体之间的合理关系;在客体方面,实现资源的合理配置、公平分配和科学消费;在中介方面,促进人与自然的融洽、人与人关系的和谐、人的思维方式转变;在文化环境和制度环境方面,打破文化环境和制度环境的物质层面阻隔,让市场环境与文化环境、制度环境保持一致,让市场环境体现创新文化和制度建设的诉求。

下篇　创新文化的实践路径

　　创新文化要想在现实生活中发挥作用,就必须进行自觉的建构。创新文化的实践路径既是创新文化理论体系的继续,可以理解为在理论背景、含义、结构、内容、历史、机制之后,对于路径问题的探讨,也可以理解为对于如何建构创新文化的具体安排。

　　习近平总书记在文化传承发展座谈会上强调指出:"中华优秀传统文化有很多重要元素,……共同塑造出中华文明的突出特性。""中华文明具有突出的创新性。中华文明是革故鼎新、辉光日新的文明,静水深流与波澜壮阔交织。连续不是停滞、更不是僵化,而是以创新为支撑的历史进步过程。中华民族始终以'苟日新,日日新,又日新'的精神不断创造自己的物质文明、精神文明和政治文明,在很长的历史时期内作为最繁荣最强大的文明体屹立于世。中华文明的创新性,从根本上决定了中华民族守正不守旧、尊古不复古的进取精神,决定了中华民族不惧新挑战、勇于接受新事物的无畏品格。""对文化建设来说,守正才能不迷失自我、不迷失方向,创新才能把握时代、引领时代。守正,守的是马克思主义在意识形态领域指导地位的根本制度,守的是'两个结合'的根本要求,守的是中国共产党的文化领导权和中华民族的文化主体性。创新,创的是新思路、新话语、新机制、新形式,要在马克思主义指导下真正做到古为今用、洋为中用、辩证取舍、推陈出新,实现传统与现代的有机衔接。新时代的文化工作者必须以守正创新的正气和锐气,赓续历史文脉、谱写当代华章。"[1]因此,从创新文化的历史、比较和结构三个维度,我们认为创新文化实践路径的基本框架就是"古为今用,洋为中用,多元一体,上下贯通"。

---

[1]　习近平:《在文化传承发展座谈会上的讲话》,《求是》2023年第17期。

第六章　创新文化的中国源流

当代中国的新发展理念包括：创新、协调、绿色、开放和共享，其中创新排在首位。创新是发展的根本动力，是中国发展的关键。创新的哲学根基是实践，创新就是创新实践。因此它的内部的基本结构就是主体、客体和中介，外部结构是就是经济、政治、文化等各个方面的环境。创新有很多具体方式，其中自主创新是最核心和最根本的。从文化环境的角度，如果中国文化自身就具有创新的基因，那么这将成为中国创新发展的巨大潜能。关于这个问题，很多人是持怀疑态度的，最重要的依据就是，如果中国传统文化具有创新基因，那么中国文化在近代就不会出现危机。我们不急于同意或者反驳。当我们从创新文化的视角在中国文化的古今流变中将文化内容、历史逻辑和根本精神梳理清楚的时候，答案自然而言就会呈现出来。

第一节　中国传统文化的渊源和基本历程

中国传统文化主要指的是中国古代的文化，我们可将其分为两个时期：先秦的远古时期和从秦朝一直到清朝的中古时期。

一、中国传统文化的渊源

中国是世界四大文明古国之一，历史悠久。如从《尚书》《史记》所由始的黄帝时代算起，距今约5000年，属于龙山文化时期。若从启之夏朝算起，大约在公元前21世纪,距今约4000年。但是这段历史多为传说,考古上虽有发现,但是还不够充足,因此夏商周断代工程最难的就是夏朝。起于公元前16世纪的商朝,已经有了比较成熟的文字,即甲骨文。尤其是公元前14世纪盘庚迁殷以后,商朝国势日隆,文字和青铜器等得到长足发展。如从商朝算起,中国历史约3500年;若从公元前11世纪的西周开始,中国历史约3000年。而且西周末年已有大篆。公元前841年(西周共和元年)发生了一场国人暴动,是最早的有明确纪年的开始。公元前770年,中国历史进入春秋战国时期。华夏民族最终形成,中国传统文化成熟起来。限于本书的主题,我们直接以春秋战国时期诸子百家作为文化渊源的直接对象,辐射前后的文化历史。由于诸子百家是先秦文化的集大成,同时又形成可供后世参考发挥的各种社会思潮的样本,因此百家争鸣也是中国创新文化的渊源。

(一) 儒家

儒家起源于巫祝史宗,从幽赞神明,历算星占,进而求德。[①] 司马谈《论六家要旨》说:"儒者博而寡要,劳而少功,是以其事难尽从。然其序君臣父子之礼,列夫妇长幼之别,不可易也。"《汉书·艺文志》也说儒家"助人君顺阴阳、明教化者也"。可见儒家之德在于卫道。以"礼"维护宗法等级,以"仁"缓和暴政。同时,儒家还守旧好古,一切所出都源于古代的典籍和历史依据。

孔子(前551—前479)名丘,字仲尼。鲁国陬邑(今山东曲阜东南)人。他是一个抱守宗法伦理教条的贤人,又是注重古代文化传播的教育家。作为教育家,他所传授的内容为六艺,即《诗》《书》《礼》《乐》《易》《春秋》。六学皆为古籍,虽非孔子作品,但是体现了孔子述而不作的学术思想,孔子对其进行了删改,并进行了理论化。比如《诗》,孔子说:"诗三百,一言以蔽之,曰:'思无邪'。"(《论语·为政》)《论语》也非孔子所著,却最为可靠地记录了孔子及其弟子的言行,是研究儒家最为重要的文本。孔子敏而好古,崇尚周礼。

[①] 参加葛兆光:《中国思想史》第一卷,复旦大学出版社2002年版,第88页。

第六章 创新文化的中国源流

因此面对春秋之乱,提出正名理论。"齐景公问政于孔子,孔子对曰:'君君,臣臣,父父,子子。'"(《论语·颜渊》)正名而使天下有道的关键是"政者,正也。子率以正,孰敢不正"?正名始于上者。正名理论为"礼"和"仁"奠定了学理基础。"礼"所制定的规则正是"正名"所确定的等级秩序。而"仁者,即人之性情之真的及合礼的流露"。① 子曰:"质胜文则野,文胜质则史。文质彬彬,然后君子。"(《论语·雍也》)而质和文之间,孔子更看重真情流露的质,虽然狂狷,总比"乡愿"之伪君子好。在此基础上,孔子进一步提出仁学中的"忠恕"之道,即本于同情,推己及人。作为道德家的孔子自然重义轻利,而且格外强调动机,而忽视结果。但是并不完全排斥利益,只说"不义而富且贵,于我如浮云"。(《论语·述而》)孔子还没有形成完善的本体论,对于"天"和"性"没有系统阐述。"孔子既对传统的天命神鬼观有所继承,又受到老子自然天道观的影响。所以,他的宇宙观中充满矛盾。他既相信有人格意志的上帝,又把天看成是自然的运行;既重视祭祀,又怀疑鬼神;既相信天命,又'知其不可而为之'。"②对于人性,则只说:"性相近也,习相远也。"(《论语·阳货》)此两点为后世所发挥。

从孔子到孟子,其间150多年,儒家分立,且经历了三代。据韩非子《显学篇》所述,有八家之多,分别是子张、子思、颜氏、孟氏、漆雕氏、仲良氏、荀氏、乐正氏。其中孔子之孙子思师从孔子嫡传正宗弟子曾子,孟子师从子思。孔子之后,儒家不但继承和发展了孔子的政治伦理道德思想,而且不同程度吸取别家之所长,推动了儒家的发展,比如道家之形而上学、法家之霸道、名家之逻辑等。其中孟子和荀子成就最高,分别代表了理想主义和现实主义。

孟子(约前372—前289)姓孟名轲,邹(今山东邹县东南)人。《孟子》一书,体裁类似《论语》,孟子与其弟子共同编纂而成。孟子的思想非常理想化,在政治上主张仁政、王道、民本思想;在经济上,提出井田制;在人性论上,坚持

---

① 冯友兰:《中国哲学史》上,重庆出版社2012年版,第64页。
② 高正:《诸子百家研究》,中国社会科学出版社2011年版,第26—27页。

人性本善,浩然正气;在本体论上,赋予天义理涵义,天是人性固有的道德观念的本原。

荀子(约前313—前238)姓荀名况,赵国(今山西一带)人。善于综合诸子各家长处。荀子的思想倾向比较现实,其思想观点集中在《荀子》一书中。在政治上主张礼法兼治,王霸并用。荀子所言之天,为自然之天,提出了"明于天人之分"的辩证观点。主张"人之性恶,其善者伪也"的文化主义,并区别了心和性,心可思虑,出于功利对欲望节制。

荀子后,秦统一天下,后汉独尊儒术。孟子和荀子的思想作为孔子开创的儒家学说的两个向度,对后世影响巨大。

(二) 道家

《汉书·艺文志》说:"道家者流,盖出于史官,历记成败存亡祸福古今之道,然后知秉要执本。清虚以自守,卑弱以自持。"据葛兆光所考证,在古代中国,史官不仅掌握史事记载,而且通晓星历占卜。道家代表当时最高的哲学思辨水平,能够建立自然天道本体论,并将其推衍到人道,与此关系甚大。早期的道家和儒家相反,其本体论是对宗教神学的反动,其社会论是对等级仪礼的反动。而且其知识范围远远超过儒家的政治道德领域,涉及自然和社会方方面面。思想的基本倾向是自然主义、个人主义、反智主义和超越主义。葛兆光说:"儒者以教育中的师生关系、墨者以组织上的上下关系,均可以在时间轴上理出他们在思想史上传承延续的轨迹,而道者则几乎无法确定其起源及传续的痕迹,只能说当时有一批知识人有一种大体一致的思考路数和思考兴趣,这大体一致的思路和兴趣就成为一种思潮。"① 所以此派学者人物分散,且争议颇多。春秋时代的范蠡、计然、关尹,战国初年的杨朱、子华、詹何,战国中期的列子,似乎都可纳入其中。而为避免争议,也限于本书的目的,我们只讲老子和庄子。

---

① 葛兆光:《中国思想史》第一卷,复旦大学出版社2002年版,第111页。

第六章 创新文化的中国源流

老子(约前571—前471)姓李名耳,字"聃",楚国苦县(今河南鹿邑东)厉乡曲仁里人。今本《老子道德经》分上下两篇,共八十一章。老子是真正的哲学家,对本体论、辩证法、政治理想社会都有建树。老子的本体曰"道","有物混成,先天地生。寂兮寥兮,独立而不改,周行而不殆,可以为天下母。吾不知其名,字之曰道,强为之名曰大。"(《老子》二十五章)此本体为万物共理,自然天成,没有道德含义。"人法地,地法天,天法道,道法自然。"(《老子》二十五章)道的基本性质是无为而无不为。"道生一,一生二,二生三,三生万物"(《老子》四十二章)道作为"天地之始"曰"无";作为"万物之母"曰"有"。"此两者,同出而异名,同谓之玄。"(《老子》一章)"道为天地万物所以生之总原理,德为一物所以生之原理"。[①] 老子也是辩证法大师。老子认为宇宙事物多变而有常,"常"就是通则和规律,"知常曰明"。(《老子》十六章)万物变化最大的常就是"反者道之动。"(《老子》四十章)老子对此谈论很多,比如祸福关系、弱强关系等,并将之运用到处世之道和政治哲学中。"将欲歙之,必固张之;将欲弱之,必固强之;将欲废之,必固兴之;将欲夺之,必固予之。"(《老子》三十六章)所以为了防止好的状况变为反面,必须事先包含反面成分。"大成若缺,其用不弊;大盈若冲,其用不穷;大直若屈,大巧若拙,大辩若讷。"(《老子》四十五章)政治社会也是如此,"天下多忌讳,而民弥贫。民多利器,国家滋昏。人多伎巧,奇物滋起。法令滋彰,盗贼多有。"(《老子》五十七章)所以老子主张无为而治。老子的理想人格是"大智若愚",理想社会是"小国寡民"。(《老子》八十章)

庄周(约前369—前286)是宋国蒙(今河南商丘东北)人。《庄子》一书是庄周及其后学的著作汇编。现存晋郭象编辑注释的三十三篇本,其中内篇七,外篇十五、杂篇十一。庄子观点多在内篇,庄子后学多在外篇和杂篇。宋近楚,庄子受楚人思想影响,多用寓言,且浪漫超逸。同时庄子也很受辩证思想影响,在用寓言之余理论思辨性很强。庄子的本体论和老子相同,都是"道"。

[①] 冯友兰:《中国哲学史》上,重庆出版社2012年版,第148页。

但是他更强调事物之变。"物之生也,若聚若驰。无动而不变,无时而不移。"(《庄子》卷六)其辩证法更有特色,是极致的相对主义,并带有个人色彩。大鹏和小鸟各有其性,逍遥一也。天下之物,皆无不好,天下观点,皆无不对。齐万物,齐生死。因此天下没有什么统一的标准,无为方能得治。庄子最理想的超越境界是逍遥游。其方法是"堕肢体,黜聪明。离形去智,同于大通"。(《庄子》卷三)即通过坐忘、心斋,达到天人合一。

庄子内篇理想主义气息浓醇,庄子后学则较为现实主义。比如庄子讲求养生,不为楚威王的邀请动心,其意在于顺从自然。但是后学则企图追求长生不死。而到了黄老之学,标志着道家已开始为现实政治服务。

(三) 墨家

墨家起源晚于儒家,《淮南子·要略》说:"墨子学儒家之业,受孔子之术。以为其礼烦扰而不悦,厚葬靡财而贫民,[久]服伤生而害事。故背周道而用夏政。"可见墨家是对儒家的反动。儒家以宗法等级制度为基础,以动机为根本依据,对世人提出极高的道德要求,带有理想主义色彩;墨家以人民的富庶安定为目标,注重实际,看重效果,带有现实功利主义色彩。墨家学派有严密的组织,纪律严明。其首领称为"钜子",墨门子弟必须听命于钜子,为实施墨家的主张,有财相分,舍身行道。下代钜子由上代钜子选拔贤者担任。前期墨家思想主要有十论:尚贤、尚同、兼爱、非攻、节用、节葬、天志、明鬼、非乐、非命。后期墨家,也称别墨,即新墨家,带有很强的科学主义色彩,善于名辩。今本《墨子》五十三篇,为记录墨家思想的主要著作。①

墨子(约前480—前390)姓墨名翟,宋国人,曾为宋大夫。墨子和孔子一样具有社会责任感,主张行义。但是墨子出身贫寒,因此带有原始人道主义思想,目标在于实现人民的富裕、繁庶和安定;而且注重实践和效果。墨家说:"义,利也。"(《墨子·非攻下》)此利,不是自私自利,而是公利。而且墨子强

---

① 参见胡适:《中国哲学史大纲》,中华书局2015年版,第129—130页。

调:"言足以迁行者常之,不足以迁行者勿常。"(《墨子·贵义》)意思是可以实现提高利益的言论应该得到尊尚,否则没有意义。为此他提出了"三表法":第一表,"本之于古者圣王之事。"第二表,"原察百姓耳目之实。"第三表,"废(发)以为刑政,观其中国家百姓人民之利。"(《墨子·非命上》)第二表和第三表其意甚明,就是从百姓的所见所闻和实际利益出发。第一表是指古者圣王之事也是对过去的实际的应用,可以作为我们的一面镜子。墨子和前期墨家的主要具体观点可以概括为"十论":"尚贤",尊尚贤人,实际上是为平民阶层优秀分子争取政权;"尚同",实现大同,实际上是希望建立一种基于民主选举的中央集权政治模式;"兼爱",博爱众生;"非攻"反对发动不义之战;"节用""节葬""非乐"都是提倡节俭,反对奢靡;"天志""明鬼"是墨家的宗教思想,天为有意志的兼爱之天,认为世间有神鬼的存在,可对人们的行为进行奖惩;"非命",否定天命,主张事在人为,为善得赏,为恶受罚。除此以外,墨子还是一位逻辑学家,注重以实正名,注重辩论、分类和推理。

晚期墨家注重名学,科学主义明显,称为别墨。别墨仍然坚持墨家的主要观点,但是采取逻辑学的方法进行辩论,同时也就名家和其他各家观点进行名学探讨。他们认为知识的来源是闻、说、亲。论述久宇,即时空。认为辩论的主要目的是"将以明是非之分,审治乱之纪,明同异之处,察名实之理,处利害,决嫌疑"。(《墨子·小取》)提到立说的七种方法:或、假、效、辟、侔、援、推,即或然推论、假设、类推、比喻、比较、举例、演绎。可见墨家的逻辑学已经达到很高水平,不比西方为弱。

依韩非子言,墨学在战国末年仍为显学;司马迁作《史记》时,即150年后,墨学早已消灭。胡适揣测其原因,颇有道理。第一,儒家反对,墨家为儒家之反动,儒家得势必然灭之;第二,政客猜忌,战国秦汉之际,战争激烈,兼爱非攻不受欢迎;第三,别墨诡辩,墨学最忌脱离实际,而今后学微妙,必然遭到他派"以其人之道,还治其人之身"的攻击。① 墨家中绝,实为憾事。

---

① 参见胡适:《中国哲学史大纲》,中华书局2015年版,第214—216页。

(四) 法家

法家是改革派政治实践的理论化,"民一于君,事断于法"是对他们特点的最好概括。他们都是政治家,从君主或者国家立场出发,以巩固君主中央集权,强大国家为目标,根据时代特点和国家的具体情况变法,以法律决断万事。法家注重经济发展,反对贵族政治,主张赏罚分明,注重军队建设。带有这种思想倾向的政治家可以上溯到春秋时期的管仲、子产、邓析。但是真正的法家兴起于战国时期,包括战国初期的李悝、吴起,战国中期的商鞅、尸佼、申不害、慎到,战国末年的韩非。其中商鞅重法、申不害重术、慎到重势,形成法家之三派。韩非是集大成者。法家人物的改革触动贵族利益,往往结局悲惨。

商鞅(约前390—前338),卫国人,原名公孙鞅。今本《汉书·艺文志》"法家"著录《商君书》二十四篇。商鞅主张"一任于法",他在秦国实行了两次变法,将法律实施于国家的方方面面:制定严刑,强化统治;废除世袭,奖励军功;重农抑商,奖励耕织;废除分封,实行分县;废除井田制,统一度量衡。商君的改革巩固了君权,使秦国国力强盛,成为战国第一强国。

申不害(约前385—前337)是郑国京(今河南荥阳东南)人,在韩国推行改革。申不害注重君主驾驭群臣的权术,《韩非子·定法》说:"今申不害言术,而公孙鞅为法。术者,因任而授官,循名而责实,操生杀之柄,课群臣之能者也。此人主之所执也。"而且他认为君主应该有城府,深藏不露,迷惑臣民,甚至主张"独视""独听""独断"。

慎到(约前395—前315)是赵国人。早年学黄老道德之术,是法家主"势"一派。他认为集权很重要,政治上权势是第一位的。有了法律还需要实行,权势是决定力量。"民一于君,事断于法",则可达到"无为而治"。

韩非子(约前280—前233)是韩国公子,法家学派集大成者。其法治理论不仅吸收了"法""术""势"三派之长,而且对老子和荀子思想进行了积极的发挥,自成一家。其著作《韩非子》五十五篇。韩非子认为法、术、势三者必须密切结合,以加强君主专制。法是赏罚的标准,术是控制群臣的手段,用术的目的在于掌权得势,处势必须和抱法结合,方可得治。韩非继承改造了老子的道的学说,并在承认客观规律的同时,强调人的主观能动性。他如老子不信鬼神,主张变革。韩非还继承了荀子的性恶论,"人情有好恶,故赏罚可用"。以法家所言,可达老子之无为而治。

法家的思想虽然具有一定的片面性,但是其理论适应了统一的君主集权国家的需要,因而此后与儒家互为表里,成为2000多年专制政体的理论基石。

(五) 名家

名家,又称刑名之家或辩者,战国时以辩论名实问题为中心的一个学派。胡适认为名家属于别墨,即晚期墨家,故作《中国哲学史大纲》时将惠施和公孙龙列入别墨一篇。冯友兰则认为名家虽与墨家有相似之处,尤其惠施所谓"泛爱万物,天地一体也"(《庄子·天下》),与墨家兼爱非攻相同。但是墨家有严密组织,实行军事化管理。名家者只擅辩而已,没有组织,而且"去尊"。所以并非一家。名家可分为两派:一派"合同异",以惠施为首,注重个体的物、事物变化和相对主义;另一派"离坚白",以公孙龙为首,注重共相、静止和绝对主义。名家虽难免诡辩之嫌,但是确实涉及逻辑学重要问题,具有哲学价值。

惠施(约前370—前310),宋国人,主要活动在魏国,受到魏惠王重用。惠施和庄子是好友,他们的鱼乐之辩非常有名,《惠子》虽已亡佚,但是其观点在《庄子》中可见大略,庄子学说也深受惠子影响。《庄子·天下》记录了惠施所论十事:(一)至大无外,谓之大一;至小无内,谓之小一。(二)无厚不可积也,其大千里。(三)天与地卑,山与泽平。(四)日方中方睨,物方生方死。(五)"大同"而与"小同"异,此之谓"小同异"。万物毕同毕异,此之谓"大同异"。(六)南方无穷而有穷。(七)今日适越而昔来。(八)连环可解也。(九)我知天下之中央:燕之北,越之南,是也。(十)泛爱万物,天地一体也。表明惠施在时间空间万物等一切方面的相对主义观点。

公孙龙(约前320—前250),赵国人。《公孙龙子》现存六篇,包括《白马论》《名实论》《坚白论》《指物篇》《通变论》和《迹府篇》。除《迹府篇》为其弟子补入外,其余一般认为公孙龙所作。公孙龙惯于将共相从事物中抽象出来,并将之静止化和绝对化。比如在《坚白论》中,他就将石头的坚硬和白色两个性质抽象出来,认为坚硬是触觉,白色是视觉,两者都是脱离石头独立的,摸时得坚和石,看时得白和石,坚和白截然分开。《白马论》亦是一样。"马者,所以命形;白者,所以命色也。命色者非命形也。故曰'白马非马'。"

另外,《庄子·天下》还记有和名家言论相关的二十一事。冯友兰将之分为两组。一组属于"合同异",包括"卵有毛。郢有天下。犬可以为羊。马有卵。丁子有尾。山出口。龟长于蛇。白狗黑"。另一组属于"离坚白",包括"鸡三足。火不热。轮不辗地。目不见。指不至,物不绝。矩不方,规不可以为圆。凿不围枘。飞鸟之影,未尝动也。镞矢之疾,而有不行不止之时。狗非犬。黄马骊牛三。孤驹未尝有母。一尺之棰,日取其半,万世不竭"。这些言论颇有西方哲学家芝诺的味道。

(六) 阴阳家及其他各家

阴阳家是指战国时期提倡用阴阳五行说解释自然和社会现象的学派。阴阳和五行本为二说,是古代人们对于自然的朴素认识。阴阳和五行之金木水火土都是自然事物的抽象,带有唯物因素;阴阳消长和五行生克又带有辩证法的特征。但是阴阳五行说不仅仅是朴素的科学知识,而且和巫术混杂在一起,尤其当阴阳家将其和人事比附以后,更添神秘的宗教色彩。阴阳家的代表人物是邹衍。

邹衍(约前305—前240),齐国人。邹衍观点主要包括两个方面:一是历史说,讲"五德始终",黄土、夏木、商金、周火,"代火者必将水",循环往复。此说对西汉董仲舒和两汉谶纬学说很有影响。二是地理说,讲"大九州","以为儒者所谓'中国'者,于天下乃八十一分居其一分耳。中国名曰赤县神州。……中国外,如赤县神州者九,乃所谓'九州'也"。(《史记·孟子荀卿列传》)

阴阳家之阴阳五行说、道家学说、《周易》对于汉朝形成完整的宇宙论具有重要贡献。

农家是战国时注重农业生产的一个学派。他们认为农业是国家之根本，更为重要的是"民舍本而事末则好智，好智则多诈，多诈则巧法令，以是为非，以非为是"。（《吕氏春秋·上农》）农家还代表了农民阶层的平均主义政治理想，要求不分贵贱，君民同耕。因此钱穆先生认为农家出于墨家。农家的代表人物是许行和陈相，但是他们皆无著作传世。我们只能在《孟子》《管子》《吕氏春秋》的相关篇目中略见其思想。

纵横家是战国时期特定历史条件下产生的以纵横分合之策游说于诸侯的外交家。合纵是弱国联合应对强国，连横是强国联合某个或某些弱国攻打其他国家。纵横家能言善辩，善于谋略和外交。代表人物有鬼谷子、张仪、苏秦和公孙衍。其中鬼谷子是楚国人，为纵横家所宗。张仪是魏国人，连横派的代表人物，曾帮助秦惠文王强秦。苏秦，是合纵派的代表人物，曾拜六国相，连横抗秦。

小说家，九流之外，十家之末。《汉书·艺文志》说："小说家者流，……街谈巷语，道听途说者之所造也。孔子曰：虽小道，必有可观者焉，致远恐泥，是以君子勿为也。"小说家反映了平民阶层的思想，但是淹没在历史长河中，难以辨其出处。

杂家是产生于战国末年的一个博采众长的综合学派，反映了国家统一过程中的文化融合趋势。吕不韦是卫国人，秦相，召集宾客编著《吕氏春秋》。刘安是汉高祖刘邦之孙，淮南王，召集宾客编写《淮南子》。两者都以道家思想为主，杂糅阴阳、儒、法、墨、名诸家，保存了大量重要史料，与《庄子·天下》《荀子·非十二子》《韩非子·显学》等一样，对研究先秦哲学史具有重要价值。

二、中国传统文化的基本历程

诸子十家从不同角度关注同一社会，各有特点，各有所长。儒家是伦理学,喜欢维护等级秩序,给社会定规矩,而且守旧好古。道家是哲学,提出自然天道本体论,并依据天道谈论人道,精于辩证法,具有很强的超越性。墨家是平民学说,以人民的富庶安定为目标,讲求实际,军事化组织,具有科学精神。法家是改革派政治学,主张君主中央集权,万事明断于法。名家是逻辑学,以辩论名实问题为中心。阴阳家既是哲学家又是神学家,五行阴阳是物质世界的抽象,本具有朴素唯物主义哲学内涵,但是将之与人事比附,浸染了神学色彩。农家重视农业生产,纵横家善于外交,小说家是平民智慧,杂家博采众长。

春秋战国是一个混乱的时代,也是一个开放的时代。各家在平等的舞台上充分展示着各自学说的魅力。而在此后的历史中,他们的命运就随着时代各不相同了。若从继承和维护秩序的角度,非儒家莫属;若考虑改革,励精图治,则首推法家。然而儒法又有相通之处,都是维护君主中央集权,两者形成张力,相得益彰。若论本体论和哲学思辨,道家首屈一指,其次是阴阳家,如果哪家觉得这方面先天不足,他们都是老师。至于更为超越的彼岸世界营造,则由从古印度传来的佛学担当。农家、纵横家、小说家,本不是显学,后来也少有独立言论,但是似乎总能看到他们在别家背后的影子。杂家的综合思路,是个好办法,只不过后来领头羊不是道家而是儒家。遗憾的是墨家和名家,最具科学精神,但是一个囿于平民功利主义,另一个囿于诡辩论,都不讨巧,因而中绝。

这是历史的选择,也是过往的事实,但是如果从今天改革创新的角度,最有价值的当属道家的本体论和辩证法、法家的改革思想、墨家和名家的科学精神、杂家的综合思路。

冯友兰说:"故就历史上中国学术思想变迁之大概言之,自孔子至淮南王为子学时代,自董仲舒至康有为则经学时代也。"[①]我们这里所说的中国传统文化的基本历程主要指的就是这个"经学时代"。"在经学时代中,诸哲学家无论有无新见,皆依傍古代即子学时代哲学家之名,大部分依傍经学之名,以

---

① 冯友兰:《中国哲学史》上,重庆出版社2012年版,第329页。

发布其所见。"①

（一）秦汉经学

六经本为远古各家之共有的文化资源，这里所谓经学，专指儒家对于古代经典的训诂注疏、义理阐释的学问。在秦汉时期，有四家先后成为主角，他们是法家、道家、儒家和阴阳家，而且在战国的基础上进一步表现出各家融合的趋势。秦时崇尚法家。汉初统治者吸取秦尚"刑罚"而不重"教化"的灭亡教训，推行"无为而治"的"黄老哲学"，实行"文武兼备""刑德并用""轻徭薄赋"的统治政策，对汉初社会稳定和经济发展起到了积极的作用。至汉武帝时，雄才大略的汉武帝面对内忧外患的政治局面，奋发有为，力图建立"大一统"的汉帝国。董仲舒上策："今师异道，人异论，百家殊方，指意不同，是以上无以持一统，法制数变，下不知所守。臣愚以为诸不在六艺之科、孔子之术者，皆绝其道，勿使并进。"（《举贤良对策》）武帝采纳了董仲舒的建议，遂罢黜百家。后又纳公孙弘议，专设五经博士。至此，儒家经学成为唯一正统官学，亦成为两汉时期占据主导地位的学术形态。但是需要说明的是，此时的儒家与阴阳家的思想是混合的。"阴阳家，于其成'家'之时，即似有与一部分儒家混合之趋势。……及至秦汉，阴阳家之言，几完全混入儒家。西汉经师，皆采阴阳家之言以说经。所谓今文家之经学，此其特色也。"②阴阳家注意"天人之际"，是此种宗教思想的理论化。因此两汉经学带有神学色彩。

两汉经学有今文经学和古文经学之分。历经秦火战乱，汉初经典大都无先秦旧本。今文经指汉初由儒生口传，并用当时流行的隶书记录下来的经籍。古文经指汉代前期从民间征集或孔子故宅壁间所发现的用先秦古籀文字写成的经籍。今文经学与古文经学不只是书写文字不同，内容、篇章多寡以及解经、学风等方面均有不同。

---

① 冯友兰：《中国哲学史》下，重庆出版社2012年版，第3—4页。
② 冯友兰：《中国哲学史》下，重庆出版社2012年版，第6页。

今文经学认为六经皆孔子制作,视孔子为托古改制的"素王";其特点是注重阐发经文的"微言大义",主张通经致用。往往为当时政治、经济、法律作论证;其以董仲舒、何休等为代表,最重《春秋公羊传》。而古文经学崇奉周公,视孔子为"述而不作,信而好古"的先师;其特点是偏重训诂,留意经籍所记典章制度和历史事实,与现实政治问题联系较弱;其以刘歆、贾逵等为代表,最重《周礼》。

武帝所立五经博士皆为今文经学,今文经学长期垄断汉代官学。董仲舒建立起了一套天命神学体系,以神学解经之风在汉代盛行,经师皆喜以谶纬、灾异说经,而尤以今文学派为甚。由此,两汉经学表现出了明显的神学化的倾向。

今文经学逐渐陷入了僵化和烦琐,且又与谶纬结合,流于妄诞,西汉后期见衰。同时,古文经学却不断发展壮大,在王莽当政时一度得立学官,东汉后期逐成压倒今文经学之势。

今、古两派自西汉末,各守门户,互相排斥,达两百余年之久。迨汉末,古文经学家马融、郑玄兼采今、古文之说,今、古文之争遂息。直至清代,今、古文之争再起,古文经学的治学路数为乾嘉学派和章太炎等所发扬。今文经学则为常州学派所复兴,并最终成为清末康有为推动变法维新的理论依据。

(二) 魏晋南北朝玄学

魏晋南北朝是中国文明史上最长的乱世时代,在三百余年的历史进程中,豪强争霸,三国鼎立,西晋统一又短命而亡,接着北方五胡乱华,十六国纷争,南方政权也四代更迭。两汉经学已不适合当时形势要求,失去维系作用。玄学随之崛起。

玄学是魏晋时期取代经学的主流思潮。冯友兰说:"以道家之学说,释儒家之经典,此玄学家之经学也。"[①]一语道破玄学本质。玄学出于《老子》,"玄

---

① 冯友兰:《中国哲学史》下,重庆出版社2012年版,第86页。

第六章　创新文化的中国源流

之又玄,众妙之门。"玄就是蕴藏天地万物一般规律的"道",体现了无穷万物变化的奥妙。因此玄学带有强烈的道家色彩。但是总体上来说,玄学并不排斥儒家名教,而是以道家的哲学方法激活儒家,杂糅道家和儒学思想学说,实现儒家和道家的合流之势。

汉末时期,社会上出现了所谓的"清谈",玄学即从中发展演变而来。但玄学不等于清谈,而只是清谈中最重要的方面。清谈包括玄学、名理、评品人物等广泛内容,而玄学的兴趣主要在政治、伦理、文学、哲学等方面,其中哲学是主干。道家主张自然本体论,并以此为出发点探讨天人关系,在哲学上超越于阴阳家。而且道家还善于思辨,对于有无、本末、一多、言意、动静等哲学问题都有思考。因此道家和儒家的结合将中国哲学推向一个新的阶段。其主要代表人物有何晏、王弼、阮籍、嵇康、向秀、郭象等。

魏晋玄学思想虽师承先秦的老庄哲学,但又与老庄哲学不尽相同。主要呈现出以下几个特点。

1.以"三玄"为主要研究对象。玄学家一般以研究《老子》与《庄子》为主,同时亦研究《周易》,并以《老子》《庄子》注解《周易》。例如,王弼著的《周易注》与《周易略例》两书,就是以老庄解《周易》的代表作。在玄学家那里解释的易学,已经不是先秦时的易学,也不是汉儒象数学的易学,而是老庄化了的玄学的易学。

2.重视本体论。魏晋玄学以探究世界本体为其哲学的基本内容。以何晏、王弼为代表的玄学贵无派把"无"当作"有"的存在根据,提出了"以无为体"的本体论思想。崇有论者裴頠则反对贵无思想,否认无能生有,认为有是自生的,自生之物以有为体。郭象也反对无能生有,提倡万物自生独化之说。他认为世界是由众多的具体物构成的,"有"之外并不需要有一个"无"(绝对的无)作为自己存在的依据。但他把万物都看作是自生独化的,一切都独化于玄冥之境,表现出神秘主义思想倾向。

3.重视名教与自然的关系。先秦的老庄学以崇尚自然,反对名教(即儒家礼教)为基本特征,而魏晋玄学的老庄学,除了阮籍、嵇康之外,总的来说是以调和儒道、调和自然与名教为根本目的。王弼用以老解儒的方法注《周易》与《论语》，把儒道两者调和起来；他从本末有无的哲学理论出发，认为名教是"末"，自然（即"无"或"道"）是"本"，名教是自然的必然表现，两者是本末体用的关系，是统一的。郭象提出了"名教"即"自然"的理论，认为"圣人虽在庙堂之上，然其心无异于山林之中"（《庄子·逍遥游注》），并把身在庙堂从事名教政务，然其心则逍遥无为，叫作"游外弘内"，所以道家的自然与儒家的名教是一致的。阮籍、嵇康的老庄学与王弼、郭象的玄学有所不同，表现了反儒的倾向。嵇康声称"每非汤武，而薄周孔"，提出了"越名教而任自然"的主张。然而阮籍、嵇康反儒主要是反对当时司马氏集团宣扬的虚伪的儒家礼教，他们并不反对维护封建纲常的名教，所以又都各自强调儒家礼乐的作用，认为真正的礼乐教化可以达到移风易俗的目的。

4.提倡个性自由。汉代经学家注重守节，严守君臣父子之道，不敢越三纲五常的雷池一步。玄学家则轻视名教，强调任性，纵情自然，追求个人的放达、放纵，从而形成了所谓的"魏晋风度"。

5.重视思辨的方法。魏晋玄学反对汉儒支离烦琐的解释方法，主张"得意忘言""寄言出意"，不追求逐字逐句的意义，而重视对精神实质的领会，运用思辨的方法进行理论论证。它强调要义不烦，独抒己见，用简洁精练的语言表达丰富的思想，与经学的风气大相径庭。

玄学虽一脉相承，但是在具体观点上存在一定分歧，其中有三种代表性的观点：（1）玄学兴起于曹魏正始年间（240—248），当时何晏作《论语集解》和《道德论》，王弼注《老子》和《周易》，何、王都提出"天地万物皆以无为本"的"贵无论"思想，为玄学奠定了理论基石。这个"无"，是哲学意义上的无形本体，也是时局意义上的无形权力。史称"正始玄风"或"正始之音"。魏后期阮籍、嵇康提出"越名教而任自然"的观点。（2）西晋中期裴頠提出崇有论。西晋后期郭象提出独化说。郭象主张"有"之自生独化说，以此否定"无中生有"说和"以无为本"说。郭象割裂了事物之间的联系，把自生独化说成各自孤立的毫无联系的东西，最后得出了神秘主义的独化于玄冥之境的思想。郭象提倡名教即自然的儒道合一说,认为逍遥游与从事名教世务,本是一回事,因此逍遥游并不要遁世。(3)竹林七贤主要代表人物阮籍与嵇康从道家自然无为思想出发,提出了"越名教而任自然"的主张,带有强烈的反儒倾向。同时他们又都欣赏庄子的遁世逍遥的思想,希图以消极的手段反抗司马氏的强权政治。所以他们在老学之外,同时重视对庄学的研究。阮籍、嵇康的老庄学,为玄学从老学向庄学的过渡起了承前启后的作用。

东晋时玄学逐渐脱离政治、脱离现实,开始和佛教合流。主要代表人物有道安、支遁、僧肇等。到隋唐时代,玄学便被佛学取代了。

(三) 隋唐佛学

佛教在东汉由印度传入中国。经历魏晋、南北朝的发展,在融入中国文化的过程中,与占统治地位的儒学、道学,以及道教既互相排斥又互相借鉴,经历了比较漫长的中国化的过程。在隋唐时期达到鼎盛,并成为这个时期哲学思想体系的显著特征,对中国文化有深远的影响。

佛教来到中国即遭到儒家和道教的排斥,比如东汉末年的《理惑论》就有儒家批评佛教落发、别妻、无后的言论,唐朝韩愈也极力反佛,著有《原道》《原性》《原人》等著作;历史上的著名的"三武一宗"灭佛事件,都与道教介入、影响皇帝决策有关。因此佛教不得不一边坚持自己的原则,为佛教争取独立地位,一边采取妥协的态度,吸纳中国儒学、道学和道教的一些思想,以确保其融入中国文化,比如佛学经常用周孔来比附佛,并援引道家学说来解释佛学理论。同时,由于佛学本身具有深厚的文化根基,佛典浩瀚,充满哲理思辨,因此也深刻地影响着儒家、道家和道教文化。比如唐朝的柳宗元、刘禹锡就对佛家思想有所吸纳,后世陆九渊、王阳明、方以智等虽身为儒家,都深受佛学影响;从魏晋南北朝开始,道教援引大量佛学入道。

佛教在隋唐的繁荣表现在三个方面:其一,佛教在政治上具有国教的地位。唐朝的很多皇帝都是佛教信徒,即使不信佛教如唐太宗者也认为弘扬佛教是巩固统治的良好途径,因此他们大力弘扬佛法,引导贵族和百姓信仰佛教。其二,寺院经济空前发展。当时的佛教寺院有大量的自有土地、经济实体和劳动力,掌握巨大的社会财富。其三,佛学研究活跃。佛学在传入中国后形成了很多宗派,例如三论宗、天台宗、华严宗、净土宗、密宗和禅宗等,不同宗派之间既相互争论又相互借鉴,促进了学术的繁荣。此外佛学也借鉴了儒家、道家等很多本土文化,保证其中国化的完成和地位的巩固。其中唯识宗、华严宗和禅宗影响最大,尤其是禅宗堪称中国佛学的典范。

唯识宗的创始人是唐初的玄奘(602—664),代表作是《成唯识论》。此宗的特点是直接译介印度大乘唯识有宗的经论,因此用冯友兰的话说实为"佛学在中国",而非"中国佛学",即基本没有受到中国本土文化的影响。唯识宗的基本观点是"万法唯识"和"唯识无境"。他们把世界分为"我"和"法"两个部分。"我"是指人的自我意识活动,"法"是指事物及其规律。他们认为我和法不过是"意识"的见分和相分,即都是意识活动造成的,不能离开意识单独存在。世界就是意识生发出来的,是虚幻的,色即是空。这个结论和其他宗派区别不大,唯识宗的长处在于对意识的分析研究。他们认为意识有三类八种。三类分别是:了别境识、末那识和阿赖耶识。其中"了别境识"又分六种:眼、耳、鼻、舌、身、意,就是人类的五种感觉和思维活动;"末那识"为第七种识,执著于我,产生我痴、我见、我慢和我爱四大烦恼,即自我意识;"阿赖耶识"为第八种识,藏有世界上一切法的种子,是根本识,所藏种子包括两类:无漏种子和有漏种子,前者生出世间诸法,后者生出出世间诸法。八识各有自己的"见分"和"相分",也就是说八识营造了这个世界,而八识中"阿赖耶识"最为根本,其他各识皆依靠它的支持。佛教一般宗旨在于脱离轮回,达到涅槃境界。唯识宗的具体方法是"转识成智"。摆脱对于我和法的执着,转变八识为佛的智慧。依据就是"阿赖耶识"的有漏种子。

华严宗是由唐代僧人法藏(643—712)创立,主要著作有《华严义海百门》《华严金狮子章》《华严经探玄记》《华严经旨归》等。华严宗在唐朝的地位很高,法藏本人曾受武则天宠信,又为中宗和睿宗授戒,其三传弟子澄观被唐王朝封为国师。华严宗的主要思想集中在他们的四法界说。四法界包括事法界、理法界、理事无碍法界、事事无碍法界。事法界是指繁杂的现象世界;理法界是指清净的本体世界;理事无碍法界是指两个世界互相包容而不妨碍,涉及的是现象和本质的关系问题,他们认为物质世界虚幻和本体世界真实是同时成立的,试图调和有宗和空宗;事事无碍法界是指各种事物之间相互包容而无妨碍,各种事物既然都是虚幻,又统一于同一本体,如金狮子虽有眼、耳、口、鼻、身之别,但是统一于金,那么它们之间就可以融通,没有差别,这涉及的是事物之间同一性和差别性的关系问题,否认差别性其实就是否定事物的自在性,从而得出世间虚幻的结论,夸大同一性其实就是强调本体世界,强调真如佛性。华严宗对宋代程朱理学影响很大。

禅宗相传属于释迦教外别传,在印度传至二十八世菩提达摩。菩提达摩在南朝宋末来到中国,成为禅宗在中国的始祖。之后菩提达摩将心法又传于慧可,又经僧璨、道信,传到五祖弘忍(605—675)。五祖之后,禅宗分为南北两派,由其弟子慧能和神秀分掌。后来南派压倒北派,因此慧能被后人推崇为六祖。实际上慧能(638—713)是禅宗的真正创始人。印度佛教没有禅宗,只有禅学,阐述的是一种静思打坐,渐入禅定的方法,为印度各宗所共有。禅宗是佛教在中国传播的过程中逐渐形成的,是佛教中国化的典范,也是中国佛教的一次重大改革。慧能所创禅宗的主要著作是《坛经》。禅宗不仅糅合了佛教有宗和空宗,而且吸纳了孟子的人性论和老庄的崇无思想。他们认为"本性即佛",比如《坛经》中有云:"当知愚人智人,佛性本无差别,只缘迷悟不同,所以有愚有智。"也就是说人人通过觉悟都可以成佛。这和儒家主导思想是相通的。但是佛性不是一个存于内心的实体,而是"自性真空",因此"无有一法可得"。所谓"菩提本无树,明镜亦非台,本来无一物,何处惹尘埃"。成佛哪里需要认识和渐修,只需顿悟,顿悟即可成佛。因此禅宗讲求"不修之修",即不需要特殊的修炼,修禅便是尽力去做眼前当做之事,但不留于心。这显然有道家无为思想的痕迹。因此禅宗的彼岸世界和此岸世界其实是一个世界,你在此岸或者彼岸决定于心。"未悟未解时名贪嗔,悟了唤作佛慧。故云,'不异旧时人,只异旧时行履处。'"(《古尊宿语录》卷一)而且心不但是个人成佛的基础,也是客观世界存在的基础。"心生种种法生,心灭种种法灭"。禅宗对宋明心学影响很大。

隋唐时期经济政治领域的贵庶之争,在文化思想领域表现为古文运动与主流思想的冲突。与占主导地位的佛学思想对应,隋唐庶族倡导古文运动。他们反对魏晋以来的华而不实的骈体文和脱离实际的玄谈,借助提倡秦汉古文体,提出自己注重实际和革新的思想,大多具有反佛学、道学或者传统儒家天命论思想的特点。古文运动为唐代文化吹入清新之风,其主要代表人物有韩愈、柳宗元、刘禹锡、李翱等。

总体来说,隋唐的政治是三教并用,隋唐的哲学是三教合流。

(四) 宋明理学

宋元明清理学是中国封建社会后期哲学的主要形态,是指公元960年到1840年之间的中国传统哲学。

这一时期哲学的基本状况和这一时期的历史的基本状况有着密切的关系。封建社会在经济和政治上占主导地位的必然是地主阶级,因此宋元明清理学基本上是地主阶级的哲学。但是与以往历史不同的是,经过唐末的动荡,旧有的门阀世族地主阶级基本消失,原来处于下层的庶族地主逐渐分化为两个阶层:官僚地主和普通地主。前者处于原来门阀世族地主的统治地位,掌握政权;后者处于地主阶级的下层,是指中小地主,他们没有政治地位,负担赋役,而且往往受到来自官僚地主的威胁。另外在封建社会后期还出现了其他一些新情况,主要是两个方面:一是商品经济的发展。宋代就出现了许多商业繁荣的城市,明代更是显露了"机户出资,机工出力""浮食奇民,朝不谋夕,得业则生,失业则死"等资本主义生产关系的萌芽。自然经济仍然处于主导地位,商人取得了一定的社会地位。二是中西哲学交流的开始。从元朝开始,尤其是明清时期,由于西方传教士、使者和商人的到来,给原本平行发展的中西哲学带来了对话的平台。尽管这一时期中西文化和哲学交流的方向基本上是东学西传,但是西方文化和哲学对于中国的影响已经开始铺垫。

这个时期历史的基本特征必然反映到作为时代精神精华的哲学上来。理学作为这个时期的主导哲学形态,起于周敦颐,发展在张载和程颢、程颐,成于朱熹、陆九渊和王阳明。理学又可分为两派:一派是程朱理学,主要以柏拉图式的客观唯心主义为特征,认为"理在气先",独立存在;另一派是陆王心学,主要是贝克莱式的主观唯心主义,认为一切皆归于心,心是世界的最高本体。但是正如明清之际的哲学家黄宗羲所言:"二先生同植纲常,同扶明教,同宗孔孟,即使意见终不合,亦不过仁者见仁,智者见智,所谓学焉而得其性之所近,原无有背于圣人。"(《宋元学案·象山案》)

二程师承周敦颐,程朱理学发展程颐一脉,主要是程颐和朱熹的思想,陆王心学则发展程颢一脉,主要是陆九渊和王守仁的思想。二程领导的"洛学",被奉为道学正宗;张载为首的"关学",被称为道学别派。张载的地位虽获得道学正宗的肯定,他的思想在道学正宗体系中也多有继承,但是批判和攻击更多,显示了自身的独特性。

在明清之际,程朱陆王仍处主导地位,而道学别派却格外富有生机。他们代表普通中小地主、商人地主和市民阶层利益,大多不满官僚地主的特权,主张改革,甚至批判封建社会的纲常名教,提出唯物主义和辩证法的思想。带有这种倾向的哲学家主要包括:北宋王安石和张载,南宋陈亮和叶适、明代的罗钦顺、王廷相、李贽,明清之际的方以智、黄宗羲、王夫之,清代的戴震等。他们的话语体系和唯心主义理学基本是一致的,但是理论前提、倾向和结论往往存在重大差异。

在封建社会后期,儒家哲学的统治地位更为巩固,但是无论是作为官方哲学的程朱理学和陆王心学,还是作为其对立面的中小地主阶级的哲学,都同时包含了道家老庄学说和佛教思想。因此宋元明清理学可以说是中国传统文化元素,尤其是儒、道、释三家思想融合的产物。

理学在本体论上达到新的高度。西哲之上古中古之学皆以本体论为第一要义,中哲亦然,只是起点不高,多专注于伦理政治,而后不断探寻,如汉之阴阳,南北朝之玄学,隋唐佛学,直至宋之理学。"宋明道学家所说之圣人,皆非伦理的,而为宗教的或神秘的。"①但是理学仍然以儒家为基本立场,主张修身齐家治国平天下,运用儒家典籍解答当时问题,主张佛必须于人伦日用中修成。

中国的近代史是从1840年鸦片战争到1919年五四运动,中国近代哲学史基本与此吻合。但是正如有些哲学家所言,中国近代只有思想史而无哲学史。这种说法有一定的道理。中国近代哲学是在中国人民救亡图存的活动中展开的,中国传统哲学遭遇了"精华既竭,后起者无复树立之余地"的窘状,无法在实践中发挥作用,西学东渐成了时代的主旋律。因此中国近代哲学不是中国传统哲学的近代发展,而是带有强烈的实践性和西化特色。中国人民从接受西方的物质文明到制度文明,再到精神文明,形成这个时期中国哲学史的主要线索。这个时代的主要哲学家和思想家有前期的贤明地主阶级思想家龚自珍和魏源,戊戌变法时期的康有为、谭嗣同、梁启超和严复,辛亥革命时期的章炳麟和孙中山等。

1919年到1949年,是中国现代哲学史的时期。中国传统哲学出现了一种新的形态,现代新儒家。现代新儒家既有现代性又有传统性。现代新儒家的时代特征表现为他们接受民主和科学的时代成果,融汇中西哲学的资料,这是现代新儒家的共同特征。他们的传统性表现为或者以接续儒家道统为己任,积极建构内圣外王之学,或者以不同的学术立场表达对儒家思想的同情、理解和诠释,彰显儒学的现代价值,前者称为狭义的新儒家,以梁漱溟、熊十力、唐君毅、徐复观、牟宗三为代表,后者成为广义的新儒家,以冯友兰和贺麟为代表。现在,现代新儒家仍然后继有人,继续发挥中国传统哲学。

第二节　中国传统文化根本精神的创新
　　　　文化基因及其古今流变

创新理论从奠基至今经历了一个否定之否定的过程。马克思作为"不断

---

① 冯友兰:《中国哲学史》下,重庆出版社2012年版,第217页。

地进行革命"的资本主义研究的集大成者,是创新理论的奠基人。马克思的创新实践思想有两个特点:一方面,马克思对创新实践思想没有自觉;另一方面,马克思的创新实践思想又表现出与它在形式上的萌芽状态不相称的丰富性。马克思的创新实践思想是综合创新理论。自从熊彼特在1912年发表《经济发展理论》一书标志创新理论的诞生以来,创新理论经历了技术创新经济学派和制度创新经济学派的分庭抗礼,以及国家创新体系概念的提出,逐渐回归综合发展道路。更多影响创新的因素被考虑和研究,包括文化视角。学界关于创新的文化环境的研究逐渐形成一个范畴创新文化。

自主创新是国家创新发展的核心力量。中国现代文化的基本形态是中西马综合创新,从文化环境的角度,中国的创新发展借鉴了西方文化和马克思主义,但是中国传统文化是否具有创新文化的资源才是问题的关键。我们试图在中国传统文化和中国现代文化的古为今用的结构中,在根本精神的层次上探析中国传统文化的创新文化资源及其在中国现代文化中的表现,建构自主创新的核心内容。

一、中国传统文化根本精神中的创新文化资源和问题

所谓文化,是指生活在特定时代和特定地域的特定人群在现有自然条件和社会条件的基础上以不同层次的自由为目的创造的生存方式。文化分为两个层次:文化的根本精神和文化的具体表现。文化的根本精神是思想基础和内在动力,流淌在文化的具体表现,例如器物、制度、思想之中。中国传统文化的根本精神具备两个特质:一是中国传统文化的根基,具有基础性和全面性;二是中国传统文化的优秀成分,其实质是民族精神。因此能够作为中国传统文化根本精神的内容并不多,但是都极为重要。张岱年先生认为:"'天人合一'、'以人为本'、'刚健有为'、'贵和尚中'就是中国文化基本精神的主体内容。"[①]我们基本赞同,但是需要从创新文化的角度作新的阐释。

---

① 张岱年、方克立:《中国文化概论》,北京师范大学出版社2004年版,第286页。

(一) 天人合一

宋代邵雍曾说:"学不际天人,不足以谓之学。"(《皇极经世·观物外篇》)可见天人合一思想在中国传统文化中的地位。因此谈论中国传统文化的根本精神,无法绕开天人合一思想,而且应该将之作为逻辑起点。

所谓天人合一,就是天与人的和谐一体。这一思想最早可上溯到商朝的人神关系,作为一个明确概念是由北宋思想家张载首先提出的。"儒者则因明致诚,因诚致明,故天人合一。"(《正蒙·乾称》)天人合一中的"天"比较复杂,概括起来主要有三个意思。第一,自然之天。老子说:"人法地,地法天,天法道,道法自然。"第二,宗教之天,也可说主宰之天。董仲舒说:"人之(为)人本于天。"(《春秋繁露·为人者天》)第三,义理之天。春秋时期郑国大夫子产说:"夫礼,天之经也,地之义也,民之行也。天地之经,而民实则之。"(《左传·昭公二十五年》)但是"天"无论是人之所法、所本和所经,都是天在上,人在下,天是形而上,人是形而下,天是理想,人是现实。那么天人合一就是上下和谐一体,形而上和形而下融合一致,理想和现实合二为一。

天人合一的思维方式缺乏分析,容易混淆,导致形上和形下、理想和现实互相牵绊。现实拉低了理想,理想抬高了现实。但是天人合一注重整体性和同一性,天人和谐交融,自有妙道。就自然之天而言,天人合一虽然忽视了科学的认识论,一方面人事干扰天事,人们窃取了天的自然性,赋予其更多人文色彩;另一方面用天事干扰人事,赋予人事很多神秘主义色彩。但是天人合一表达了人与自然和谐相处的哲学思想和人生的至高精神境界。就宗教之天而言,天人合一虽然丢失了彼岸世界,并使世俗生活神秘化,天是人间祸福的主宰,人间秩序的决定力量,天不变,道亦不变。但是天人合一摆脱了神学独断,提水砍柴皆为妙道。就义理之天而言,天人合一虽然导致社会向人们提出了过高的道德要求,捆绑了诸多道德锁链,同时人们对于现实社会缺乏批判维度,积极维护礼和仁的政治伦理秩序。但是天人合一也营造了一个有情有义的仁爱世界。

第六章　创新文化的中国源流

总之,天人合一思想虽然一方面缺乏对于自然和社会的科学判断,另一方面缺乏对宗教和哲学的终极关怀和批判维度,但是作为中华民族精神的主导观念和中华民族文化的鲜明特质,在生态文明、生活智慧、价值理性和辩证思维方面对于创新发展和世界治理具有重要价值。

(二) 以人为本

在天人合一思想中,包含着人与自然的关系、人与神的关系和人与人的关系。所谓以人为本,是指在中国传统文化中,人与人的关系最重,超越、浸染和统领着另外两种关系;在人与自然的关系中,以人为中心;在人与神的关系中,也以人为中心。

中国传统文化以人为本的根本精神具有鲜明特色,是一种道德人本主义。家族、伦理、义务、人格等范畴是其中的关键词。整个社会构造以家族为起点,以伦理为本位。人们处于君臣、父子、夫妇、兄弟和朋友所构成的"五伦"关系中。这些关系既具有整体性,又具有开放性,将整个社会整合于其中,并向外拓展,形成天下情怀。而且各种关系都对应于特定的道德规范。正如龚鹏程所说:"'礼'是一套制度与文化的架构,是一个整合性的文明体系,具有多维度、多层面的特征。……古代中国的礼,既不能与政治、法律、宗教、伦理、习俗等任何一个分离式的概念相对应,又包含着政治、社会、宗教、伦理、法律和文化的各个方面。"[①]处在伦理关系中的个体都有相应的义务,并附带高尚的人格期许。

中国传统文化中的以人为本思想固然有很多弊端。第一,重人伦轻自然。这里包含两层意思,一方面,人与人的关系重于人与自然的关系;另一方面,在人与自然的关系中,伦理色彩冲淡了科学色彩,人与自然的关系伦理化。第二,重家族轻个人。个体缺乏独立性,维系在各种伦理关系中。第三,重义务轻权利。整个社会构造对个体提出过高的道德要求,讲义务,讲人格,但是很

---

① 龚鹏程:《中国传统文化十五讲》,北京大学出版社2016年版,第89—90页。

少讲权利,讲自由。

中国传统文化中的以人为本思想也有诸多优点。第一,提出了一套比较合理的天人、神人关系模式。在天人和神人关系中,人处于中心地位,人与自然的关系伦理化,生活世界摆脱了神学独断,但是人对自然是顺应的,人对神是尊重的。正如楼宇烈说:"中国传统文化提倡:人既不做神的奴隶,也不做物的奴隶,也不凌驾于物和神之上去主宰一切。"①第二,强调伦理关系的内在性。人与人的关系,是在本性之中的,是自然形成的,不是西方式的外在的契约关系。所以中国人重自律慎独,在人际关系中重视体验,而不是依赖于知识学习。第三,重才德轻形体。中国传统比较重视内在美,贤人必是有才有德,而西方传统更加重视形体和力量,英雄必是俊美强壮,从希腊神话可见一斑。第四,具有天下情怀。中国传统的伦理关系近在家族,远在天下,具有很强的开放包容性,有利于民族融合和国家关系融洽。

(三) 贵和尚中

天人合一指涉三重关系,人与自然、人与神和人与人。而其中人与人的关系最重,且具有伦理特点。因此贵和尚中首先涉及人际关系,进而推演到人与自然、人与神等所有关系。

在贵和尚中精神中,所谓"和"的基本含义是"和而不同"。西周末年的史伯说:"和实生物,同则不继。以他平他谓之和,故能丰长而物归之。若以同裨同,尽乃弃矣。"(《国语·郑语》)所谓"中"的基本含义是"度",即不偏不倚。"贵和"和"尚中"紧密相连。《中庸》中有言:"喜怒哀乐未发谓之中,发而皆中节谓之和。中也者,天下之大本也;和也者,天下之达道也。致中和,天地位焉,万物育焉。"和是目的,中是手段,和谐是理想状态,持中即能和谐。

"和而不同"的思想肯定了事物的多样性,同时强调多样性的和谐统一,具有极强的辩证智慧,是综合创新思想的渊源,是中国传统文化中很重要的创

---

① 楼宇烈:《中国文化的根本精神》,中华书局2017年版,第24页。

新文化内容。《易传》中说:"天下百虑而一致,同归而殊途。"(《系辞下》)中国传统文化之所以源远流长,就是得益于这种兼容并包的胸怀和智慧。春秋战国时期,百家争鸣,其中杂家就是博采众长的综合性学派。之后各家相互影响互相融合,在中国文化史的整体上形成儒释道三教合流的局面。一方面,儒释道并非水乳交融,不分彼此,它们相对独立,各有特点;另一方面,儒释道三教合流的路径主要体现在两个方面:体上会通,用上合流。正如李四龙所说:"儒释道三家的会通融合,形成'和而不同'的宗教文化体系。这种现象,在世界文明史上实属罕见。三教合流,并没有消除儒释道自身的特点,三教相似的对话策略,保留各自的主体性,体上会通,用上合流,体现了中国社会协调不同宗教关系的高超智慧。"[1]这种融合还表现在多种形式和多个层面上,比如外儒内法,援引阴阳家、农家入儒,以至对周边少数民族文化和外来基督教、伊斯兰教等文化的包容和吸收。

"和而不同"的积极意义首先表现在人与人的关系上。比如在日常五伦的君臣关系方面,孟子就提出:"天时不如地利,地利不如人和。"(《孟子·公孙丑下》)在民族、国家关系方面,《尚书·尧典》说:"克明俊德,以亲九族;九族既睦,平章百姓;百姓昭明,协和万邦。"兼容并包的天下情怀表达得淋漓尽致。进而言之,"和而不同"还自然生发出另外一层意思,就是主张文化,反对武化,爱好和平,反对战争。我国是一个多民族国家,我们在国际关系上主张求同存异、休戚与共,皆得益于此。如前所述,"和而不同"的积极意义继而拓展到人与自然、人与神等各个方面。

中和思想也有不利于事物发展的消极方面。和中本为一体,中和思想的积极意义是主要方面。但是中的思想又有相对的独立性,甚至制约着和的思想。"知和而和,不以礼节之,亦不可行也"(《论语·学而》)中强调度是没有错的,不能随便和之。但是掌握了度,如何用之则有对错,需根据具体情况选择不及、持中或者过度。但是在儒家的中庸之道中,中只有一个用法,就是持

---

[1] 李四龙:《论儒释道"三教合流"的类型》,《北京大学学报》2011年第2期。

中,而且持中以礼为标准。当需要持中,保持事物的平衡状态时,中庸之道是正确的。但是一味地保持中庸,则必然阻碍事物冲破度的质变,抑制创新发展。

(四) 刚健有为

梁漱溟说:"就在儒家领导之下,二千多年间,中国人养成一种社会风尚,或民族精神,……分析言之,约有两点:一为向上之心强,一为相与之情厚。"①"相与之情厚"大致是指贵和尚中等以上所述,而"向上之心强"是指刚健有为的民族精神。

"天行健,君子以自强不息"(《象传》)是对于刚健有为的民族精神最经典的表述,彰显了中国人阳刚进取的精神品格。它是充斥天地的浩然正气,是中华民族得以延续的不竭动力,是中国人积极进取的人生态度,是人际关系的基本原则。明末清初思想家颜元说:"一身动则一身强,一家动则一家强,一国动则一国强,天下动则天下强。"(《颜习斋言行录》)可见其积极意义和普遍影响。

变革创新是刚健有为思想的应有之义。《礼记·大学》有言:"苟日新,日日新,又日新。"刚健有为的重要表现就是肯定事物的变化和创造。《易传》推崇汤武革命:"天地革而四时成,汤武革命,顺乎天而应乎人。革之时,大矣哉"。从此成为有道讨伐无道,进行社会变革的理论依据。历代变法,依据大致如此。

刚健有为作为中国传统文化根本精神整体的有机组成部分,同样带有强烈的伦理色彩。所谓"相与之情厚"和"向上之心强"是一个整体。梁漱溟先生对此有一段发自肺腑的表达:"向上心,即不甘于错误的心,即是非之心,好善服善的心,要求公平合理的心,拥护正义的心,知耻要强的心,嫌恶懒散而喜振作的心……总之,于人生利害得失之外,更有向上一念者是;我们总称之曰

---

① 梁漱溟:《中国文化要义》,人民出版社2014年版,第127页。

'人生向上'。"①显然,这颗中国心是善恶之心,而非追求真理之心,带有强烈的伦理色彩,即向里用力,而非向外用力。其间例证颇多,比如孔子谈刚健有为说:"三军可以夺帅也,匹夫不可夺志也。"(《论语·子罕》)孔子的弟子曾参说:"士不可以不弘毅,任重而道远,仁以为己任,不亦重乎?死而后已,不亦远乎?"(《论语·泰伯》)文天祥说:"人生自古谁无死,留取丹心照汗青。"(《过零丁洋》)王夫之说:"积刚以固其德,而不懈于动。"(《周易内传》卷三上)全部都从人格伦理角度下手。甚至皇帝的所谓治世和乱世,也不过是"得道者多助,失道者寡助"(《孟子·公孙丑下》)。

向上之心固然重要,但是所选方向更为重要,直接决定了这向上之心可以开出什么花,结出什么果。既然是向里用力,所以自然这花果就是事关修养的伦理和礼俗,而绝不全力以赴于自由、民主、法治和科学,亦与思想解放、经济发展和社会变革无缘。

总之,作为中国传统文化的根本精神,天人合一、以人为本、贵和尚中、刚健有为是一个整体。虽然各有所指,但是具有共同特点和逻辑。天人合一是逻辑起点,从人与自然的关系开始,但是关涉人与人的关系、人与神的关系。在三种关系中,人与人的关系最为重要,即以人为本,且带有强烈的伦理色彩。这种道德人本主义,一方面"相与之情重",体现为贵和尚中;另一方面"向上之心强",表现为刚健有为。中国传统文化的根本精神,虽然带有时代的或者本质的局限性,但是总体上具有积极意义,是中国自主创新的文化渊源。

二、中国现代文化根本精神中的创新文化重组和提升

按照历史的两分法,中国历史可以分为古代和现代两大阶段。古代又分为远古、中古和近古;现代分为近代、现代和后现代。中国现代文化,这里是指

---

① 梁漱溟:《中国文化要义》,载《梁漱溟全集》第 3 卷,山东人民出版社 2005 年版,第 133 页。

1840年至今的文化。中国革命文化属于中国近代文化,中国特色社会主义文化属于中国现代文化。张岱年先生说:"现在我们的历史任务是,努力建立中国文化的新传统。"[①]中国革命文化是指中国人民立足反帝反封建的近代革命实践,以中国传统文化为接引,吸收以马克思主义为核心的外来文化所创造的文化形态。中国特色社会主义文化是指中国人民立足新中国改革开放的实践,以马克思主义为指导思想,以中国传统文化为底色,继承中国革命文化精神,借鉴其他相关国外优秀文化创造的文化形态。由此可见,无论中国革命文化还是中国特色社会主义文化都不是单一元素。中国现代文化的根本精神是什么?我们的方向很明确,就是到这些文化元素中去寻找,并对其进行重组和提升。

学界普遍认为,中国精神是民族精神和时代精神的结合。习近平也指出:"实现中国梦必须弘扬中国精神。这就是以爱国主义为核心的民族精神,以改革创新为核心的时代精神。"[②]

(一) 天人合一的现代反思:实事求是和共产主义

"实事求是"和"共产主义"与中国传统文化根本精神中的天人合一相得益彰。天人合一在生态文明、生活智慧、价值理性和辩证思维方面对于创新发展和世界治理具有重要价值。

天人合一是中国传统文化分野于西方文化的逻辑起点。中国传统文化起源于中原黄河流域,优越的自然条件在宏观上导致了四个结果:其一,在人与自然的对立统一关系中,统一性比较突出,因此形成天人合一的理念;其二,自然条件优越,地域辽阔,导致人们可以在一个相对确定的地方长期地繁衍生息,因此在人与人的关系上形成了家族本位的集体主义精神;其三,在人与自然和人与人两个并存的关系中,后者是主要矛盾,因此家族本位的政治伦理问

---

① 《张岱年全集》第6卷,河北人民出版社1996年版,第209页。
② 《习近平谈治国理政》第一卷,外文出版社2018年版,第40页。

第六章　创新文化的中国源流

题往往侵入天人合一的科学理性问题,从而使天人合一蒙上伦理色彩;其四,伦理化的天人合一的理念,反过来巩固了等级伦理关系。天人关系,在中国传统文化中不仅是人与自然的关系,而且是统摄人与自然和人与人甚至人与神的总体性关系。最终在中国这片土地上就形成以天人合一为核心精神的政治伦理型文化。

张世英先生说:"我主张走中西会通之路,把'天人合一'思想与'主—客'思维方式结合起来,一方面让中国传统的'天人合一'思想具有较多的区分主客的内涵,而不致流于玄远;另一方面把'主—客'思维方式包摄在'天人合一'思想指导下而不致听其走向片面和极端。"①马克思很好地解决了这对矛盾,他将主客关系纳入实践范畴,主客关系在现实的实践活动的历史中展开,主客既同一又斗争,保持合理张力。"对于这个世俗基础本身应当在自身中、从它的矛盾中去理解,并且在实践中使之发生革命。"②天人关系的理想模式是天人分合,既天人一体,又天人相分,保持张力。

在保留天人合一重要价值的同时,针对现实和理想两个方面的问题,我们认为中国现代文化很好地处理了这个问题。

比如,实事求是的精神在中国传统文化、西方文化、马克思主义文化中都可以找到。实事求是一词的出处一般认为是《汉书·河间献王传》,其中有云:"修学好古,实事求是。"虽然本意是指做学问的态度,但是可以发挥到各种实践活动中去。在新民主主义革命时期,西学东渐的主要内容就是五四新文化运动中的德先生和赛先生。科学要求实事求是,民主也需要对社会作事实判断。实事求是也是马克思主义的本质要求,历史唯物主义的真谛就在于透过纷繁复杂的主体意识和行为找到社会运动的客观规律。

如此一来,实事求是既保留了中国智慧,又克服了"缺乏对于自然和社会

---

① 张世英:《中国古代的"天人合一"思想》,《求是》2007年第7期。
② 《马克思恩格斯选集》第1卷,人民出版社2012年版,第134页。

的科学判断"的问题。毛泽东在《改造我们的学习》中指出:"实事"就是客观存在着的一切事物,"是"就是客观事物的内部联系,即规律性,"求"就是我们去研究。毛泽东还解释说:学习马克思主义要"有的放矢","的"就是中国革命,"矢"就是马克思列宁主义。中国共产党人之所以要找"矢",就是为了要射中国革命和东方革命这个"的"。①

对于理想社会的憧憬是人类的普遍心理,在中西文化中都有历史积累。在中国传统文化中,最为著名的莫过于"大同社会"和"小康社会"。在《礼记·礼运》中孔子说:"大道之行也,天下为公。选贤与能,讲信修睦,故人不独亲其亲,不独子其子,使老有所终,壮有所用,幼有所长,矜寡孤独废疾者皆有所养。男有分,女有归。货恶其弃于地也,不必藏于己;力恶其不出于身也,不必为己。是故谋闭而不兴,盗窃乱贼而不作,故外户而不闭。是谓大同。"又说:"今大道既隐,天下为家,各亲其亲,各子其子,货力为己,大人世及以为礼。城郭沟池以为固,礼义以为纪;以正君臣,以笃父子,以睦兄弟,以和夫妇,以设制度,以立田里,以贤勇知。以功为己,故谋用是作,而兵由此起。禹、汤、文、武、成王、周公,由此其选也。此六君子者,未有不谨于礼者也。以著其义,以考其信,著有过,刑仁讲让,示民有常。如有不由此者,在势者去,众以为殃。是谓小康。"大同是儒家所言的绝对理想社会,小康是儒家所言的接近现实的次于大同的理想社会。这种理想社会模式得到中国人普遍的期许,充满历史情感,也是中国人容易接受共产主义社会理念的文化土壤。但是大同社会和小康社会的描述显然带有强烈的伦理色彩,大同社会又带有空想的性质。

西方社会也有憧憬理想社会的文化传统,但是存在两套模式:一个是宗教的彼岸世界;另一个是政治哲学的应然世界。前者所具有的神学独断性,在中国是没有文化土壤的,但是后者从柏拉图的《理想国》到马克思的科学社会主义的发展,为中国大同社会甚至小康社会的落实提供了重要理论渊源,我们党

---

① 参见《毛泽东选集》第三卷,人民出版社1991年版,第801页。

提出"两个一百年"奋斗目标。如今小康社会在中国已经全面建成,到本世纪中叶我们将成为富强民主文明和谐美丽的社会主义现代化强国。

(二) 民为邦本的现代突破:以人民为中心

"以人民为中心"的中国现代文化根本精神与"民为邦本"的中国传统文化根本精神相互契合。民为邦本是一种道德人本主义。虽然提出了一套比较合理的天人、神人关系模式,强调伦理关系的内在性,具有天下情怀,但是也存在重人伦轻自然、重家族轻个人、重义务轻权利等弊端。

中国传统文化中的民本主义思想是中国现代建构民主社会的重要思想渊源。肖贵清认为:"民为邦本的重民思想为人民主体地位理念的形成提供了丰富文化资源。""民贵君轻的爱民思想为坚定人民立场提供了有益经验启示。""利民富民的惠民思想为坚持以人民为中心的发展思想奠定了文化基础。""济世安民的文化传统是为人民服务的丰富文化滋养。"[1]但是民本主义思想向来都不是单独存在的,"民为邦本"的民本主义思想总是与"国不堪贰"的尊君思想形成基本结构,尊君重民相反相成。孔子说:"节用而爱人,使民以时。"(《论语·学而》)孟子说:"民为贵,社稷次之,君为轻。"但是接着又说:"是故得乎丘民而为天子,得乎天子为诸侯,得乎诸侯为大夫。"(《孟子·尽心下》)荀子说:"君者,舟也;庶人者,水也。水则载舟,水则覆舟。"(《荀子·王制》)可见民本是官本的派生物。因此我们在继承民本主义的优秀文化遗产时,一定切记其中存在的时代差异,即其中发生的民本和官本关系的历史性改变。而这个变化受益于马克思主义的唯物史观。

马克思主义是中国文化实现现代化的指导思想,唯物史观是人民主体论和新型党群关系的理论基础。马克思、恩格斯曾在《神圣家族》中指出:"历史的活动和思想就是'群众'的思想和活动。"[2]在《共产党宣言》中又说:"无产

---

[1] 肖贵清:《人民主体地位:习近平治国理政思想的核心理念》,《思想理论教育》2016年第12期。

[2] 《马克思恩格斯文集》第1卷,人民出版社2009年版,第286页。

阶级的运动是绝大多数人的,为绝大多数人谋利益的独立的运动。"①这就意味着历史是人民创造的,无产阶级政党和人民的利益是一致的,党所领导的革命、建设和改革的胜利就是人民的胜利。

这种新型党群关系是无产阶级政党施政纲领的基础,无产阶级政党也一直在坚持着这条群众路线。毛泽东特别善于运用"从群众中来,到群众中去"的群众路线。具体做法就是"将群众的意见(分散的无系统的意见)集中起来(经过研究,化为集中的系统的意见),又到群众中去作宣传解释,化为群众的意见,使群众坚持下去,见之于行动,并在群众行动中考验这些意见是否正确"。② 邓小平在改革开放中坚持"三个有利于"的标准,并非常尊重群众的首创精神,邓小平说:"农村搞家庭联产承包,这个发明权是农民的。"③ "三个代表"重要思想和科学发展观,高度重视人民群众的利益,不断丰富和发展党的群众路线。新时代,以习近平同志为核心的党中央,坚持人民至上,形成了以人民为中心的发展思想。通过全面从严治党,大力度整治腐败,维护人民群众利益;通过倡导人类命运共同体,推广中国道路,弘扬中国精神,凝聚中国力量;通过进一步全面深化改革和高质量发展,扎实推进全体人民共同富裕和中华民族伟大复兴。

(三) 贵和尚中的现代演化:爱国主义与和谐包容

"爱国主义"与"和谐包容",与中国传统文化根本精神中的"贵和尚中"相互契合。贵和尚中思想最有价值的部分就是和而不同。"和而不同"的思想肯定了事物的多样性,同时强调多样性的和谐统一,具有极强的辩证智慧,是综合创新思想的渊源,是中国传统文化重要的创新文化资源。在新时代,面对国内构建中华民族共有精神家园和实现中华民族伟大复兴的历史任务,面对国际世界历史的潮流和合作共赢新型关系的设想,和而不同的中国智慧发

---

① 《马克思恩格斯选集》第1卷,人民出版社2012年版,第411页。
② 《毛泽东选集》第三卷,人民出版社1991年版,第899页。
③ 《邓小平文选》第三卷,人民出版社1993年版,第382页。

挥着格外重要的作用。它表现为爱国主义,也表现为和谐包容。

习近平指出,"在社会主义核心价值观中,最深层、最根本、最永恒的是爱国主义。"①爱国主义既是各地区各民族人民之间的和而不同,铸牢中华民族共同体意识,全面推进中华民族共有精神家园建设,形成共同行动,实现中华民族伟大复兴,同时也是国际交流中国家和民族的政治独立、经济发展和文化自觉的前提所在。

春秋战国时期,经过夏商周三代的长期孕育,华夏民族得以形成,四方东夷、南蛮、西戎、北狄的天下格局也基本构成,反对分裂崇尚统一的思潮汹涌澎湃,最终导致了以秦王朝的建立为标志的政治上的国家统一和文化上的民族认同。秦朝开创的天下一统的格局在汉朝得到了巩固,中华民族多元一体格局形成,"大一统"的政治观念逐渐深入人心,民族团结统一逐渐成为维系中华民族生生不息,绵延至今的纽带。从魏晋南北朝到清朝,中国社会屡经动荡,王朝屡经更替,但以天下一统为荣、以国家分裂为耻的思想传统不断强化。而且以天人合一、以人为本、贵和尚中、刚健有为为主要内容的民族精神也逐渐成形。

在近代,面对西方帝国主义的侵略和西方文化的传播,中国的民族意识得到了进一步的强化和升华。传统文化塑造的中国传统社会是一个依靠礼仁文化维系的超稳定结构,也是一个天下一家的开放结构。文化重心在近代从宗教转向政治以后,以救亡图存为目标的近代革命精神促进了中国爱国主义的现代化。中国特色社会主义文化更是在全球化的今天增强了中国人的文化自觉,中国人不仅要站起来,还要富起来和强起来,中国人要有道路自信、理论自信、制度自信,更要有文化自信。

和谐包容是贵和尚中精神在当代的另外一重表现。在20世纪上半叶,革命和战争还占有主导地位;而到了20世纪下半叶,和平发展则成为时代主题。中国的发展不仅需要国内的和而不同,而且需要世界的和谐包容。在国际关

---

① 习近平:《在文艺工作座谈会上的讲话》,人民出版社2015年版,第24页。

系中,西方国家向来主张霸权主义和强权政治,这是典型的零和思维和单赢主义的体现,与西方的此在论、他信主体论和力量中心论是同一个逻辑体系。此在论是一种对立思维,将主体割裂开来,人——人关系变成主——客关系,强调主体间的对立竞争;他信主体论主张人心本恶,不相信对方的善意,缺乏内在的自信;力量中心论主张力量是最为可靠的,要想获得发展,必须依靠力量压倒对方,甚至不择手段。这些论调必然导致单边政治。

在反对西方大国单边政治、批判继承中国贵和尚中传统的基础上,习近平提出了合作共赢的国际关系新理念,集中体现在构建国际新秩序和人类命运共同体的"两个构建"以及"一带一路"倡议等重大举措和发展倡议中。

(四) 刚健有为的现代取向:变革创新

"变革创新"与中国传统文化根本精神的"刚健有为"相互契合。中国传统文化固有"向上之心强"的特点和优点,但是这颗心更多的是向里用力。

"变革创新"是对"贵和尚中"思想中内含的中庸思想的挑战。艾思奇首先将传统的中庸之道、"和"的哲学与质量互变规律联系起来。中庸之道其实就是把握度,但是选择适度原则,不求突破和质变。毛泽东说:"旧统治阶级的两条战线斗争方法是反动的方法,用以维持旧质不使变化,使旧质绝对化。马克思主义的两条战线方法是革命的方法,只承认质的相对安定性,没有绝对主义。"[①]变革创新就是要适时地突破度的中间状态,实现质的飞跃,创造新的事物的过程。

变革创新有两个阶段的表现:在革命时期,表现为革命改造;在建设时期,表现为改革创新。革命文化和中国特色社会主义文化是一脉相承的,在和平与发展的年代,战争与革命不是主题,但是革命精神仍然是先进文化的组成部分。

---

① 《毛泽东哲学批注集》,中央文献出版社1988年版,第368页。

第六章　创新文化的中国源流

改革创新如今已经成为时代精神的核心。新时代瞬息万变,唯有全面系统地将改革进行到底,才能不被时代抛弃,不被世界历史的格局淘汰。创新是"五大发展理念"之一,党的十八届五中全会强调,破解发展难题,厚植发展优势,必须牢固树立并切实贯彻创新、协调、绿色、开放、共享的新发展理念。习近平指出:"我们必须把创新作为引领发展的第一动力,把人才作为支撑发展的第一资源,把创新摆在国家发展全局的核心位置,不断推进理论创新、制度创新、科技创新、文化创新等各方面创新,让创新贯穿党和国家一切工作,让创新在全社会蔚然成风。"[1]

总而言之,中国自主创新能力的现代重组和提升是综合创新的结果。在新时代中国特色社会主义文化建设中,一方面,我们必须坚持作为中国现代化关键的马克思主义文化在文化体系中的指导地位,保持对一切先进文明的借鉴;另一方面,更为重要的是,我们要对外源性现代化进行内生性思考,用外源因素激活中国传统文化精髓,焕发在原有封闭框架中被搁置和被抑制的文化精华的活力,使之在新的文化系统中成为自主创新的基因。

第三节　中国传统创新文化核心内容的继承发展

中国传统文化虽然由于文化模式的问题一定程度上遮蔽了其中的创新文化基因,但是其中的创新文化资源非常丰富。从形而上的角度,我们探讨了中国文化根本精神的创新文化意蕴;从形而下的角度,传统创新文化同样包含丰富的内容,具有各种文化表现形式。依据马克思主义的实践理论所规定的人们的三大活动领域,我们重点关注传统创新文化的核心内容。

---

[1]　习近平:《在党的十八届五中全会第二次全体会议上的讲话(节选)》,《求是》2016年第1期。

一、中国古代辩证法的价值和问题

如果从西周初年的《周易》算起到近代历史开始为止,中国古代辩证法经历了约3000年历史,其中包含很多光辉的辩证法观点,体现了中国人的智慧,是中国传统创新文化的重要内容。

"易"的思想是中国古代辩证法的基础,中国哲学的普遍倾向就是承认宇宙的变化,一切事物都处于变易之中。商代汤之《盘铭》说:"苟日新,日日新,又日新。"(《礼记·大学》)《易传·系辞上》也说:"日新之谓盛德,生生之谓易"。

在此基础上,中国先哲比较早地提出了"和"的思想。"夫和实生物,同则不继。以他平他谓之和,故能丰长而物归之。若以同裨同,尽乃弃矣。"(《国语·郑语》)和的思想体现了一和多的辩证法,内涵多样性及多样性的统一,体现了综合创新的思想。

进而关于事物变易的原因,从一和多的层次推进到 和二的高度。老子说:"反者道之动"。(《老子》四十章)指出事物相互对应的两个方面是普遍存在的,矛盾双方的相互转化以及转化的条件。"祸兮福之所倚,福兮祸之所伏,孰知其极?"(《老子》五十八章)"持而盈之,不如其已;揣而锐之,不可长保;金玉满堂,莫之能守;富贵而骄,自遗其咎"。(《老子》九章)这里"极""盈""锐""满""骄"就是双方转化的条件。《易传》进而提出:"生生之谓易""刚柔相推而生变化""一阴一阳之谓道"。不仅肯定万物是生生不息以及对立面的普遍存在,而且肯定万物变化的根源在于对立面的相互作用,对立面的相互联系、相互推移是事物的最普遍的规律。这已然成为中国古代辩证法的核心话题。中国古代哲学家普遍承认运动和矛盾,但是观点和态度不同,既有发展,也有弊端。

汉朝的贾谊和扬雄继承了《老子》和《易传》的变易转化观点,在此基础上强调矛盾双方是同一事物的两个方面。贾谊在《鵩鸟赋》中说:"祸兮福所倚,福兮祸所伏。忧喜聚门兮,吉凶同域。"扬雄在《太玄赋》中也说:"观大易之损

第六章　创新文化的中国源流

益兮,览老氏之倚伏。省忧喜之共门兮,察吉凶之同域。"

宋代,随着理学的兴起,辩证法思想得到恢复和发展,张载、王安石、二程对辩证法都有所贡献。以张载为例,他提出了普遍联系的观点:"物无孤立之理,非同异、屈伸、终始以发明之,则虽物非物也"(《正蒙·动物》),非常清晰地阐述了两一关系:"两不立则一不可见,一不可见则两之用息"。"感而后有通,不有两则无一"。(《正蒙·太和》)尤其是变化的两种形态的学说:"变则化,由粗入精也。化而裁之谓之变,以著显微也"。(《正蒙·神化》)"变言其著,化言其渐"。(《横渠易说》)这与现代的质量互变规律是一致的。

中国古代辩证法发展的最后一个高峰出现在明清之际,方以智、戴震、王夫之等都有所贡献,尤其是王夫之。他说:"天下有截然分析而必相对待之物乎? 求之于天地,无有此也,求之于万物,无有此也"。(《周易外传》卷七)又说:"两端者,虚实也,动静也,聚散也,清浊也,其究一也。实不窒虚,知虚之皆实。静者静动,非不动也。聚于此者散于彼,散于此者聚于彼。浊入清而体清,清入浊而妙浊,而后知其一也,非合两而以一为之纽也"。(《思问录·内篇》)这也就是说,对立的两方面,既没有间隙使其截然对立起来,也没有第三者把两者统一起来。

以上关于中国古代辩证法的阐述,体现了其积极的一面,肯定了传统创新文化的存在和价值。但是与此同时中国古代辩证法还存在消极的另一面,并在一定程度上成为主流,将积极的一面裹挟其中,将变装在不变的框框里面,窒息了批判创新精神。

《老子》讲求"反者道之动",并谈到转化的条件,但是却守柔。"反者道之动,弱者道之用"。(《老子》四十章)"大成若缺,其用不弊;大盈若冲,其用不穷;大直若屈,大巧若拙,大辩若讷"。(《老子》四十五章)《老子》一书充满了辩证的智慧,但终究有其局限,正如荀子所评:"有见于屈,无见于伸"。也就是知道事物变化的条件,却不达到。这在有些情形下是对的,比如在事物向着不好的方向变化时,但是如果是积极的发展,一味守柔就是极为保守的。

孔子讲中庸之道,他说:"中庸之为德也,其至矣乎!民鲜久矣。"(《论语·雍也》)反映了孔子对合乎常理的理性原则的信奉。执中体现的是一种完美人格或者保持度的最佳状态,具有积极意义。但是同样一味执中,难以在关键时刻形成突破,存在保守性。

汉朝董仲舒也肯定对立的普遍性,认为一切事物都有阴阳的对立。但是他说:"凡物必有合,合必有上,必有下,必有左,必有右,……物莫无合,而合各有阴阳,……君臣父子夫妇之义,皆取诸阴阳之道"(《春秋繁露·基义》),因而宣扬"天不变,道亦不变"(《举贤良对策》)。

张载探讨联系发展,阐释两一关系以及变化的不同形态,却说:"有象斯有对,对必反其为。有反斯有仇,仇必和而解"(《正蒙·太和》),表现了其辩证法的局限。程颐讲物极必反,认为治乱兴衰是相互转化的,但是他宣称:"礼,人之所履也。为卦天上泽下。天而在上,泽而处下,上下之分,尊卑之义,理之当也"。(《程氏易传·履卦》)又说:"夫上下之分明,然后民志有定。民志定,然后可以言治。民志不定,天下不可得而治也"。(《程氏易传·履卦》)

方以智讲论"对待""二""相反"的语句甚为丰多,超过了前人。但他的最后结论是要超越一切对待,宣扬无二无别,形而上学倾向也非常突出。

中国古代辩证法的弊端与其道德人文主义的特色有关。之前在"天人合一"部分,我们已经论述过。在人与自然和人与人的关系中,古代中国人与人的矛盾更为突出,进而使人与自然的关系也蒙上了伦理色彩。表现在辩证法上,就导致中国古代辩证法的论道经邦、学以致用的实践品格,而且这里的实践主要是政治道德实践。因此,"第一,从辩证法的理论功能上看,它主要是一种探求如何避免矛盾转化、维护某种理想状态的政治辩证法和生存艺术,是一种教人如何经世致用的'智慧术'。……第二,从辩证法的理论形态上看,它不是表现为注重概念辨析和逻辑演绎的纯理论形态,而主要是各种具体实用的辩证法的应用形态。"[①]而且由于《周易》的巫史文化渊源,还使中国古代

---

① 朱晓鹏:《论中国古代辩证法思想的人文主义特色》,《河北大学学报》1993年增刊。

辩证法蒙上了神秘主义的外衣,把客观辩证法简易为卦爻的符号系统,并以天道推演人道。

因此,总体上来说,虽然中国古代辩证法有求同尚中、防变惧变的消极面向,但中国古代辩证法仍是包含着创新文化基因的,是传统创新文化的重要组成部分。我们需要透过它保守的外壳,开发其中的宝贵资源。正如张岱年所说:"第一,不可把古代思想现代化,要划清古代的朴素的辩证法学说与马克思主义唯物辩证法的界限。第二,也不可忽视古代思想中的深微的内容,不要对古人估计过低。"①

二、中国历代变法革新思想的价值和问题

与中国古代辩证法思想一样,中国传统创新文化在交往实践和制度创新方面也具有悠久的历史,存在变与不变的张力。从宏观历史的角度,制度的变化主要有两种:一是王朝的更迭,二是王朝存续期间的改革和变法。农民战争伴随整个过程,也是一个重要因素。

王朝更迭是政治上的重大变化,方式主要有两种:征伐和禅让。上古历史多为禅让,王朝历史开启后,征伐成为主要方式,但是也不乏假借禅让的和平方式。上古历史中的禅让制度,选择德行和能力俱佳者继承统治地位,其积极意义不言而喻。但是私有制的发展切断了真实禅让的可能性,代之以武力征伐为主导的方式,其中既著名又有开启意义的当属汤武革命,尤其是武王伐纣。"天命靡常,惟德是辅",既确立了德治在中国历史上的统治地位,又肯定了统治阶级有道伐无道的合法性,具有重大的积极意义。虽然之后的春秋战国混战、秦统一天下、两汉借助农民战争获得政权、隋唐五代的历史、两宋的演变、明王朝借助农民战争的上位,以及南北朝、元、清时期少数民族统治阶级的征伐,其中既有性质的正义或是非正义,又有历史的前进或者倒退,但是对于变的肯定都是重要的创新文化因素。而且中国政治文化讲求德与位的配合,

---

① 张岱年:《中国古代辩证法思想发微》,《学术月刊》1980年第6期。

德不配位必然不能长久。历史也有特殊情况,王莽新政、三国、两晋等政权的确立,采取了假借禅让的方式。虽然并非真正意义上的禅让,其正义性也存在问题,但是至少在舆论上肯定了贤德标准的重要性。

在王朝存续期间,发生的重要制度变化,主要是由改革、变法、农民起义和宫廷政变引起的,其中最具积极意义的是变法和农民起义。农民起义是被统治阶级的积极行为,而且普遍存在于王朝更迭和王朝存续期间,我们稍后集中论述,这里重点来谈变法。在古代,制度的微调一般称为改革,经济、政治、军事等方面的重大体制变革称为变法。既然是重大的变化,因此变法往往出现在社会形态出现重要问题或者需要改变的时候。所以中国古代历史上著名的变法比较集中地出现在两个时期:一是春秋战国时期,奴隶制向封建制的转变;二是近代,封建制向民主制的过渡。封建社会存续期间,即中国的中世纪,历代封建王朝所推行的改革,一般来说,规模都不算大,涉及面也较狭窄,其中规模稍大一些的有北魏孝文帝的变法改制和宋代的王安石变法等。

春秋战国时期,各国都在奋发图强,变法成为比较普遍的事情,比如管仲在齐国、子产在郑国、李悝在魏国、吴起在楚国、商鞅在秦国所进行的改革,其中名气最大的是商鞅变法。司马迁在《史记·秦本纪》中载:"卫鞅说孝公变法修刑",又在同书《商君列传》中说:"孝公既用卫鞅,鞅欲变法"。商鞅变法的主要内容包括:废除世卿世禄制度,实行军功爵制;编户入伍入什,推行连坐制度;改变"父子无别,同室而居"的旧俗;重农抑商,奖励耕织。而且执行得极为严格,"法令至行,公平无私,罚不讳强大,赏不私亲近,法及太子,黥劓其傅"。(《战国策·秦策一》)商鞅变法的终极目标虽然在于树立君主个人的绝对权威,限制臣子庶民的人身自由和个体权利,缺乏民主性,但是确实取得了富国强兵的作用,为后来秦国统一中国奠定了基础。

王安石变法是中国古代封建制度存续期间发生的最大的一次变法运动,又称熙宁变法。这次变法目的不在于改变社会形态,而在于改变积贫积弱的社会弊端。"宋朝到了宋仁宗时期,已经是当时世界上高度发达的封建帝国,其财力和物力比唐朝要雄厚得多。然而比唐朝多得多的赋税收入,却被庞大

第六章　创新文化的中国源流

的官僚军事机构吞食罄尽,并且入不敷出,发生旷日持久的财政危机,这就是所谓的积贫。与此同时,宋朝的军事力量怯弱,在与辽和西夏的对峙中,常常处于下风,这是所谓积弱。"①面对这样的局面,王安石进行了有针对性的变法。首先,在政府机构和社会组织上保障社会经济生活高效和公平运行。王安石精简政府机构,减少开支;设立"制置三司条例司"作为最高的财政机关,研究变法的方案、规划财政改革和制订国家的年度收支;颁布了市易法,设置"市易务",平衡市价;颁布保甲法,保丁平时耕种,闲时接受军事训练,战时征召入伍。其次,改革税赋、抑制豪强、增加财政收入的同时,保障百姓的正常生活,减轻负担,获得更多人身自由。实行方田均税,每年九月对土地进行丈量,并按土墒肥瘠将土地划定为五个等级,在此基础上制定税率;推行均输法,设置了发运使一职,按照"徙贵就贱,用近易远""从便变易蓄买,以待上令"的原则,负责监督运输各地的物质;颁布青苗法,平衡物价;实行募役法,废除了原来按户轮流充当州县差役的办法,改由州县官府自行出钱雇佣人来充当差役的方法。最后,改革军事体制,提高军队素质和作战能力,保障军马供给。制定裁兵法,以此来整顿厢军及禁军;制定将兵法,以提高军队素质;实行保马法,以此鼓励西北边疆的人民代养官马。虽然当时的社会环境给变法造成重重困难,变法最终宣告失败,但是其忧国忧民的民本主义情怀和"天变不足畏,祖宗不足法,人言不足恤"的创新精神,却给后世留下了宝贵的财富。

至于北魏孝文帝的变法改制,以及元朝、清朝效仿中原的建制,都是中国少数民族积极的文化态度和勇敢的制度创新实践,也是创新文化的资源。

封建王朝最后的变法发生在清朝末年,中国陷入文化危机,急需解决现代化的问题。龚自珍、魏源、严复、康有为、梁启超等仁人志士深感变革现实的迫切性,纷纷提出自己的变法主张,其中最具影响力的是戊戌变法运动。戊戌变法带有资产阶级改良性质,被称为清末唯一一次有可能成功的变法。虽然最

---

① 边宇海:《中国古代变法实践对当代法治建设的启迪意义》,《法制与社会》2015年第5期(中)。

后由于国内外的各种原因,变法失败了,但是戊戌变法却作为中国人走向现代社会的一次伟大尝试,具有创新文化的性质。

接下来我们换一个角度看看被统治阶级的反抗,即农民战争。封建社会的主要矛盾就是地主和农民之间的矛盾,土地是矛盾的焦点。在新的阶级产生之前,农民战争就是最具革命意义的事件,具有反封建的性质。他们提出农民平均主义的口号以对抗封建专制,以推翻现有政权为目的建立自己的政权,农民战争不仅缓解了封建社会的各种矛盾,冲破了原有社会无法发展的死结,推动封建社会的循环上升发展,而且为未来社会的发展积蓄着力量,农民阶级中间蕴藏的极大的革命性成为中国走向现代化的重要动力,中国共产党领导的新民主主义革命的胜利实际上就是充分发挥了农民阶级作为工人阶级坚固同盟的作用,使之成为革命的主力军。正如马克思说:"为了正确地判断封建的生产,必须把它当做以对抗为基础的生产方式来考察。必须指出,财富怎样在这种对抗中间形成,生产力怎样和阶级对抗同时发展"。[1] 毛泽东也说:"在中国封建社会里,只有这种农民的阶级斗争、农民的起义和农民的战争,才是历史发展的真正动力。"[2]

但是和中国古代辩证法思想一致,中国的政治理论和实践也是将尚变装在惧变的框框里。孔子的正名思想认为:"名不正则言不顺,言不顺则事不成,事不成则礼乐不兴,礼乐不兴则刑罚不中,刑罚不中则民无所措手足。"(《论语·子路》)孟子疾于战乱,期于平治,强调仁政,制民田产,提出法先王的口号。这些思想虽然在春秋战国时期不被统治者接受,但是随着地主阶级统治地位的确立,很快就成为最具核心意义的思想,董仲舒的"罢黜百家,独尊儒术"和"天不变,道亦不变"的思想,在中国古代思想史和政治实践中一直处于主导地位。

前述的农民战争,其革命性在中国古代社会也是有限的,农民战争终究是

---

[1] 《马克思恩格斯选集》第1卷,人民出版社2012年版,第233页。
[2] 《毛泽东选集》第二卷,人民出版社1991年版,第588页。

不完整、不彻底的革命。农民阶级依附地主阶级,缺乏自觉意识,在思想上也不易和地主阶级划清界限,其农民民主主义往往和皇权主义混淆在一起;农民战争建立的政权存在时间都比较短,被镇压或者沦为改朝换代的工具成为农民战争的宿命;中国农民战争动力的作用方向是推动自然经济的发展和封建统治秩序的完善。

总之,中国古代社会成熟得较早,但是社会结构超级稳固,封建社会长达2000多年之久,历史循环发展,没有形成阶级和社会进步的明确阶梯。但是中国古代的王朝更替、改革变法、农民战争还是给我们留存了宝贵的传统创新文化资源。一旦打破超稳定的结构,突破历史循环论的怪圈,这些财富就会焕发出活力。

三、中国古代科学技术史的价值和问题

生产力是社会发展的起点,科学技术是第一生产力,创新文化的内容首推科技思想和科学精神。在中国漫长的古代历史中,中国人书写了非常辉煌的科学技术史。但是与中国古代辩证法和变法革新思想一样,人们对于中国古代科学技术的评价也是毁誉参半。我们试图透过复杂的表象,找到其中最有价值的内容,同时明确其间最为实质性的问题。

指南针、造纸术、火药、印刷术四大发明,是中国古代科学技术对世界最突出的贡献,不仅推动了古代社会的发展,而且迎接了现代社会的到来。马克思指出:"火药、指南针、印刷术——这是预告资产阶级社会到来的三大发明。火药把骑士阶级炸得粉碎,指南针打开了世界市场并建立了殖民地,而印刷术则变成了新教的工具,总的来说变成科学复兴的手段,变成对精神发展创造必要前提的最强大的杠杆。"[①]美国学者德克·海德说,倘使没有纸和印刷术,我们将仍然生活在中世纪。如果没有火药,世界也许会少受点痛苦,但另一方面,中世纪欧洲那些穿戴盔甲的骑士们可能仍然在他们有护城河围绕的城堡

---

① 《马克思恩格斯文集》第 8 卷,人民出版社 2009 年版,第 338 页。

里称王称霸,不可一世,而我们的社会可能仍然处在封建制度的奴役之下。最后,如果没有指南针,地理大发现的时代可能永远不会到来,而正是这个地理大发现的时代刺激了欧洲的物质文化生活,把知识带给了当时人们还不了解的世界。

天文学、农学、数学、医学四大领域,曾经遥遥领先于世界各国。在中国古代科学技术中,最为官方重视的便是天文学。中国传统文化的根本精神首推"天人合一",这既是中国古人的世界观,也是思维方式。自然之天伦理化和宗教化,天事和人事混淆难分。于是天文学也就成了佐证"天人合一"的自然知识与纲常伦理相契合的学科。所以历代统治者都非常重视天文学,在历法、观测仪器、天文记录等方面中国都领先于世界各国。中国历代王朝"以农立国",农业生产关系到国计民生,因此中国古代的农学也很发达,仅农书即达三百余种。天文学、农学都涉及测距和丈量的问题,需要相应的数学知识,因此中国古代数学学科发展也很早,成就斐然。中国哲学注重生命体验,讲求仁义道德,因此在中国古代素有"医儒同道"的说法,儒家都很看重医学,中医自成体系,成为世界瑰宝。

中国古代科学技术与同时代的各个国家和地区相比进步速度要快,而且持续不断地发展,并出现了几个高峰时期,比如两汉、宋元和明朝。汉朝,尤其是东汉,农学、天文学、地学、物理学以及手工业技术得到普遍发展,出现了司南、造纸、水运浑天仪和地动仪等著名的发明,产生了一批杰出的科学技术专家,如贾逵、蔡伦、王充、张衡等。北宋的科学技术更是得到了前所未有的发展,涉及领域更为广泛,遍及天文学、地学、数学、物理学、化学、建筑、医学以及手工业技术等,其中三项具有重大意义,它们是活字印刷、火药制造和火药武器,涌现出沈括、毕昇、张载、曾公亮、卫朴、贾宪、高超等科学技术专家,甚至当时的一些政治家如王安石、蔡襄等也涉足其中。元朝的科学技术成果也很多,但是多集中在与社会生产直接相关的学科,尤其在技术深化及其推广应用方面,如农学、天文学、机械仪器、交运水利、纺织等领域。产生了一批杰出的科学技术专家,如王祯、郭守敬、王恂、朱世杰、黄道婆、沙克什等。还有明朝,虽

第六章 创新文化的中国源流

然封建社会已经走向衰落,但是还是出现了一些具有总结意义的成就,主要包括李时珍的《本草纲目》,徐霞客对石灰岩溶蚀地貌的研究,陈实功的《外科正宗》的发表及其施行的截指和气管缝合,宋应星的《天工开物》,徐光启的《农政全书》等。除此以外,屠本畯、杨继洲、李之藻等人也都是当时著名的科技专家,对科学技术发展和社会进步作出了贡献。[①]

但是正如李约瑟问题所指出的,中国古代科学技术的辉煌是属于16世纪以前的,16世纪之后中国的科学技术开始逐渐落后,让位于西方世界。这说明,和前述的古代辩证法、变法革新思想一样,中国古代科学技术史一定存在结构性问题。这个问题虽然有很多表现,但是总体来说皆出于"天人合一"理念。宋代邵雍曾说:"学不际天人,不足以谓之学。"(《皇极经世·观物外篇》)可见"天人合一"思想在中国传统文化中的地位。它兼具中国古人的世界观、人生观和价值观功能,而且也是中国古人的思维方式。所谓成也萧何,败也萧何。

第一,重人文轻自然的价值取向。由于中华文明起源在地理环境上的优势,导致人与自然的矛盾并不突出,从而形成了"天人合一"的理念。人们把更多的精力放在人与人的关系处理上,人与人的关系成为主要矛盾,中国传统文化属于政治伦理型文化,人文取向始终处于优势地位。孔子的学生子夏说:"虽小道,必有可观者焉,致远恐泥,是以君子不为也。"(《论语·子张》)朱熹教导弟子时也说:"如今为此学而不穷天理,明人伦,讲圣言,通世故,乃兀然存心于一草一木、器用之间,此是何学问!如此而望有所得,是炊沙而欲其成饭也。"(《答陈齐仲(书)》)王阳明的态度也是如此:"大端惟在复心体之同然,而知识技能非所与论也。"(《传习录》)可见,中国的士大夫大多数都不屑于科技,至少不把此学当作主业。因此中国的学者和工匠是分离的,中国的哲学和科学是脱节的,科学技术的传播和学习始终没有成为社会追逐的热点。当然重人文轻自然,并不是完全排斥自然。由于科学技术本身的功能,科学技

---

① 参见张涛光:《论中国古代科学技术的发展态势》,《华南师范大学学报》1986年第4期。

术在中国还是得到了发展。只是中国传统文化的主要兴趣是在"人之道德",而非"物之道理"。所以即使在科技活动本身中,伦理道德也是首要的价值取向。中国传统科技的价值观是以"正德",即有利于德性的提升为第一目标,然后才考虑"利用、厚生"的问题。这严重影响了中国古代科学技术的面貌,中国古代在政治伦理等人文学科方面的成就远远超越于科学技术方面的成就,这从历代编写的文献综述中就可以考见。

第二,重综合轻分析的思维方式。"天人合一"的理念,必然产生整体思维方式、辩证思维方法和有机宇宙论。中国人善于综合考量事物,而缺乏分析探究。中国古代科技活动更多的是对客体作笼统的总体把握,直观和体悟其整体状况,而不去深究其内在意蕴,分析其结构机理。正如著名科学史家李约瑟在他的《中国科学技术史》中提出的看法:"当希腊人和印度人很早就仔细地考虑形式逻辑的时候,中国人则一直倾向于发展辩证逻辑。与此相应,在希腊人和印度人发展机械原子论的时候,中国人则发展了有机宇宙的哲学。"[1]导致的结果就是中国古代科学技术在逻辑学、实证科学、学科分类等方面的缺陷。

第三,重实用轻抽象的治学方法。"天人合一"的理念导致天事人事的相互干扰,从人道涉天道的角度来看,其结果就是天道不离日常,重实用而轻抽象。从历史记载看,中国古代科学技术具有很强的实有性,不似西方那样具有抽象的理论性,往往是人们在生产劳动中积累的经验。比如炼丹术的主导目的是人的长生不老,而无意于合金、化学和火药;构成中国古代科学四大支柱的天文学、数学、农学、医学,其出发点也不离日常生活生产。中国古代天文学对日、月、星辰的观测和研究,都是为了定时、定节气,制定历法,以为农、牧、狩猎及祭祀之用。数学着重于解决生活和生产实践中产生的具体数学问题,没有公理体系。中医更不用说,自然是为了养生,解决生活中的健康问题。科学家们会对这些经验做一定程度的整理和编撰,但是很少能够上升为理论的高

---

[1] 转引自《中国古代科学技术发展历史概貌及其特征》,《历史教学研究》2006年第6期。

度,揭示物质运动的规律。

第四,重秩序轻创新的文化态度。"天人合一"的理念导致天事人事的相互干扰,从天道涉人道的角度来看,其结果就是人道的神秘化,重秩序而轻创新。天道和人道合一,必然产生无限的互动关系。人道对天道的干涉,赋予天道伦理和宗教色彩;进而天道对于人道的干预,赋予了人间秩序的永久合法性。历代帝王都认为天象表达着天命和天意,并与人事和人道相通,直接决定着皇朝的命运,因而十分重视天象观测和历法的改进,甚至严格限制民间对于天文学的研究。所以中国古代科学技术,一方面具有非理性色彩,被戴上了沉重的巫术枷锁;另一方面具有专制色彩,被戴上了同样沉重的封建枷锁。

综合考量,我们可以看到中国古代的科学技术发展障碍重重,存在结构性的问题,但是正如1953年爱因斯坦在致斯威泽的信中所说,西方科学的发展是以两个伟大的成就为基础,那就是:希腊哲学家发明形式逻辑体系(在欧几里得几何学中),以及通过系统的实验发现有可能找出因果关系(在文艺复兴时期)。在我看来,中国的贤哲没有走上这两步,那是用不着惊奇的。令人惊奇的倒是这些发现(在中国)全都做出来了。由此可见,我们中国人是不缺乏智慧的,如能突破结构障碍,将"天人合一"的理念与"主客二分"的理念进行结合,必然能够取得更为惊人的成就。

第四节 中国革命创新文化

中国革命文化是中国近代的主要文化形态,开拓创新是其精神内核之一。它上承中国传统文化,下启社会主义先进文化;既带有本土特色,又吸纳了以马克思主义为核心的外来文化。在文化危机的历史紧要关头,实现了中国文化的伟大转折。

一、中国革命文化的内涵

中国革命文化是中国共产党领导人民立足反帝反封建的伟大革命斗争,以马克思主义为指导,吸收中华优秀传统文化,借鉴世界优秀文明成果,创造的具有鲜明中国特色的文化形态。

中国民主革命分为两个阶段,即旧民主主义革命和新民主主义革命。前者属于旧式革命,而且在中国失败了,时间是从1840年到1919年;后者是新式革命,在中国成功了,时间是从1919年到1949年。中国革命文化的形成,主要在新民主主义革命时期,但旧式革命中,中国进步人士尝试借用西方文化激活中国传统文化的努力,对革命文化的形成亦有影响,直到马克思主义的传播,中国革命才找到了正确的方向,中国革命文化逐渐形成。正如毛泽东所说:"在'五四'以前,中国的新文化,是旧民主主义性质的文化,属于世界资产阶级的资本主义的文化革命的一部分。在'五四'以后,中国的新文化,却是新民主主义性质的文化,属于世界无产阶级的社会主义的文化革命的一部分。"[①] 除此以外,新中国成立初期的社会主义改造,甚至社会主义建设初期,革命文化一直都占据主导地位。

新民主主义革命,是中国共产党领导的世界无产阶级革命的一部分,适合中国国情,取得了胜利,并在新中国成立后得到延续,融入社会主义先进文化之中,在整个革命文化中占有重要的地位,因此通常所说的中国革命文化是以新民主主义革命时期形成的文化为主的文化形态。

中国革命文化的内容非常丰富,主要包括革命理论、革命政策、革命运动、革命精神和革命遗迹等。中国共产党是在马克思主义的指导下建立的,并在革命实践中形成了中国化的马克思主义,即毛泽东思想。正是在毛泽东思想的正确指引下,中国革命才取得了胜利。在正确的革命理论指导下,中国共产党领导中国人民在具体的革命实践中形成革命的组织、制度、路线、方针、政策

[①] 《毛泽东选集》第二卷,人民出版社1991年版,第698页。

等。革命运动是指在革命实践中所发生的各种历史活动和事件,有精神层面的,比如延安整风运动;有经济层面的,比如土地改革运动;有政治层面的,比如抗日战争。在新民主主义革命时期形成的红船精神、井冈山精神、苏区精神、长征精神、延安精神、西柏坡精神等,对当时和后世的革命和建设活动都有巨大的驱动力。革命遗迹是指革命人物生活工作战斗过的地方,也是当代重要的红色文化教育基地。

革命精神是革命文化的精髓,既有历史渊源,又有未来价值,是中国人民的宝贵财富。综合各个时期的革命精神,它们虽然各有特点,但是彼此相通,总结起来有这样六个方面的要素。第一,共产主义的理想,要解放和服务于人民,建设社会主义和共产主义社会;第二,爱国主义的传统,在中华民族漫长的历史上出现过很多可歌可泣的民族英雄,他们的事迹积淀了深厚的爱国主义土壤,是激励革命人士前仆后继的精神动力;第三,实事求是的作风,革命活动具有很强的实践性,掺不得半点假,必须理论联系实际,求真务实;第四,艰苦奋斗的精神,革命的环境都是非常恶劣的,革命战士吃苦耐劳、牺牲奉献、乐观向上的精神对于革命的胜利至关重要;第五,变革创新的特质,革命就是要打破旧的社会结构和秩序,建立符合历史规律的新社会,因此革命精神的实质和特质都必然包含创新精神。"探寻革命文化形成发展过程,其中一个最鲜明的特质,就在于它的巨大的创新驱动力。"[①]第六,忠诚使命的品质,在革命实践中革命者还形成了很多可贵的人格品质,这既是对中国传统文化的继承,也是共产主义理想在道德上的体现,这些高尚的道德品质包括团结协作、忠诚奉献、顾全大局、清正廉明、严守纪律、民主主义、批评与自我批评等。

中国革命文化具有鲜明的特征。第一,彻底的革命性。中国传统文化塑造了一个超稳定的社会结构,中国历史陷入王朝更替的循环,因此中国社会现代化之路必然要以激进的方式开启。中国革命不仅要推翻帝国主义和封建主

---

① 张海峰、刘焕峰、樊军娟:《弘扬革命文化 传承红色基因》,重庆出版社 2019 年版,第 169 页。

义,而且要推翻官僚、买办资产阶级,之后还要对民族资产阶级进行改造。第二,明确的阶级性。新民主主义革命是中国共产党领导的无产阶级革命运动。中国共产党在整个革命过程中非常自觉地意识到自身的历史使命,中国共产党必须领导军队,把握整个革命的历史进程,同时这场革命是为了无产阶级和广大人民群众谋福利的革命。第三,广泛的群众性。中国共产党领导的新民主主义革命非常注重群众基础,不但一切为了群众,而且一切依靠群众。具体表现为两个方面:一是广泛的统一战线,只要是和革命目的不违背的,中国共产党都要争取,因此不仅联合了无产阶级、农民阶级、小资产阶级、民族资产阶级和知识分子,而且在特定的历史时期,还与国民党进行合作,比如北伐战争和抗日战争;二是坚实的群众基础,中国共产党坚持群众史观,因此明白只有争取到最广大人民群众的支持,这场新民主主义革命才能取得胜利,而且中国共产党本身的性质也决定了它是代表无产阶级和广大人民群众利益的政党,因此争取群众不是权宜之计,而是阶级本质。第四,鲜明的民族性。中国革命文化有三个来源:一是中国传统文化,二是马克思主义文化,三是当时中国的社会现实。因此中国革命不仅仅是世界无产阶级革命的一部分,而且也是带有鲜明中国底色的革命。第五,发展的时代性。中国民主革命是世界民主革命的一部分,也是世界无产阶级革命的一部分,不仅要完成新民主主义革命的使命,而且要实现社会主义改造和建设目标任务,不仅在"站起来"的时代发挥中流砥柱的作用,而且在"富起来"和"强起来"的时代仍然发挥着自身作用,与时俱进。

中国革命文化在中国社会发展中发挥着重要作用。首先,中国革命文化是中国优秀传统文化的传承,是中国人文化自信的重要力量。其次,中国革命文化是中国文化现代化的初步文化成果,是中国特色社会主义文化的源头。最后,中国革命文化是中国社会变革创新的思想资源,是中国社会发展的不竭动力和价值典范。

二、中国革命文化与中国传统文化

中国革命文化是对中国传统文化的批判性继承,其变革创新的程度史无

第六章　创新文化的中国源流

前例,带有时代的转折意义,是中国文化现代转型的关节点。

作为前提,我们必须承认中国传统文化带有时代的、本质的局限性,否则文化危机和民族危机无从谈起。中国传统文化所维系的中国传统社会具有一个超稳定的结构,很难内生出工业革命和现代民主法治社会。一旦现有社会矛盾激化,中国古代社会似乎也会发生所谓的革命,主要表现方式有两种:农民起义和贵族政变,前者如黄巾、赤眉、太平天国,后者如"汤武革命"。但是即便是成功,也只是意味着改朝换代,并不意味着社会的实质进步,只是在总结前朝成败的基础上积累了更多技术、统治和思想的经验。因此熊十力在《原儒》中指出:"孟、荀虽立言革命,而只谓暴君可革,却不言君主制度可废,非真正革命论也。唯礼运天下为公,选贤与能,而深嫉夫当时之大人世及以为礼。此乃革命真义。孟荀识短,犹不敢承受也。"

直到近代,当世界的现代化裹挟着古老的中国必须跳出历史循环的结构时,或者说古老的体制已经无法容纳现代文化内容的时候,中国需要一个彻底的解决方式。此时需要一个新式革命,即有先进思想作为引导的打破传统桎梏的革命。马克思主义满足了中国的需要。

五四新文化运动可以被视为具有革命特色的马克思主义中国实践的起点。以往有人认为五四新文化运动造成中国传统文化的断裂。根据前述原因,这种断裂有一定的历史必然性。但是中国传统文化真的断裂了吗?其实并没有。革命打碎的是中国传统文化的超稳定结构,并不是搞历史虚无主义,因为要进行创新革命,就需要融入新的文化元素,而不打破原有结构,新的元素就无法进入。而且为了打破长期历史的惯性,这种批判还是异常激烈的,甚至是逐步升级的。从五四新文化运动时期,陈独秀、鲁迅等人对中国传统文化的激烈批判;到新民主主义革命时期,革命斗争中革命文化的如火如荼;再到新中国成立初期,革命文化借助国家力量的一枝独秀。革命就意味着文化的巨变和重组,在这个过程中,新的文化元素由于适应了革命的需要,在初期表现出优势。但是根基深厚的中国传统文化不可能退出历史舞台。毛泽东思想本身就是中国传统文化与马克思主义文化的结合。而党的十一届三中全会以后,在和平与发展成为时代主题的历史背景下,中国传统文化和各国先进文明又恢复了生机,多元文化综合创新的态势非常明显并延续至今。当代中国的时代精神是改革创新,这同样是中国特色社会主义文化对于革命文化变革创新传统文化的历史肯定。

中国传统文化总体上是具有积极意义的,是创新文化的重要渊源。在马克思主义的激活、指导和改造下,在革命、建设和发展的中国实践的推动下,中国传统文化必然焕发新的活力。

天人合一思想作为中华民族精神的主导观念和中华民族文化的鲜明特质,在生态文明、生活智慧、价值理性和辩证思维方面对于创新发展和世界治理具有重要价值。张世英先生说:"我主张走中西会通之路,把'天人合一'思想与'主—客'思维方式结合起来,一方面让中国传统的'天人合一'思想具有较多的区分主客的内涵,而不致流于玄远;另一方面把'主—客'思维方式包摄在'天人合一'思想指导下而不致听其走向片面和极端。"[①]而马克思主义很好地解决了这对矛盾,将主客关系纳入实践范畴,主客关系在现实的实践活动的历史中展开,既保证了主客一体,又保持了合理的张力。"对于这个世俗基础本身应当在自身中、从它的矛盾中去理解,并在实践中使之发生革命。"[②]

中国革命文化也批判继承了以人为本的思想。中国革命文化非常重视人与人的关系,在革命实践中一切以人民为中心,尤其是吸收了中国传统文化的民本主义思想。但是中国革命文化摆脱了君主本位的伦理思维,而代之以人民本位,提出了为人民服务的思想。而中国传统文化的天下情怀,也成为建立统一战线和接受全世界无产阶级联合起来观念的思想基础。

"和而不同"的思想则成为中国人吸收和借鉴世界各国多元文化的思想基础,马克思主义中国化也成为自然的事情。"和而不同"的积极意义还表现在人与人的关系上。近代中国存在着复杂的阶级关系和国际关系,但是只要

---

① 张世英:《中国古代的"天人合一"思想》,《求是》2007年第7期。
② 《马克思恩格斯选集》第1卷,人民出版社2012年版,第134页。

和革命目标一致,我们可以团结任何力量一起进行革命。而且我们的革命是反帝反封建的正义之战,是为了中国和世界和平而战。而且中国革命文化继承了中国传统的辩证思维方法,并突破了中庸之道的局限,实现了质的飞跃,开启了中国现代化的进程。

刚健有为的思想在中国革命文化中表现得最为突出。除了继承了中国传统文化中业已包含的自强不息、精忠报国、舍生取义、扶危济困、革故鼎新、匹夫有责、公而忘私等具有伦理色彩的高贵民族精神以外,中国革命文化还突破了刚健有为在价值取向上的根本缺陷,不仅要向伦理,而且应该向科学、民主、法治和自由,具有批判精神和创新意识。1940 年,毛泽东在陕甘宁边区自然科学研究会成立大会上指出:"自然科学是很好的东西,它能解决衣、食、住、行等生活问题,所以每一个人都要赞成它,每一个人都要研究自然科学。"[①] 1941 年毛泽东撰写了《新民主主义论》,就指出新民主主义文化是"民族的、科学的、大众的"文化。

三、中国革命文化与马克思主义

近代以来的民族危机促使中国人开眼看世界,什么可以改变中国? 如何才能挽救国家危亡? 怎样使中国进入现代社会? 先进知识分子开始向西方学习,中西关系从此发生转变,从中学西传变为西学东渐。从技术到制度,再到精神文化,中国先进知识分子介绍了大量的西学到中国,其中就包括马克思主义。马克思主义在实践中凸显,成为相对独立的部分,并经历了确立、传播和创新发展的阶段,中国文化在时代的变革中焕发了新的活力。

中国革命文化是在马克思主义与中国具体实践和中国优秀传统文化的互动即马克思主义中国化的过程中实现的。一方面,中国革命文化接受马克思主义除了受十月革命的影响外,主要得益于中国传统文化的接引。马克思主义和中国传统文化有很多共鸣点,比如天人和谐、关注现世、以人为本、天下情

[①] 《毛泽东选集》第二卷,人民出版社 1991 年版,第 269 页。

怀、兼容并包、辩证思维、实事求是、理想主义、革故鼎新等,这些成为中国人接受马克思主义的深层文化动因。另一方面,中国革命文化继承中国优秀文化传统除了文化本身的历史连续性以外,主要依靠马克思主义的指导。中国传统文化中哪些内容是精华,哪些内容是糟粕,不仅取决于中国革命的实践需要,而且马克思主义作为现代社会最为先进的思想也成为评判标准。马克思主义帮助革命文化革新传统文化,将它从封建主义的窠臼中拯救出来,并补益其固有的缺陷,实现了中国文化的复兴。

如果说中国传统文化是中国革命文化的肌体,马克思主义就是中国革命文化的灵魂。马克思主义在中国革命中发挥着决定性的作用,马克思主义中国化的过程和中国革命的进程同向同行。正如毛泽东在1941年《改造我们的学习》中所说:"中国共产党的二十年,就是马克思列宁主义的普遍真理和中国革命的具体实践日益结合的二十年。"[1]

李大钊既是中国共产党的早期创立者,也是最早具有马克思主义中国化思路的先驱。他指出:"一个学说的成立,与其时代环境,有莫大的关系。马氏的唯物史观,何以不产生于十八世纪以前,也不产生于今日,而独产生于马氏时代呢?因为当时他的环境,有使他创立这种学说的必要和机会。"[2]我们"应该细细地研考马克思的唯物史观,怎样应用于中国今日的政治经济情形。详细一点说,就是依马克思的唯物史观以研究怎样成了中国今日政治经济的情状,我们应该怎样去作民族独立的运动,把中国从列强压迫之下救济出来"[3]。中国共产党早期的领导人蔡和森、瞿秋白、恽代英等也认识到了这个问题。而真正在新民主主义革命时期实现马克思主义中国化的则是毛泽东。

从1921年7月中国共产党成立到1935年1月遵义会议,这是中国共产党的早期阶段。这个时候中国共产党对马克思主义的认识还比较有限,中国革命的实践也缺乏经验,所以常常陷入教条主义,脱离中国的现实。1927

---

[1] 《毛泽东选集》第三卷,人民出版社1991年版,第795页。
[2] 《李大钊全集》第三卷,人民出版社2013年版,第23—24页。
[3] 《李大钊全集》第四卷,人民出版社2013年版,第516—517页。

第六章 创新文化的中国源流

年毛泽东领导秋收起义后进攻方向由城市转向农村,创立了井冈山革命根据地,才在实践上作出了中国化的尝试。并在此基础上于 1930 年创作了《星星之火,可以燎原》,在理论上做了初步总结,提出了"农村包围城市,武装夺取政权"的思想。但是 1931 年到 1934 年的王明路线,还是给中国革命带来了巨大的损失。直到 1935 年 1 月遵义会议的召开,确立了毛泽东在党和红军中的领导地位,马克思主义中国化才开始走向成熟。

到达陕北后,1936 年冬到 1937 年秋,毛泽东进一步阐明马克思主义中国化的理论,写作了《中国革命战争的战略问题》《实践论》《矛盾论》。尤其是后两篇,将问题上升到哲学高度,灵活地阐述和运用了马克思主义实践理论和辩证法。1938 年,在中共六届六中全会上,毛泽东作了《论新阶段》的报告,指出:"没有抽象的马克思主义,只有具体的马克思主义。所谓具体的马克思主义,就是通过民族形式的马克思主义,就是把马克思主义应用到中国具体环境的具体斗争中去,而不是抽象地应用它。"①明确提出了"马克思主义中国化"这个命题。经过延安整风运动,1945 年,党的七大将毛泽东思想作为马克思主义中国化的重大理论成果和中国共产党的指导思想写入《中国共产党章程》。

马克思主义是中国革命文化的灵魂,为中国现代文化奠定了深刻的理论基础。第一,实践理论。实践是马克思主义哲学的核心概念和逻辑基石。实践是人的生存方式,是社会形成和发展的根据。中国革命文化不仅是马克思主义中国化的结果,而且是中国革命实践的结果。第二,唯物史观。中国革命坚持唯物史观,根据中国国情制定路线、方针和政策,实事求是地分析问题解决问题,坚定人民群众是历史的创造者。第三,世界历史理论。自近代以来,中国就不能再隔绝于世界历史之外,中国共产党自觉地认识到中国新民主主义革命是世界无产阶级革命的一部分,不仅向苏联社会主义学习,团结世界无

---

① 《建党以来重要文献选编》(1921—1949)第 15 册,中央文献出版社 2011 年版,第 651 页。

产阶级的力量,而且成为世界反法西斯战争的核心力量之一,为世界和平和发展作出了贡献。第四,唯物主义辩证法。事物是矛盾的,事物的内部矛盾是事物发展的根本原因。中国革命文化对中国传统文化采取了不同于西方文化派和中国文化派的辩证的理性的批判,同时也采取矛盾的、联系的、发展的眼光看待中国革命的进程,善于批评与自我批评,与时俱进地推进文化和整个社会的进步。第五,剩余价值理论。剩余价值理论从政治经济学的角度深刻地解释了资本主义社会不平等的经济根源,指出了无产阶级革命的合理性。中国革命不仅是反封建的革命,也是反帝国主义的革命。第六,无产阶级领导权理论。科学社会主义的基本原则就是为了实现共产主义必须坚持无产阶级的领导权。无产阶级是有史以来最进步的阶级,无产阶级解放自己的过程就是解放全体人民的过程,因此为了革命的胜利,必须坚持中国共产党的领导、坚持无产阶级对于革命的领导。马克思主义的光辉理论在革命文化中发挥了关键性的作用,同时也促进了中国现代文化精神的形成。

第五节 中国特色社会主义创新文化

中国特色社会主义文化是中国现代的主要文化形态,其所承载的时代精神是改革创新。中国特色社会主义文化是中国传统文化和马克思主义的有机结合,和革命文化一脉相承,对其他国外优秀文化也有所借鉴,在改革开放的实践基础上,成为中国人在站起来以后富起来和强起来的文化力量。正如习近平总书记在文化传承发展座谈会上的讲话中所强调的:"在五千多年中华文明深厚基础上开辟和发展中国特色社会主义,把马克思主义基本原理同中国具体实际、同中华优秀传统文化相结合是必由之路。这是我们在探索中国特色社会主义道路中得出的规律性认识。我们一直强调把马克思主义基本原理同中国具体实际相结合,现在我们又明确提出'第二个结合'。我说过,如果没有中华五千年文明,哪里有什么中国特色?如果不是中国特色,哪有我们今天这么成功的中国特色社会主义道路？只有立足波澜壮阔的中华五千多年文明史，才能真正理解中国道路的历史必然、文化内涵与独特优势。历史正反两方面的经验表明，'两个结合'是我们取得成功的最大法宝。"讲话还深刻总结了"两个结合"的规律性认识，即"结合"的前提是彼此契合、"结合"的结果是互相成就、"结合"筑牢了道路根基、"结合"打开了创新空间、"结合"巩固了文化主体性。① 这些对于我们研究中国特色社会主义创新文化具有重要指导意义。

一、中国特色社会主义文化的理论渊源

中国特色社会主义文化是指中国人民立足新中国改革开放的实践，以马克思主义为指导思想，以中国传统文化为底色，继承中国革命文化精神，借鉴其他国家优秀文化创造的文化形态。因此中国特色社会主义文化包含四个理论渊源：中国传统文化、马克思主义文化、中国革命文化和其他国家优秀文化。

在建构中国特色社会主义文化的实践中，我们对于中国传统文化需要坚持的科学态度是批判继承。

一方面，我们要高度重视中国传统文化的地位和作用。中国传统文化是中国特色社会主义文化的底色和立场。恩格斯说："没有希腊文化和罗马帝国所奠定的基础，也就没有现代的欧洲。"②同理，毛泽东说："从孔夫子到孙中山，我们应当给以总结，承继这一份珍贵的遗产。"③习近平总书记强调指出："文化是一个国家、一个民族的灵魂。历史和现实都表明，一个抛弃了或者背叛了自己历史文化的民族，不仅不可能发展起来，而且很可能上演一幕幕历史悲剧。"④因此建设中国特色社会主义文化必须高度重视对于中国传统文化的继承。这是一条根本原则，中国传统文化、中国革命文化、中国特色社会主义

---

① 习近平：《在文化传承发展座谈会上的讲话》，《求是》2023年第17期。
② 《马克思恩格斯选集》第3卷，人民出版社2012年版，第561页。
③ 《毛泽东选集》第二卷，人民出版社1991年版，第534页。
④ 《习近平谈治国理政》第二卷，外文出版社2017年版，第349页。

文化,都在坚持这条原则。中国传统文化在中国现代文化建构中发挥着非常重要的作用,它是中华民族生生不息的血脉源泉,是中华民族的突出优势,是中国文化软实力的根本体现,是文化发展的充足养分。

另一方面,我们要积极推进中国传统文化的转化和创新。习近平总书记指出:"传统文化在其形成和发展过程中,不可避免会受到当时人们的认识水平、时代条件、社会制度的局限性的制约和影响,因而也不可避免会存在陈旧过时或已成为糟粕性的东西。这就要求人们在学习、研究、应用传统文化时坚持古为今用、推陈出新,结合新的实践和时代要求进行正确取舍,而不能一股脑儿都拿到今天来照套照用。要坚持古为今用、以古鉴今,坚持有鉴别的对待、有扬弃的继承,而不能搞厚古薄今、以古非今,努力实现传统文化的创造性转化、创新性发展,使之与现实文化相融相通,共同服务以文化人的时代任务。"[1]

中国传统文化源远流长,可供中国特色社会主义文化传承创新的内容非常丰富。之前我们在中国革命文化部分就曾从民族精神的角度系统地论述了各个方面的内容,这些内容在改革开放的时代必将焕发出更为璀璨的光芒。这些优秀的传统文化基因包括:天下为公、天下大同的社会理想,民为邦本、为政以德的治理思想,九州共贯、多元一体的"大一统"传统,修齐治平、兴亡有责的家国情怀,厚德载物、明德弘道的精神追求,富民厚生、义利兼顾的经济伦理,天人合一、万物并育的生态理念,实事求是、知行合一的哲学思想,执两用中、守中致和的思维方法,讲信修睦、亲仁善邻的交往之道等。[2]它们都在中国特色社会主义建设的实践中有所体现,比如以人民为中心的发展思想、人类命运共同体、新发展理念以及依法治国、生态文明等。总之,"中国特色社会主义文化,源自于中华民族五千多年文明历史所孕育的中华优秀

---

[1] 《习近平谈治国理政》第二卷,外文出版社2017年版,第313页。
[2] 参见习近平:《在文化传承发展座谈会上的讲话》,《求是》2023年第17期。

传统文化"。①

马克思主义是中国特色社会主义文化的指导思想和本质特征。对于马克思主义的科学态度同样也包括两个方面：一方面，我们要坚定马克思主义的立场，坚信马克思主义的价值。马克思主义兼具科学性和革命性，是迄今为止世界上最先进的学说，具有巨大的世界影响力。中国近代的民族危机就是在马克思主义中国化的过程中得以解决的，中国文化从此又焕发了新的生机和活力，民族复兴也指日可待。习近平总书记指出："马克思主义就是我们党和人民事业不断发展的参天大树之根本，就是我们党和人民不断奋进的万里长河之泉源。背离或放弃马克思主义，我们党就会失去灵魂、迷失方向。"②另一方面，我们要自觉地认识到马克思主义是开放的思想体系，需要与时俱进。习近平总书记指出："马克思主义基本原理是普遍真理，具有永恒的思想价值，但马克思主义经典作家并没有穷尽真理，而是不断为寻求真理和发展真理开辟道路。……我们要及时总结党领导人民创造的新鲜经验，不断开辟马克思主义中国化新境界"。③

在革命年代，中国人民创造性地运用马克思主义，和中国革命实践相结合，创立、丰富和发展了毛泽东思想，是马克思主义中国化的第一次历史性飞跃；在深入推进改革开放和社会主义现代化建设的征程上，中国人民又发挥聪明智慧坚持和发展了马克思主义，创立了邓小平理论、"三个代表"重要思想、科学发展观，形成了中国特色社会主义理论体系，实现了马克思主义中国化新的飞跃，随着中国特色社会主义进入新时代，中国共产党人坚持把马克思主义基本原理同中国具体实际相结合、同中华优秀传统文化相结合，科学回答了中国之问、世界之问、人民之问、时代之问，创立习近平新时代中国特色社会主义思想。习近平新时代中国特色社会主义思想是当代中国马克思主义、二十一

---

① 习近平：《决胜全面建成小康社会　夺取新时代中国特色社会主义伟大胜利——在中国共产党第十九次全国代表大会上的报告》，人民出版社2017年版，第41页。
② 《习近平谈治国理政》第二卷，外文出版社2017年版，第66页。
③ 《习近平谈治国理政》第一卷，外文出版社2018年版，第26—27页。

世纪马克思主义,是中华文化和中国精神的时代精华,实现了马克思主义中国化时代化新的飞跃。

中国特色社会主义文化和革命文化是一脉相承的。它们都是中国传统文化和马克思主义在时代实践基础上的结合,革命文化的成果就是中国特色社会主义文化的起点,它们是中国文化现代化的两个阶段。因此中国革命文化也是中国特色社会主义文化的重要理论渊源。虽然时代主题发生了变化,从革命战争转向和平发展,但是其核心精神是相通的。

其他国家优秀的文化,虽然不同于中国特色社会主义文化,但也具有滋养、启发、借鉴的作用。列宁说:"只有确切地了解人类全部发展过程所创造的文化,只有对这种文化加以改造,才能建设无产阶级文化,没有这样的认识,我们就不能完成这项任务。无产阶级文化并不是从天上掉下来的,也不是那些自命为无产阶级文化专家的人杜撰出来的。……无产阶级文化应当是人类在资本主义社会、地主社会和官僚社会压迫下创造出来的全部知识合乎规律的发展。"①可见,无产阶级文化,中国特色社会主义文化,在面对国外文化时,不仅可以批判吸收其他社会主义国家的文化,而且可以批判吸收任何国家的优秀文化,为我所用。

当今的时代是开放的时代,任何国家的文化都处在世界舞台之上。马克思和恩格斯说:"资产阶级,由于开拓了世界市场,使一切国家的生产和消费都成为世界性的了。""物质的生产是如此,精神的生产也是如此。各民族的精神产品成了公共的财产。民族的片面性和局限性日益成为不可能,于是由许多种民族的和地方的文学形成了一种世界的文学。"②因此,我们必须参与到世界文化的交流中去。一方面,要做到"顺势而为",即在文化全球化的潮流中,积极地与其他国家和地区进行文化交流。习近平指出:"我们社会主义文艺要繁荣发展起来,必须认真学习借鉴世界各国人民创造的优秀文艺。只

---

① 《列宁选集》第4卷,人民出版社1995年版,第285页。
② 《马克思恩格斯选集》第1卷,人民出版社2012年版,第404页。

有坚持洋为中用、开拓创新,做到中西合璧、融会贯通,我国文艺才能更好发展繁荣起来。"①另一方面,要做到"乘势而上",在了解中国文化的历史脉络、基本内容和民族精神的基础上,在坚持马克思主义的基本原则的前提下,主动出击,讲好中国故事,传播好中国声音,向世界展示中华文化的魅力。

二、中国特色社会主义文化的实践基础

中国特色社会主义文化是马克思主义文化、中国传统文化、中国革命文化和中国现实的有机统一,其中中国现实就是中国特色社会主义文化的实践基础,即改革开放。习近平总书记指出:"中国特色社会主义进入新时代,意味着近代以来久经磨难的中华民族迎来了从站起来、富起来到强起来的伟大飞跃"。② 从站起来、富起来到强起来,就是改革方法的历史逻辑,站起来是起点,富起来是改革开放40多年来的历史成就,而强起来是我们当下的任务和使命,我们踏上了全面建设社会主义现代化国家的新征程。

中国近代的主要历史任务是救亡图存,旧民主主义革命是旧道路,中国共产党领导的新民主主义革命是新道路。历史证明,这条新道路是正确的,中华民族从此站起来了。毛泽东明确指出:"自从中国人学会了马克思列宁主义以后,中国人在精神上就由被动转入主动。从这时起,近代世界历史上那种看不起中国人,看不起中国文化的时代应当完结了。"③

在新民主主义革命以及新中国成立初期建设经验和教训的基础上,我们开始了改革开放的伟大实践,走上了富起来的道路。在改革开放的40多年里,中国社会取得了长足的发展,各个方面取得了举世瞩目的成就。

在经济方面,中国抓住了和平与发展的战略机遇,以经济建设为中心,生产力水平和经济实力迅速提升。改革开放以来,中国从一个贫穷国家稳步发展成为世界第二大经济体。国内生产总值从1978年的3645亿元增长到2020

---

① 《习近平关于社会主义文化建设论述摘编》,中央文献出版社2017年版,第167页。
② 《习近平著作选读》第二卷,人民出版社2023年版,第9页。
③ 《毛泽东选集》第四卷,人民出版社1991年版,第1516页。

年破百万亿。到2023年,中国经济总量占世界经济比重18%以上,对世界经济增长的贡献率超过了30%。在社会主义市场经济不断完善的情况下,传统产业实现从劳动密集型向技术密集型转变,进入高质量发展新阶段。创新发展成为中国经济新常态的重要特征。

在政治方面,中国已经建立了比较完善的中国特色社会主义民主制度和法治体系,国家治理体系逐渐完善,国家治理能力迅速提高。人民代表大会制度、中国共产党领导的多党合作和政治协商制度、民族区域自治制度和基层群众自治制度等核心政治制度越来越完善,法治体系越来越健全,坚持法治国家、法治政府、法治社会一体建设,"一国两制"在香港、澳门的实践取得巨大成功。

在文化方面,中国特色社会主义文化建设逐渐完善,社会主义市场经济条件下的现代文化治理体系逐步健全,从精神文明建设到代表先进文化,从科学发展观到坚定文化自信,文化不仅与经济政治一样稳步发展,而且发挥了社会启蒙、理论指导和精神引领的作用。

在社会方面,随着经济、政治和文化的发展,城镇和农村居民的社会福利、教育、医疗、就业体制完善,人民生活得到保障。我国社会的主要矛盾已经不再是"人民日益增长的物质文化需要同落后的社会生产之间的矛盾",而是转化为"人民日益增长的美好生活需要和不平衡不充分的发展之间的矛盾"。

在生态方面,中国的生态文明起步于对发展才是硬道理的反思,自觉于经济的可持续发展,习近平生态文明思想的形成意味着中国的生态文明建设进入新阶段。美丽中国建设目标、新发展理念以及"五位一体"的整体发展格局的提出,将生态文明落到了实处,中国成为解决世界环境问题的中坚力量。

在国际地位方面,中国和平友好的国家形象与和谐共赢的国家理念得到世界认可,国际影响力逐渐增强。中国积极参与经济全球化进程,并致力于构建公平正义的国际政治经济新秩序。2001年,经过多年努力中国成功加入了世界贸易组织,2016年成为国际货币基金组织的第三大股东,提升了在国际经济规则制定中的发言权和投票权。2008年和2022年中国通过分别成功举办第29届夏季奥运会和第24届冬季奥运会,树立了良好的国际形象,也体现了中国的软实力。中国还积极参与国际维和、对外援助、环境问题、粮食问题等国际和地区事务,承担起更多的国际责任。党的十八大以来,中国提出共建"一带一路"和构建人类命运共同体的倡议,得到了国际社会的普遍认可和广泛响应。联合国秘书长古特雷斯说:"中国经济成功发展,得以进入全球经济体系,也使得中国在全球治理体系中的作用愈发重要,中国是全球治理的重要支柱。"[1]

2021年建党百年之际,中国已胜利完成第一个百年奋斗目标,全面建成小康社会,接着我们将全力迈向第二个百年奋斗目标的新征程,真正实现全体人民共同富裕。为此,我们党提出了实现社会主义现代化强国目标的"两步走"战略:"第一个阶段,从二〇二〇年到二〇三五年,在全面建成小康社会的基础上,再奋斗十五年,基本实现社会主义现代化。……第二个阶段,从二〇三五年到本世纪中叶,在基本实现社会主义现代化的基础上,再奋斗十五年,把我国建成富强民主文明和谐美丽的社会主义现代化强国。"[2]

中国成功的关键在于中国共产党的领导,在于践行中国特色社会主义。我们要坚决坚持改革开放的基本国策,不走封闭僵化的老路,不走停滞不前的死路,不走利益固化的绝路,不走改旗易帜的邪路。坚持四项基本原则和改革开放的统一、解放思想和实事求是的统一、国家理论和社会实践的统一、统筹兼顾与重点突破的统一、人民中心与党的领导的统一、古为今用和洋为中用的统一。

三、中国特色社会主义文化的发展历程

改革开放以来,以邓小平同志为主要代表的中国共产党人开启了中国特

---

[1] 转引自刘晓云:《国外高度肯定中国改革开放40年成就》,《红旗文稿》2018年第21期。
[2] 《习近平著作选读》第二卷,人民出版社2023年版,第23—24页。

色社会主义文化建设的历程,主要成就是提出了社会主义精神文明建设理论。物质文明和精神文明是相伴而生的,中国共产党在长期革命和建设实践中清楚地意识到意识形态工作和教育文化工作的重要性。因此中央在1978年党的十一届三中全会开始改革开放之后,在以经济建设为中心的同时,从来都没有忽视文化建设。邓小平提出在建设高度物质文明的同时建设高度社会主义精神文明的重要任务,并在1982年党的十二大把建设高度的社会主义精神文明确定为社会主义现代化建设的一个战略方针。邓小平认为:"我们要在建设高度物质文明的同时,提高全民族的科学文化水平,发展高尚的丰富多彩的文化生活,建设高度的社会主义精神文明。"①"所谓精神文明,不但是指教育、科学、文化(这是完全必要的),而且是指共产主义的思想、理想、信念、道德、纪律,革命的立场和原则,人与人的同志式关系,等等。"②精神文明建设最终是体现在社会成员本身的思想情操和文化素养上的,因此邓小平进一步指出,"搞社会主义精神文明,主要是使我们的各族人民都成为有理想、讲道德、有文化、守纪律的人民"③,即著名的"四有新人"的论断。④ 1983年,邓小平为景山学校题词:"教育要面向现代化,面向世界,面向未来。"这成为之后形成的中国特色社会主义文化的重要内涵。

以江泽民同志为主要代表的中国共产党人继承了精神文明建设理论等重要思想。1991年7月1日,江泽民在庆祝中国共产党成立70周年大会上的讲话中,明确使用了"有中国特色社会主义文化"这一概念。2000年2月,江泽民在广东考察工作时提出了"三个代表"重要思想,指出:"我们党要始终代表中国先进文化的前进方向。"⑤"建设有中国特色社会主义的文化,就是以马克思主义为指导,以培育有理想、有道德、有文化、有纪律的公民为目标,发展

---

① 《邓小平文选》第二卷,人民出版社1994年版,第208页。
② 《邓小平文选》第二卷,人民出版社1994年版,第367页。
③ 《邓小平文选》第二卷,人民出版社1994年版,第408页。
④ 《邓小平文选》第三卷,人民出版社1993年版,第35页。
⑤ 《江泽民文选》第三卷,人民出版社2006年版,第128页。

第六章 创新文化的中国源流

面向现代化、面向世界、面向未来的,民族的科学的大众的社会主义文化"。①这显然是对新民主主义文化和邓小平理论的继承,因此,"有中国特色的社会主义文化,就其主要内容来说,同改革开放以来我们一贯倡导的社会主义精神文明是一致的。"②党的十六大报告指出:"当今世界,文化与经济和政治相互交融,在综合国力竞争中的地位和作用越来越突出。文化的力量深深熔铸在民族的生命力、创造力和凝聚力之中。""当今时代,文化在综合国力竞争中的地位日益重要。谁占据了文化发展的制高点,谁就能够更好地在激烈的国际竞争中掌握主动权。"③

以胡锦涛同志为主要代表的中国共产党人在精神文明建设理论、中国特色社会主义文化和"三个代表"重要思想的基础上,推动中国特色社会主义文化向全面和深入的方向发展。2006年,党的十六届六中全会指出,建设和谐文化是构建社会主义和谐社会的重要任务,而社会主义核心价值体系是建设和谐文化的根本。2007年,党的十七大报告又指出:"文化越来越成为民族凝聚力和创造力的重要源泉、越来越成为综合国力竞争的重要因素,丰富精神文化生活越来越成为我国人民的热切愿望。"④2011年胡锦涛在"七一讲话"中进一步强调:"要着眼于推动中华文化走向世界,形成与我国国际地位相对称的文化软实力,提高中华文化国际影响力。"⑤

2011年10月,党的十七届六中全会通过了《中共中央关于深化文化体制改革推动社会主义文化大发展大繁荣若干重大问题的决定》。该《决定》总结和梳理了我党在中国革命、建设和改革时期的文化发展实践和理论探索,指明:"在坚持以经济建设为中心的同时,自觉把文化繁荣发展作为坚持发展是

---

① 《江泽民文选》第二卷,人民出版社2006年版,第537页。
② 《中国共产党第十五次全国代表大会文件汇编》,人民出版社1997年版,第36页。
③ 《江泽民文选》第三卷,人民出版社2006年版,第558页。
④ 胡锦涛:《高举中国特色社会主义伟大旗帜 为夺取全面建设小康社会新胜利而奋斗——在中国共产党第十七次全国代表大会上的报告》,人民出版社2007年版,第15页。
⑤ 胡锦涛:《在庆祝中国共产党成立90周年大会上的讲话》,人民出版社2011年版,第24页。

硬道理、发展是党执政兴国第一要务的重要内容,作为深入贯彻科学发展观的一个基本要求,进一步推动文化建设与经济建设、政治建设、社会建设以及生态文明建设协调发展。"①《决定》提出深化文化体制改革、推动社会主义文化大发展大繁荣的重大决策,并将建设社会主义核心价值体系作为文化改革发展的根本任务。第一次提出了"建设社会主义文化强国"的战略,制定了文化改革发展的具体奋斗目标,为当前和今后一个时期的文化发展作了系统部署。

党的十八大以来,以习近平同志为核心的党中央在中国特色社会主义文化已经取得的成果基础上,坚持把马克思主义基本原理同中国具体实际相结合、同中华优秀传统文化相结合,提出了一系列原创性的文化建设发展新思想新论断,形成了习近平文化思想,巩固了中华民族的文化主体性,实现了中国文化发展的全面升级。

2012 年,党的十八大报告将经济建设、政治建设、文化建设、社会建设、生态文明建设概括为中国特色社会主义"五位一体"的总体布局,文化建设成为"五位一体"的重要一极;报告还从国家、社会、个人三个层面凝练出了富强、民主、文明、和谐,自由、平等、公正、法治,爱国、敬业、诚信、友善的社会主义核心价值观,成为新时代中国特色社会主义文化建设的重要内容。在与国际交流的过程中,我们对中国特色社会主义文化要充满自信,坚定自身的发展道路。2014 年,习近平主席在联合国教科文组织总部的演讲中指出:"文明因交流而多彩,文明因互鉴而丰富。文明交流互鉴,是推动人类文明进步和世界和平发展的重要动力。""历史告诉我们,只有交流互鉴,一种文明才能充满生命力。只要秉持包容精神,就不存在什么'文明冲突',就可以实现文明和谐。"②在纪念孔子诞辰 2565 周年国际学术研讨会暨国际儒学联合会第五届会员大会开幕会上,习近平总书记再次强调指出:"对人类社会创造的各种文明……我们都应该采取学习借鉴的态度,都应该积极吸纳其中的有益成分,使

---

① 《中共中央关于深化文化体制改革推动社会主义文化大发展大繁荣若干重大问题的决定》,人民出版社 2011 年版,第 5 页。
② 《习近平著作选读》第一卷,人民出版社 2023 年版,第 228、229—230 页。

人类创造的一切文明中的优秀文化基因与当代文化相适应、与现代社会相协调。"①2017年,习近平总书记在党的十九大报告中指出,"文化自信是一个国家、一个民族发展中更基本、更深沉、更持久的力量",要"不忘本来、吸收外来、面向未来",并"倡导创新文化,强化知识产权创造、保护、运用"②。党的十九大将文化自信写入党章。2022年,习近平总书记在党的二十大报告中总结了十年来文化建设取得的成就,并对未来中国特色社会主义文化的新辉煌提出了整体设计,指出:"全面建设社会主义现代化国家,必须坚持中国特色社会主义文化发展道路,增强文化自信,围绕举旗帜、聚民心、育新人、兴文化、展形象建设社会主义文化强国,发展面向现代化、面向世界、面向未来的,民族的科学的大众的社会主义文化,激发全民族文化创新创造活力,增强实现中华民族伟大复兴的精神力量。"并重点强调了"建设具有强大凝聚力和引领力的社会主义意识形态""广泛践行社会主义核心价值观""提高全社会文明程度""繁荣发展文化事业和文化产业""增强中华文明传播力影响力"等五个方面的内容。③ 尤为重要的是针对文化在创新发展中的作用,习近平总书记在科教兴国战略中明确提到创新文化的重要作用,指出:"培育创新文化,弘扬科学家精神,涵养优良学风,营造创新氛围。"④

此外,习近平总书记还非常重视中国特色社会主义文化的价值取向、领导权、思想道德建设、文化事业以及文化产业发展等工作。党的十八大报告指出:"要坚持依法治国和以德治国相结合,加强社会公德、职业道德、家庭美德、个人品德教育,……引导人们自觉履行法定义务、社会责任、家庭责任,营造劳动光荣、创造伟大的社会氛围,培育知荣辱、讲正气、作奉献、促和谐的良

---

① 《习近平著作选读》第一卷,人民出版社2023年版,第280页。
② 习近平:《决胜全面建成小康社会 夺取新时代中国特色社会主义伟大胜利——在中国共产党第十九次全国代表大会上的报告》,人民出版社2017年版,第23、31页。
③ 习近平:《高举中国特色社会主义伟大旗帜 为全面建设社会主义现代化国家而团结奋斗——在中国共产党第二十次全国代表大会上的报告》,人民出版社2022年版,第42—46页。
④ 习近平:《高举中国特色社会主义伟大旗帜 为全面建设社会主义现代化国家而团结奋斗——在中国共产党第二十次全国代表大会上的报告》,人民出版社2022年版,第35页。

好风尚。"①在党的十八届三中全会上习近平总书记强调:"推动加快建设和完善覆盖城乡的公共文化服务体系,加强重大公共文化工程和文化项目建设。加快文化产业结构调整,制定培养骨干文化企业工作实施方案、全国文化产业基地建设规划指导意见、中央文化企业国有产权交易操作规则,完善公益性文化事业单位管理体制和运行机制。"②2014年,习近平总书记在文艺工作座谈会上强调指出:"文艺要反映好人民心声,就要坚持为人民服务、为社会主义服务这个根本方向……以人民为中心,就是要把满足人民精神文化需求作为文艺和文艺工作的出发点和落脚点,把人民作为文艺表现的主体,把人民作为文艺审美的鉴赏家和评判者,把为人民服务作为文艺工作者的天职。"③党的十九大报告再次强调指出:"人民有信仰,国家有力量,民族有希望。要提高人民思想觉悟、道德水准、文明素养,提高全社会文明程度。""社会主义文艺是人民的文艺,必须坚持以人民为中心的创作导向,在深入生活、扎根人民中进行无愧于时代的文艺创造。"④总之,"发展中国特色社会主义文化,就是以马克思主义为指导,坚守中华文化立场,立足当代中国现实,结合当今时代条件,发展面向现代化、面向世界、面向未来的,民族的科学的大众的社会主义文化,推动社会主义精神文明和物质文明协调发展。要坚持为人民服务、为社会主义服务,坚持百花齐放、百家争鸣,坚持创造性转化、创新性发展,不断铸就中华文化新辉煌。"⑤

习近平文化思想继往开来,在民族复兴的同时,必将引领中国文化走向新的繁荣。2023年,在某种程度上可以称为中国的文化年,习近平总书记对文化建设倾注了巨大的热情和精力。6月2日在文化传承发展座谈会上习近平总书记发表重要讲话时强调:"在新的起点上继续推动文化繁荣、建设

---

① 《十八大以来重要文献选编》(上),中央文献出版社2014年版,第25页。
② 《习近平关于社会主义文化建设论述摘编》,中央文献出版社2017年版,第186页。
③ 《习近平著作选读》第一卷,人民出版社2023年版,第288—289页。
④ 《习近平著作选读》第二卷,人民出版社2023年版,第35、36页。
⑤ 《习近平著作选读》第二卷,人民出版社2023年版,第34页。

第六章　创新文化的中国源流

文化强国、建设中华民族现代文明,是我们在新时代新的文化使命。要坚定文化自信、担当使命、奋发有为,共同努力创造属于我们这个时代的新文化,建设中华民族现代文明。"①总结了中华文明的五大突出特性,强调了"两个结合"的文化创新方法。10月7日至8日全国宣传思想文化工作会议在京召开,会议认为:"党的十八大以来,宣传思想文化工作之所以取得历史性成就,最根本就在于有习近平总书记领航掌舵,有习近平新时代中国特色社会主义思想科学指引。习近平总书记在新时代文化建设方面的新思想新观点新论断,内涵十分丰富、论述极为深刻,是新时代党领导文化建设实践经验的理论总结,丰富和发展了马克思主义文化理论,构成了习近平新时代中国特色社会主义思想的文化篇,形成了习近平文化思想。"并指出了完成文化使命的七个着力点:"着力加强党对宣传思想文化工作的领导,着力建设具有强大凝聚力和引领力的社会主义意识形态,着力培育和践行社会主义核心价值观,着力提升新闻舆论传播力引导力影响力公信力,着力赓续中华文脉、推动中华优秀传统文化创造性转化和创新性发展,着力推动文化事业和文化产业繁荣发展,着力加强国际传播能力建设、促进文明交流互鉴。"②习近平文化思想不仅提出了新的文化理论观点,而且明确了文化工作的具体布局,激发了中国文化发展的活力,成为中华民族伟大复兴的思想保证。

---

①《习近平在文化传承发展座谈会上强调　担负起新的文化使命　努力建设中华民族现代文明》,《人民日报》2023年6月3日。
②《坚定文化自信秉持开放包容坚守正创新　为全面建设社会主义现代化国家　全面推进中华民族伟大复兴提供坚强思想保证强大精神力量有利文化条件》,《人民日报》2023年10月9日。

第七章　创新文化的交流互鉴

关于创新文化的中西交流最有名的探讨莫过于李约瑟难题。为什么在公元前1世纪到公元16世纪之间,古代中国人在科学和技术方面的发达程度远远超过同时期的欧洲？中国的政教分离现象、文官选拔制度、私塾教育和诸子百家流派为何没有在同期的欧洲产生？相反,为什么近代科学没有产生在中国,而是在17世纪的西方,特别是文艺复兴之后的欧洲？李约瑟难题的实质内容在于中国古代的经验科学领先世界1000年,但为何中国没有产生近代实验科学,这是关于两种科学研究范式的起源问题,也是两种文化的创新基因的差异问题。本章的目标是探讨洋为中用,希望以中西文化的比较为背景,了解国外创新文化资源,从而对中国创新文化的建构有所借鉴。

第一节　传统创新文化资源

本节我们试图通过中西文化的结构分析,找到其他文化传统中创新文化资源的生长点,引发思考,为我所用。

但是中西文化是异质文化,属于不同民族不同地域的文化,甚至还包含意识形态的纠缠,因此中西文化能否互补,这种互补是否可以作为当代中国文化综合创新的基本结构,一直存在争议。笔者认为,中西文化正是因为在民族和地域问题上跨度很大,在古代平行发展中存在地理环境以及不同历史际遇的重大差别,这种差别恰恰成就了它们的互补性,而互补更有利于取长补短,互相借鉴。西方文化在近代以来取得的重大成就令世人瞩目,无法忽视。中国在实践层面,甚至在思想观念和理论思维上作为事实已经深受西方文化的影响,特别是在马克思主义指导下进行的革命、建设和改革开放所取得的一系列伟大成就,都反映了文化交流、文明互鉴的现实性和可行性。

如果按照传统社会和现代社会的二分法,中国现代社会的文化创新问题早在中国向近代社会转变的时候就已经开启了。但是西学东渐是逐渐深入的,从物质、制度到精神,所以文化创新在五四新文化运动中才成为主导问题。当时的西方文化派、东方文化派和马克思主义文化派形成三足鼎立之势。

当代中国的文化创新在20世纪80年代步入正轨。张岱年先生提出的"古为今用、洋为中用,批判继承,综合创新"的指导思想,得到众多学者的欣赏和应和,比如干春松的《超越激进与保守:张岱年与综合文化创新观》、方克立的《中国文化的综合创新之路》、金周昌的《张岱年的文化综合创新论研究》等。尽管这个学说存在诸多合理之处,但是却并没有像想象的那样迅速成为当代中国文化创新的主流思想。中西马各自为营,壁垒森严。中国文化研究者注重中国传统文化考据、理论问题探讨和现代化研究,西方文化研究者注重西方文化的先进性和批判性研究,马克思主义学者注重马克思主义中国化、时代化和大众化研究。看似开放,实则没有实现深入沟通,还需要再进一步。

中西文化的比较研究尽管已经成为中国文化哲学的典型研究方式,成果很多,但是系统性不够,缺乏成熟的理论支撑和总体性辩证法,中西文化随意比附、牵强附会的现象很多。正如洪晓楠在谈到中国文化哲学研究局限性时所说:(1)从研究文化哲学问题的方式来看,20世纪80年代,甚至从一定意义上可以说整个20世纪,中国哲人对文化哲学的探求是以一种特定的话语言说方式来进行的,这就是中西文化与哲学的比较研究。(2)从文化哲学研究的成果来看,我们至今还没有一部系统地总结20世纪中西文化哲学成果的专著,更没有一部系统阐述中西文化哲学比较的论著。(3)从文化哲学理论建构的方面来看,对马克思主义尤其是马克思的文化哲学思想有待于进一步的发掘和整理,系统的马克思主义文化哲学理论体系的建构尚有待时日。(4)就文化哲学理论尤其是文化比较的方法来讲,普遍存在着主体迷失与价值错位的状态,因而导致对中西文化与哲学进行随意比附、牵强附会的大起大落的现象,使原本处于不确定状态的哲学在文化哲学的处境下变得更加漂浮不定,从一定意义上来说,这正是中国社会处于转型时期矛盾丛生的哲学写照。[①] 中西文化的比较研究应该放入中国文化创新的总体性的辩证法之中,在古今、中西的整体结构中进行。对于中西文化的跨文化研究不能仅仅停留于比较,尤其是牵强附会、不考虑本质和时代等问题的比较,而应该将中西文化的简单比较提升到文明互鉴的高度。

在以往中西文化比较研究的成果基础上,尤其是参考了张岱年先生的《中国文化概论》,笔者尝试列举出中西传统文化的如下互补关系:①在文化总体上,西方传统文化属于理性宗教型文化,中国传统文化属于政治伦理型文化;②在人与自然的关系上,西方传统文化主客二分,中国传统文化天人合一;③在人与人的关系上,西方传统文化是个体本位的文化,中国传统文化是家族本位的文化;④在哲学超越方式上,西方传统文化重本体追求,中国传统文化重境界体验;⑤在宗教信仰上,西方传统文化单一信仰基督教,而且基督教是可以和政权抗衡的力量,中国传统文化多元信仰,而且摆脱了神学独断;⑥在思维方式上,西方传统文化重逻辑分析,善于理论抽象,中国传统文化重直觉综合,善于经验总结;⑦在表达方式上,西方传统文化直接写实,中国传统文化委婉写意;⑧在文化心态或者民族性格上,西方传统文化具有农工商并举的开放进取心态,中国传统文化怀揣稳定保守的农业文化心态;⑨在学术倾向上,西方传统文化重自然,中国传统文化重人伦;⑩在文化态度上,西方传统文化

---

① 洪晓楠:《哲学的文化转向》,人民出版社2009年版,第26—27页。

重批判,中国传统文化重继承。这些互补的方方面面恰似儒道之间的关系,有利于它们之间形成相反相成的基本结构。

需要指出的是,现实生活的同构性是不同文化可以对话的根本依据,也就是说,这些所谓的文化特点都是相对的,我们在不同文化中都可以找到与对方相似的现象和内容,但是这不妨碍它们在某种文化中的凸显,并形成相对的特点。

当然单纯地列举是不够的,还需要整体分析和评价。从总体特点上看,理性宗教型文化与政治伦理型文化各有所长,可以形成互补结构,具体方面都是其展现。文明起源地理环境方面的差异,成为塑造中西传统文化最初原因。西方传统文化由于起源于地理环境没有那么优越的地中海东北海岸,因此在人与自然关系上形成主客二分的征服性观念,而且很早就形成殖民文化,导致人与人关系上的个体本位。主客二分促使西方人重视对于自然的研究,向外超越,并发展科学性的抽象思维,直接写实的表达方式,形成抽象性极强的一神教,并和个体本位一起塑造了西方人的开放心态、法治文化和批判精神。中国传统文化起源于地理环境优越的中原黄河流域,在人与自然和人与人的关系上分别形成天人合一和家族本位的特质。天人合一和家族本位,引导中国人重视政治伦理,向内超越,塑造人格,抑制了抽象思维的发展,形成直觉综合性思维和委婉写意的表达方式,中国宗教也缺乏抽象性特征,其中道教格外明显,稳定的生活状态和伦理型文化也造就了中国人安土重迁的农业文化心态和维护继承的态度。由此可见,中西传统文化的对应是两个文化系统的整体性对应,因此两者之间的互补也是系统性互补。

马克思在《政治经济学批判(1857—1858年手稿)》中曾说:"人的依赖关系(起初完全是自然发生的),是最初的社会形式,在这种形式下,人的生产能力只是在狭小的范围内和孤立的地点上发展着。以物的依赖性为基础的人的独立性,是第二大形式,在这种形式下,才形成普遍的社会物质交换、全面的关系、多方面的需求以及全面的能力的体系。建立在个人全面发展和他们共同的、社会的生产能力成为从属于他们的社会财富这一基础上的自由个性,是第三个阶段。第二个阶段为第三个阶段创造条件。"①从以上我们对于中西传统文化的比较分析中可以看出,中国传统文化显然更适应人对人依赖关系的社会,而西方传统文化更适合人对物依赖关系的社会。但是在未来的自由人联合体的社会,需要两种文化的互补结合。在后工业社会这一带有过渡性的历史时期,西方传统文化自身的局限性已经比较明显地暴露出来。

需要强调的是,中西传统文化互补结构的建立除了需要克服民族性和意识形态问题,还需要一个关键性的前提条件,那就是中国传统文化的现代化。

中西传统文化特性对照表

	中国传统文化	西方传统文化
文化类型	政治伦理型文化	理性宗教型文化
人与自然的关系	天人合一	主客二分
人与人的关系	家族本位的专制文化	个体本位的民主文化
哲学超越方式	境界体验	本体追求
宗教信仰	多元信仰,摆脱了神学独断	单一信仰基督教,而且基督教与政权抗衡
思维方式	重直觉综合,善于经验总结	重逻辑分析,善于理论抽象
表达方式	委婉写意	直接写实
文化心态(民族性格)	稳定保守的农业文化心态	农工商并举的开放进取心态
学术倾向	重人伦	重自然
文化态度	重继承	重批判

---

① 《马克思恩格斯文集》第8卷,人民出版社2009年版,第52页。

第二节　现代创新文化资源

16世纪以后西方文化显示了自身强大的创新优势,理性精神和实验科学引导西方首先进入现代社会,从而也开启了"前现代社会的周期性变革模式"向"现代社会的加速增长变革模式"的转变。① 创新实践与常规实践的辩证关系开始从常规实践一方向创新实践一方倾斜。西方现代化发展几百年积累了大量的创新实践经验和创新文化资源。前期主要表现为文艺复兴和启蒙运动、资产阶级各种类型的革命、科学技术革命和工业革命,这些作为创新文化资源都是大家比较熟知的,这里就不再赘述;后期创新文化开始深入人们的具体生活领域,主要表现在实操层面,并最终在19世纪和20世纪孕育产生了创新理论和创新文化理论,这些直接的创新文化理论成果,都是我们可借鉴的宝贵资源。

一、国家创新战略

现代社会,随着资本主义的逐渐确立,创新实践也逐步超越常规实践取得优势地位。如果说传统创新文化是以隐性的方式存在的话,那么现代创新文化就开始显性地表现出来,人们自觉地从事创新实践和培植创新文化。在世界历史的舞台上,国家是重要的主体形式,因此我们的中西创新文化交流首先关注国家创新战略。而在众多的国家中,我们重点选择了几个成绩突出、具有代表性的国家和地区,包括美国、英国、德国、俄罗斯、北欧、日本和韩国。

美国是一个移民国家,积聚了世界上很多高精尖的人才,素来以创新见长,创新文化发达。正如中国人民大学杨杜教授所说:"美国人擅长的是不断

---

① 聂敏里:《明清之际的西学东渐——两种社会变革模式的重叠与交织》,《天津社会科学》2021年第3期。

地创新,包括产品的、技术的、规则的以至观念的创新,然后通过这些创新在世界上普及占据竞争优势。创新文化是它最要紧的一点。"[1]

美国现代意义上创新战略的实施最早可以追溯到1929—1933年的罗斯福新政。此后,二战时期,出于战略的需要,美国成功实施的"曼哈顿工程"为美国赢得了科技创新的制高点。冷战时期,由于与苏联进行军备竞争,美国制定的"阿波罗登月计划"又在航天航空以及生化等方面实现了新的突破。[2] 以上我们可以理解为美国国家创新战略的酝酿期。20世纪的90年代初,日本、欧洲经济迅速崛起或恢复,给美国带来巨大压力。1991年,美国出台《国家关键技术》,以此为标志拉开了美国创新战略行动的序幕。这一时期美国从人才培养入手,注重新知识的创造,通过加大研发投入,提高科技水平,实现了美国经济连续10年的增长,成就了美国历史上的"新经济"繁荣。进入21世纪后,美国经济陷入衰退期,财政巨额赤字、周期性矛盾加剧,信息、航空、保险、金融、旅游等优势产业也深受冲击。为摆脱困境,美国在2005年12月和2006年2月先后出台了《站在风暴之上:为了辉煌的经济未来而激活调动美国》和《美国竞争力计划——在创新中领导世界》,提出要在基础研究、人才、创造力等方面全面领先世界,对研发科技活动的税收减免永久化,通过创新大幅提高国家竞争力,领导世界。这段时间是美国国家创新战略的真正确立阶段。2008年,次贷危机引发了全球性金融危机,奥巴马政府由此意识到,仅靠市场不可能保持经济长期增长,科学技术和创新基础设施才是经济持续增长的保证。为尽快摆脱金融危机的阴影,2009年9月,美国政府发布了《美国创新战略——推动可持续增长和高质量就业》,提出要加大对创新基本要素的投资,推动市场竞争,激励有效创业,促进国家在优先领域取得突破。后又在2011年1月发布了《美国创新战略:确保我们的经济增长与繁荣》,对美国政府采取的所有创新举措进行了系统归纳,并对美国未来科技发展作出了战略规划

---

[1] 转引自魏薇:《杨杜:轻模式的"中国逻辑"》,《经理人》2010年第2期。
[2] 参见彭福扬等:《关于国家创新战略的理论述评》,《湘潭大学学报》2009年第4期。

第七章 创新文化的交流互鉴

和部署,将创新的重心转移到促进经济增长与繁荣上来,以创新"赢得未来",这是美国创新战略的修订版。2015年10月,美国政府再度发布了最新版《美国创新战略》,这是美国第三次发布关于支持创新的国家级战略性文件,是创新战略的升级版,显示出美国政府对创新前所未有的高度重视和巨大决心。这三个版本是美国创新战略的正式形态。

美国国家创新战略具有以下特点,其中包含很多可以学习借鉴的地方。第一,战略目标非常明确。美国是一个富有创新传统的国家,一直以来,美国以保持国家的创新领先地位作为实施国家创新战略的核心目标,强调国家要在关键技术领域保持领先地位,在新兴技术领域不断取得新突破。第二,创新投入持续增长。美国非常重视创新在挽救危机中的重要作用,因此不遗余力地加大投入,比如R&D投入、创新人才的培养等。第三,明确自身优势,稳抓重点领域。2015年新版《美国创新战略》明确列出九大重点领域,包括先进制造、精准医疗、大脑计划、先进汽车、智慧城市、清洁能源和节能技术、教育技术、太空探索和计算机新领域。第四,注重创新教育和基础研究。美国的创新教育具有体系化特点,从小学到大学持续关注学生创新意识和能力的培养,并为此制订了雄心勃勃的长期教育改革计划《2061规划:全民的科学》。基础研究是国家创新能力可持续发展的重要动力源,美国政府不惜代价支持基础研究,即使在短期内看不到具体效益。第五,国家创新体系完善。美国的国家创新体系是一个构架完整而富有活力的创新系统,包括企业、大学、联邦科研机构、非营利科研机构、科技中介服务机构、各级政府等。企业是美国实现技术创新的真正主体,企业的科研创新主要以市场为导向,不仅绝大多数企业都有内设的研发机构,而且研发人员和研发经费的占比都很高,企业科技人员占全国科技人员的比重高达60%—70%,研发资金占全国研发投入的比重也占到了70%左右;美国的大学十分注重创新,受政府资助较多,它们通常承担着80%的基础研究工作;联邦科研机构倾向于国防军事和国家安全方面的研究,这些机构在美国国家创新体系中通常居于核心位置,起到了整合基础研究与应用开发成果的作用,它们同时也是创新成果产业化的桥梁和纽带;非营利性科研机构则代表公共利益,立足于上述各主体没有关注的公共产品研发;美国的科技中介服务机构十分发达,主要有各种技术转让机构、咨询和评估机构等,另外,一些政策研究机构、风险投资公司等也承担着相应的中介服务功能,这些机构通常是连接国家创新系统、促成创新产出的桥梁和通道;国家创新体系建设都是基于一系列创新政策来展开的,这些政策通常由各级政府来制定,政府作为创新主体的主要职责就是制定各种创新政策,以此来引导企业的创新发展,为国家创新体系建设打造更有利的创新环境。

英国虽非超级大国,但是仍然保持着自身的传统优势和文化特点,在国家创新战略中独树一帜。2008年12月,英国创新、大学与技能部(DIUS)公布了首份国家年度创新报告 Annual Innovation Report 2008,这也是全球第一份由政府发布的、反映国家创新体系发展和国家创新表现的政府年报。其中涉及企业、教育、基础设施、科研机构、公共部门、政府部门等,而且格外重视英格兰地区。英国创新战略大体上保持国家创新战略的共性,但是也体现了自身特点。作为以经验主义哲学著称的国家,英国人非常注重自下而上的文化主义思维方式,强调市民社会和大众参与。因此其把测度国家创新表现的重点放在了企业的创新活跃程度和国民取得专利、学位和了解科技发展的程度上。英国的历史是由民众的全体参与推动的,因此恩格斯赞叹"只有英国才有一部社会的历史"[1]。

德国作为当年欧洲的后发国家,紧跟科学技术革命的步伐,四个工业战略版本基本上与之同步。德国"工业1.0战略"是指19世纪实现机械化,"工业2.0战略"是指20世纪初的电气化,"工业3.0战略"指的是始于20世纪70年代的信息化战略,而"工业4.0战略"主要是指以物联网和制造业服务化为代表的第四次工业革命背景下的战略。而且鉴于全球性挑战,德国始终强调其研究活动的强势领先的国际化定位。在各国的国家创新战略中,德国的工匠精神非常突出,其科技实力和产品享有很高的知名度和声誉。为此

---

[1] 《马克思恩格斯选集》第1卷,人民出版社1995年版,第22页。

第七章　创新文化的交流互鉴

德国有意识地保护传统优势领域,并积极开发新的创新领域,扩大工商企业与科研部门间的成功合作,加快创意转化为产品及进入市场的过程。同时保证相应的资金投入和人才队伍,德国教育科研经费的理想比例是占到国家GDP的10%,职业培训和学术教育之间有着良好的融合过渡方案,想尽一切办法既拥有稳定的高素质熟练技术工人队伍,又具有顶尖的专业人士。

北欧国家瑞典、丹麦和芬兰在20世纪初还是落后的农业国,如今能够位居全球创新能力前列,与其积极实行科技创新战略与政策密不可分。总结起来,在四个方面最值得学习借鉴。第一是注重科技创新国际化。以芬兰为例,以国家科技创新战略中心及Fin Node渠道网络为载体,芬兰积极促进其科技创新的国际化。国家科技创新战略中心(SHOK)主要关注世界级的专门知识和技能,利用国家科技战略中心,把政府、国际企业、国际研究资源等资源结合起来,实现了新的产学研形式,并以企业进行运作。Fin Node是由国家技术局(TEKES)、芬兰科学院(Academy of Finland)、芬兰商贸促进会(Finpro)、芬兰国家研发基金(Sitra)、芬兰技术研究中心(VTT)等部门共同组建的。Fin Node网络,由芬兰的国家机构在全世界的分支机构与合作伙伴组成,从而形成了一个公共的和非营利性的芬兰的国际渠道网络,目的就是要推动芬兰产业的国际技术合作和商业合作。Fin Node在全球的五个富有创新活力的国家和地区设立创新中心。第二是重视创新教育。北欧国家公立学校实行从小学到大学免费教育制度,并通过高福利鼓励终身学习。北欧国家重视创新能力的培养,通过各种方式培养创新型人才。第三是注重高强度的研发投入,2014—2017年芬兰、瑞典和丹麦的创新投入均位居世界前10名。2017年瑞典的创新投入指数位居世界第2位,仅次于新加坡,芬兰和丹麦分别排在第4位和第6位。第四是鼓励产学研合作。瑞典高校大部分专业都和当地的优势产业紧密联系,与大学有过合作的生物技术企业达93%;爱立信公司通过委托高校或与高校合作完成的科研项目占其全部科研项目的七成以上。2003年7月,丹麦科学、技术与创新部颁布大学新法,规定大学在传播知识的同时传播研究成果,还设置了产业博士项目加强企业和高校之间的合作。丹麦政府 2005 年出资 2 亿克朗资助 12 个项目,企业与科研机构共同申请和执行是取得该项基金的必要条件,这一措施有效促进了产学研合作。产学研三位一体是芬兰创新体系的突出特点,在芬兰,企业的项目必须与大学或研究机构合作才能得到资助,大学和科研机构的项目要得到支持,也必须有企业合作伙伴全程参与。

日本创新战略的实施最早可以追溯到明治维新时期,19 世纪末 20 世纪初,由于西方资本主义国家的兴起,日本开始学习西方先进的科学技术来致力于本国经济的发展。二战以后,为了振兴处于颓废边缘的经济,日本明确提出"教育立国"和"科技立国"等创新战略并据此制定了一系列政策,使日本迅速崛起成为世界第二大经济体。随着知识经济时代的来临和日本意识的觉醒,日本制定了一系列微电子和信息技术发展战略与政策,促使工业技术向高、精、尖方向发展。近年来,日本又制定"知识创新工程",展开与欧美、亚洲各国在人才、技术等方面的激烈竞争,目标是把日本建成一个"具有国际竞争力和持续发展的国家"。

除此以外,加拿大和韩国也都是通过有效的国家创新战略,跻身发达国家俱乐部。俄罗斯这样的传统强国也在通过创新战略解决自身危机和问题,努力站在世界科技前沿。总之,各国都有各自的问题,并都试图发展和保持自身的优势,统一的方法和路径都选择了创新。在创新实践的时代,国家创新战略成为国际共识。

二、企业创新文化

企业文化作为事实早已有之,即使是现代企业文化,随着资本主义的建立和发展也逐渐形成了,尤其是 20 世纪以来。但是自觉的企业文化建构,尤其是将企业文化作为企业创新的重要因素,并形成企业创新文化,那是 20 世纪 80 年代以来的事情。西方企业文化理论的发展大致经历了三个阶段。

第七章　创新文化的交流互鉴

从20世纪20年代到70年代末是企业文化理论形成以前的研究阶段。这一时期的研究已经提出了企业文化的概念，所研究的东西也是企业文化的实质内容，但没有形成完整的企业文化理论，从企业文化这个角度来说，对理论界、实业界的影响不算很大。

20世纪80年代前后是企业文化理论形成并被广为接受的阶段。这当然是现代企业发展的必然结果，但是其直接原因是美国对日本崛起的反思。70年代末，日本经济增长率是美国的4倍，仅在1981年，美国对日贸易逆差高达180亿美元，占美国贸易赤字的45%。这引起美国的极大关注，并试图找到其中的关键节点。1979年，美国哈佛大学东亚研究中心教授埃兹拉·沃格尔出版了《日本名列第一：对美国的教训》一书。1980年6月24日9时30分至11时，美国国家广播公司播放了"日本能，为什么我们不能？"的电视专题节目。拉开了这场企业文化研究盛宴的序幕。而被誉为企业文化管理"四重奏"的四本经典著作的出现，则将这场宴会推向了高潮。它们包括哈佛大学教授理查德·帕斯卡尔与斯坦福大学教授安东尼·阿索斯合著的《日本企业管理艺术》(1981年)，该书关注日本经济发展力量之源泉，提出了著名的战略、结构、制度、人员、技能、风格和共同价值观的"7S"管理模式；日裔美籍学者威廉·大内发表的《Z理论——美国企业界怎样迎接日本的挑战》(1981年)，书中系统阐述了日、美两国企业管理文化特征的差异：美国式管理文化表现为领导个人决策、员工被动服从冷漠的模式，日本式管理文化则是一种人际关系融洽、近乎理想的模式；哈佛大学教授特雷斯·迪尔与麦肯锡管理咨询公司管理顾问阿伦·肯尼迪合著的《企业文化——现代企业的精神支柱》(1982年)，该书深度探究美国优秀企业成功背后的管理文化，提出了企业文化的五个要素：企业环境、文化网络、文化仪式、英雄人物和价值观；斯坦福大学教授罗伯特·沃特曼与托马斯·彼得斯合著的《追求卓越——美国优秀企业的管理圣经》(1982年)，该书通过对43家优秀企业深入研究，精辟概括出优秀企业的八大卓越特征：崇尚行动、顾客至上、自主创新、以人促产、价值驱动、专业发展、精兵简政和宽严相济。四本经典中所推崇的IBM、通用、惠普、宝洁、松下、麦当劳等公司案例至今仍被国内学者反复引用。①

值得格外关注的是企业文化的凸显一开始就和企业创新紧密相关,美日企业对比的最终目的就是找到美国企业突破的路径,而答案就是完善和创新企业文化,并将之渗透到企业管理和企业技术的创新之中。80年代中期到80年代末,这种相关性更为明显。企业研究更细化更具体化,除了原有的主题如企业文化的功能、企业高层管理者和企业文化的关系、企业文化的体现、某些具体企业的企业文化等还继续研究以外,还有了一个突出的主题,就是企业文化的形成和企业文化的变革,而且研究得相当深入具体。这个时期最有影响的作品是沙因的《企业文化与领导艺术:动态研究》、威廉等人的《变革企业文化:创造新型企业的途径》等。

20世纪80年代以后,企业文化进入稳步发展阶段,不但在企业界达成普遍共识,而且为企业指明道路。美国人在美日竞争中得出结论:第一,美国应该在保持美国精神的基础上塑造自己的企业文化,而且非常明确地把握了美国精神的根基就是创新精神;第二,新的经济运行规律要求企业建立和保持应时而动的企业文化。②

西方企业文化经过多年的理论和实践探索,已经形成了比较完整的企业文化理论体系,很多成果值得我们思考和借鉴。

第一,西方企业文化有很深的理论背景。企业文化主要是从组织行为学发展而来,同时也继承了心理学、社会学、人类学的一些思想。从组织行为学继承了关于企业的宗旨、价值观、行为方式、运行机制、氛围等思想。从心理学继承了激励机制和人的不同需求的思想。社会学对企业文化研究的影响始于对神话传说、礼仪和符号的研究。人类学对企业文化的影响主要是结构主义学派、符号学派、人种学派的影响。

第二,企业文化的内涵和构成要素等基本规定已经探讨得比较清楚。企

---

① 参见顾笑然、庄宁:《西方企业文化思想溯源与文献述评》,《工会论坛》2011年第5期。
② 参见李桂荣:《西方企业文化研究的四个阶段》,《企业文明》2004年第3期。

业文化是指在一定社会文化环境下,在企业整体运行过程中,全体企业成员一致认同的价值观念、信仰追求、道德规范、行为准则、经营特色和管理风格等精神内容的总和。企业文化理论主要研究企业领导活动的内外环境和组织的意识形态。企业文化是在企业长期生产经营和管理中产生的,它为企业的经营管理服务;企业文化的核心是企业群体的共同价值观;企业文化是企业一系列精神文明成果的抽象、升华和规范,要求每个企业职工接受、传播和遵从。从直接意义上来说,企业文化主要包括企业共同价值观、企业精神、企业风俗习惯、企业道德规范等企业的纯精神纯观念因素。从间接意义上来说,企业文化可分为两种情况:一种是渗透于企业管理,在企业制度、企业规章、企业形象、企业典礼仪式、企业组织领导方式及其他一切行为方式中所体现的精神因素;另一种是渗透于企业技术,在企业产品和服务、企业技术和设备、企业外貌和标志等一切有形物质因素中体现的精神因素。

第三,西方企业文化已经形成了自身的一些基本特征。①以价值观、价值体系作为企业文化的核心和企业生存与发展的基础。以日本松下公司为例,松下公司的经营哲学是"讲求经济效益,重视生存的意志,事事谋求生存和发展。"其基本纲领是:公司应遵守产业人的本分,鼓励进步,增进社会生活的改善以及致力于世界文化的进展。公司的信条是:全员的和众协力才能实现公司的向上发展,全员应牢记为企业的不断发展而献身。②注重管理模式的研究。日裔美籍学者威廉·大内在《Z理论——美国企业界怎样迎接日本的挑战》一书中指出,Z型文化是一种接近理想的企业模式,一般应包括以下几个方面:(1)长期的雇佣、信任及亲密的人际关系;(2)职工属于企业整体的信念(即团队精神);(3)人道化的工作条件;(4)职工心情愉快。美国学者布拉福和柯亨在《追求卓越的管理》中提到育才型模式是现代组织的一种新模式,其构成要素是:(1)建立共同负责的组织(团队);(2)发掘、培养个人的才干;(3)建立共同的价值观。③发展企业文化与改进企业领导艺术相结合。托马斯·彼得斯在其著作《追求卓越的热情》中提出,一个成功企业的领导者应当是：(1)倾听、信任和尊重职工,让职工感觉到拥有自主权,以激励他们全心投入的热情,成为企业的斗士,不断为企业的发展而创造新产品；(2)顾客是利润与产品创新的来源,管理者要直接接触市场,才能了解和提供顾客需要的产品、质量和服务；(3)管理者的新领导术是"走动管理"。狄尔和肯尼迪在《公司文化》一书中提出了"象征的管理者"的概念。他们认为,象征的管理者的基本特征是:(1)对文化及其长期影响敏感；(2)信任自己的员工,并预期他们成功；(3)把自己视为企业每天表演的演出者,既是剧本作家,又是导演和演员。作为象征的管理者,其主要工作是诊断企业文化,这包括:(1)思考适当的企业文化；(2)制定对策,进行企业文化的重塑,以企业文化来保证企业目标的实现。希克曼和施乐尔在《创造卓越》一书中,对新时代企业领导人所应具备的技能进行了概括:(1)创造性的洞察力；(2)对事物的敏感性；(3)具有应变能力；(4)远见卓识；(5)全身投入；(6)忍耐力。综观整体,在价值观、管理模式和领导艺术各方面西方企业文化还表现出一个总体性特征,就是人本性。在人性假设上,西方企业文化已经超越科学管理模式的"经济人"假设和注重挖掘人的潜能,注重职工动机、需求等多方面的心理因素的"社会人"假设,朝着更具人本性的"全面发展的文化自由人"的假设建构,并将之融入企业价值观和"软"性管理新模式中。

第四,西方企业普遍深刻认识到企业文化在企业发展中的重要功能。企业文化理论的经典著作《公司文化》说:"企业中存在文化,文化中存在力量"。这两大命题的发现如同牛顿发明万有引力在物理学上引发一场革命一样,企业文化理论必然在管理理论中引发一场根本性的革命。具体言之,企业文化具有导向性、渗透性和强化性,发挥导向作用、凝聚作用、激励作用、教育作用和宣传作用,从而按照企业的价值观和理想目标,凝聚力量,推动企业的发展,树立良好的社会形象。

西方企业文化对于中国企业的发展具有重要的启示作用。总体来说,中国企业应该充分认识到西方企业文化理论的重要性,重视企业文化的建设,既尊重中国的优良传统,又借鉴西方的经验,实现理想的企业文化设计。具体言之,第一,强调企业文化的人本主义。中国传统文化具有"以人为本"的根本精神,但是这里的人具有家族伦理色彩。因此我们应该以此为基础,将人本主义提升到现代水平,强调企业文化中的"文化人"假设,充分发动广大企业职工共同参与,发挥员工的自觉意识,推行自我管理、民主管理,激发员工积极性和创造性。企业文化建设的精髓乃是人力资源的开发,它既包括对人员的技术培训、作风培训、精神培训,也包括贯穿企业全部制度中的企业精神的灌输、扩散和渗透。第二,企业文化建设必须由企业的主要领导人亲自倡导和长期培育,例如沃森对IBM企业文化的形成,松下幸之助对松下电器公司的"松下精神"的创立均发挥了决定性的作用。它不是权宜之计,也不是可有可无的工作,而是关系到企业生存和发展的基础性工作、战略性工作。第三,在企业管理模式上,充分考虑中西方的文化优势,打造中国特色的企业文化。一方面充分发挥中国企业文化的政治伦理优势,注重企业伦理道德的教育和家国情怀的培育,企业在确立自己的目标和使命时要正确处理好国家与企业的关系以及企业的经济效益与社会效益的关系,做到"致富经国""义利两全""服务社会、便利大众"。另一方面,充分借鉴西方的科学主义精神,强调组织结构和规章制度的约束作用。既有规则的硬性管理,又有人情的软性管理。第四,在工作风格和工作态度方面,西方企业文化也有我们可以借鉴的闪光点,比如竞争意识、开拓精神、创新精神、冒险精神、权利意识等。

三、大学创新精神

"文化是民族的血脉,是人民的精神家园"。大学是文化传承与创新的前沿阵地,是文化涵养与传播的源泉。"西方大学组织经过了千余年的发展和演化,早已从最初的学者社团(行会)演变为传播普遍学问的场所、探索高深学问的机构、面向社会需求的服务站、文化传承与创新的基地、独立思想和批判的中心。"[①]因此西方大学文化的品质对于西方民族文化的发展具有至关重要的作用。随着现代社会的日益深入发展,西方教育,尤其是西方大学已经成为西方现代创新文化资源的又一个策源地。一方面,西方大学创新精神渊源于西方传统文化的滋养和展现;另一方面,西方大学创新精神也是其自身时代实践的产物。

西方大学是继承和发展西方文化的机构,深刻地体现着西方的创新文化特点。

首先,西方大学的历史发展以自然演化为驱动主线。西方大学渊源于古希腊,苏格拉底于公元前392年创办了修辞学校,柏拉图于公元前387年开设了阿加德米学园,亚里士多德于公元前384年创办了吕克昂学园(亦称逍遥派学校),它们共同开创了西方古代高等教育的先河。这些学园主要是学者自主自愿办学,体现的是其自身的学术态度和理念。西方最早的大学是在修道院学校或大教堂学校的基础上发展起来的,高深学问和教会传统的结合使大学成为了"世俗的教会"。理性为信仰所束缚,大学理念往往受制于宗教目的,因此一定程度上偏离了这个轨道。但是在启蒙运动思想的推动下,始建于1694年的德国哈勒大学成为德国和整个欧洲的第一所现代意义大学。1809年,由洪堡等人创建的柏林大学,从根本上改变了世界高等教育发展的历史走向。在英国,1836年经合并成立的伦敦大学,取消了宗教课程和对学生宗教信仰的限制,由此引发了英国的新大学运动。美国的现代大学最早源于英国大学模式,早期的哈佛大学延续着英国古典大学的文化传统,神学院曾经占据了很大的比重;但是,美国大学在积极借鉴和吸收了德国现代大学文化精髓的基础上,结合美国本土的实用主义哲学与自由市场经济思想,逐渐发展和演化出了以教学、科研与社会服务三结合为特征的美国现代大学文化,代表和引领了世界大学文化发展的方向与潮流。西方大学不仅重新回到自然演化为主的

[①] 李成恩、侯铁珊:《"同分异构"视域下的中西方大学文化演进与发展》,《比较教育研究》2015年第7期。

轨道上来,而且将这种精神提升到新的时代高度。自然演化是大学自由独立、民主包容的表现,这是西方大学的首要特点。

其次,西方大学的价值取向以追求真理为主导目标。古希腊以来的治学传统是哲人治国,倡导自由理性,正如亚里士多德所说:"吾爱吾师,吾尤爱真理。"美国哈佛大学把"以柏拉图为友,以亚里士多德为友,但更重要的是与真理为友"作为校训,耶鲁大学以"真理和光明"为校训,英国剑桥大学以"剑桥——求知学习的理想之地"为校训,明显是对这种理念的继承和发扬。倡导理性、追求真理,是西方大学在价值取向方面的突出特点。

再次,西方大学的组织基础以个体主义为定位。按照梁漱溟先生对于中西文化主体定位方面的研究,如果将主体分为四个层次,即个体、家族、集团和天下,那么西方文化形成的是个体和集团的张力,中国文化形成的是家族和天下的张力。因此西方大学的教育首先是以个体为本位的。大学文化要实现其育人功能、建设其价值观念体系,就必须重视大学全体成员的自主性、选择性、能动性和创造性,即重视他们的主体性。一方面,重视大学教师的文化主体性,鼓励教师独立人格的确立,自主从事教学和科研,教师在早期西方大学拥有非常高的地位和很大的自由,即拥有教授自己所认为的真理的权利;另一方面,重视大学生的文化主体性,鼓励大学生追求个人的人生目标和社会价值。同时,大学也是一个学术共同体。每种大学文化都有其独特的价值观念体系,比如办学理念、大学章程、大学传统和大学治理等,其内部大学生的价值意识定向,使该文化内的大学生具有与其他大学不同的价值思维和价值选择。西方大学的学术自由、理性至上、个人本位、批判创新等精神特质必然在其中发挥重要作用。

最后,西方大学的文化态度以批判创新为风格特点。西方大学自由独立、理性至上和个体本位的特点决定西方大学在文化态度上必然是开放创新、批判融合的。在教育观念方面,西方大学倾向于培养学生积极主动、灵活、进取的创新精神,教学内容与学生的生活实际紧密结合,教学过程关注学生的思想状况,努力创造民主的、平等的、多元的交流平台。在教育模式方面,采用启发式教育,注重独立人格的培养,强调人文教育与科学教育并举,着重提高学生的人格修养和文化意识。

西方大学也是实践创新精神的机构,在其自身具有时代特征的现实中应用和建构大学创新文化。西方教育理念向来注重创新精神,把培养学生的创新能力作为重要目标,大学更是如此。西方大学对于影响大学生创新能力的因素做过广泛而深刻的研究,主要包括知识结构、智力水平、思维方式、人格特征、创新意识、创新实践和创新环境。其中创新环境是外部因素,其他都是内部因素,而这些内部因素都是在创新环境中形成的。因此创新环境虽然是最为间接性的背景因素,但是又是基础性、全局性的因素。这就意味着大学精神中的创新文化因素非常重要,其他因素都是在这种氛围中形成和发展的。可以说创新文化或者说创新精神无论在传统还是在现代意义上都是西方大学文化的应有之义,而且随着国家创新战略和企业创新发展对于创新人才的需要变得更为突出。人力资源是第一资源,是研发与创新的源泉,是推动经济可持续发展的基本保证;在知识经济时代,大学、企业、政府、社区之间的紧密合作是构建创新产业集群的必由之路。高校智库拥有最丰富的人才储备,紧跟科技创新的前沿和具有强大的资政能力,在国家创新发展中发挥着举足轻重的作用。

在此基础上,第一,知识结构和智力水平是大学生创造力培养的根本。为此要学习的学科,即那些经历了许多世纪流传而成为经典的书籍以及现代基本的文理学科,同时通过启迪和批判提高学生的智力水平。第二,思维训练和人格训练是大学生创造力培养的基本环节。通过思维训练,让学生形成突破性思维习惯,掌握创新思维的基本技巧;通过人格训练,让学生养成独立人格、个性特征、良好的意志品质和积极的情感体验。第三,创新意识和创新实践是大学生创造力培养的关键。在其他因素不变的情况下,创新意识不强会明显地起到负向作用,这相当于大学生创新能力从内在因素向外在因素转变的内部推手。而学生创新实践经验对于学生的创新能力提升的贡献最大。创新实践经验积累,能够帮助学生扩大眼界,增强能力。

第八章　创新文化的认同发展

由于中国地理环境幅员辽阔和相对独立,早在春秋战国时期,就已经形成了中原文化对于周围文化的辐射关系。后来经过魏晋南北朝、五代十国和宋元明清的民族融合,中华民族多元一体的文化格局得以成型。从中国社会多民族构成的视角,我们探求创新文化资源,民族文化融合和各个民族传统文化渊源就成为我们宝贵的财富。

第一节　中华民族文化认同的古今对比

中华,贵和尚中之民族也,内涵和而不同之意。中华民族何以充满凝聚力和自强不息的精神,一代代绵延至今,并保持生命力?文化认同是关键。古代中国的历史,在某种程度上就是民族融合的历史,先期进入文明并形成华夏民族的中原地区像一块巨大的磁石吸引着这片土地上的各个民族,所谓的东夷南蛮西戎北狄,在魏晋南北朝、唐宋元明清上演着你方唱罢我登场的历史大戏。它们相互碰撞和交融,形成和实生物的中华民族。在中国现代化的道路上,无论是早期的救亡图存,还是今天的民族复兴中国梦,仍然需要文化认同。文化认同是自发的历史结果,也是自觉的精神构建,古今对比,将使我们凝聚更多经验和力量,奋力前行。

一、中华民族文化认同的古今时代特征对比

按照古代和现代的历史两分法,中华民族文化认同存在两个相对的时代背景。古代中国以中国传统文化为基础,现代中国以中国特色社会主义文化为基础。它们表现出时代的差异。

首先,封建性与现代性。中国的封建社会非常漫长,如果从公元前475年的战国时期算起,到1911年辛亥革命推翻清王朝,其时间跨度有两千年之多。因此中国传统文化带有很强的封建性。中国的封建社会是一种农业文化模式,自给自足,守常安素,结构稳定;以家族为本位的等级制度处于政治核心,主张宗法集体主义;作为宗法等级制度卫道士的儒家伦理文化处于主导地位,经学笼罩学术领域。中国传统文化博大精深,精华和糟粕兼而有之,然而即使是作为中华民族精神的精华部分,也带有很强的封建性,需要在现代化的过程中加以扬弃。与此相对应,现代化要建立工业文化模式,甚至要借鉴后工业文化模式,是需要变革和创新的时代;人们走出故乡,进行世界交往;科学民主成为主流文化,个人主义得到张扬;中国传统文化需要打破原有结构,接受先进文明的洗礼。

其次,民族性与世界性。古代社会交往空间有限,主要是中华民族内部各个学派、各个民族文化的交流和融合,最远不过临近文化圈的互相借鉴,比如佛教文化的流入;但是今天世界历史的序幕已经掀开,世界交往促成世界文化的形成,在文化自觉的同时,也带来了文化融合,比如马克思主义的中国化。马克思的世界历史理论对此有深入的论述。世界历史体现的是资本的逻辑,正是资本对于剩余价值最大化的追求开启了世界历史。马克思说:"各个相互影响的活动范围在这个发展进程中越是扩大,各民族的原始封闭状态由于日益完善的生产方式、交往以及因交往而自然形成的不同民族之间的分工消灭得越是彻底,历史也就越是成为世界历史。"[①]今天全球化理论已经深入人

[①] 《马克思恩格斯选集》第1卷,人民出版社2012年版,第168页。

心,中国倡导的"一带一路"建设,既是经济活动,也是政治和文化活动,得到世界认同。

最后,精英性与大众性。中国古代的先秦文化属于贵族文化,西周从天子到诸侯再到卿大夫和士,组成严密的贵族等级制度,实行官学垄断。后经春秋战国的冲击以及多代的推进,世袭制度逐渐被官僚制度取代,但是寒门子弟真正能够接受文化教育的机会仍然不多,带有很多偶然因素。如今,中国已经实行普遍的义务教育,高等教育也逐渐从精英教育走向大众教育。这意味着更多的人成为知识分子,有自觉意识也有能力参与精神家园的讨论和建构。随着现代信息技术的发展,尤其是自媒体技术的出现,更是提高了大众参与文化事务的热情。

需要指出的是,我们进行中华民族文化认同的时代特征对比,不是将两个时代截然分开,形成对立,而是指出它们的相似和差异,最终需要实现"古为今用"。我们需要建构的是现代的中华民族文化认同,但是传统文化的精华部分仍然是我们历久弥新的法宝,民族性的文化脱去狭隘的"外衣"就是最绚丽的民族瑰宝。

二、中华民族文化认同的文化资源对比

古代中华民族文化认同的资源是多元的,但是在多个元素中又具有核心因素,核心中又存在主导、基本结构和补充部分,带有"多元一体"的系统性。今天我们建构中华民族共有精神家园,实现更大范围、更深程度的文化认同,从已有的自发态势和自觉结果来看,也有相似的状况。也许这是一个普遍的规律,因此我们可以从古代中华民族文化认同的历史成果中吸取很多经验和启示。

首先,儒释道与中西马。中国传统文化资源丰富,既有中原文化和各少数民族文化,百家争鸣各派文化,也有融入而来的佛教文化、伊斯兰教文化等。但是在多元一体中,逐渐形成一个核心部分。中原文化以诸子百家为理论渊源,按照东汉班固《汉书》的"九流十家"之说,包括儒、道、阴阳、法、名、墨、纵

横、杂、农、小说十家,其中前九家又称九流。十家中儒道法墨是为显学,其次是阴阳和名家,即西汉司马谈所指"六家"。而外来文化中,显然以古印度佛教文化最为突出。秦汉、魏晋南北朝、隋唐长期的历史淘洗,最终形成儒释道的三教合流。因此,中国古代文化的"头等大事"是儒释道关系。[1] 随着现代社会世界历史的开启,现代中国文化资源变得更为丰富,除了古代中国已有资源外,还包括世界文化资源。从中国进入现代化轨道的那个时代开始,古代相对独立封闭的中国文化环境就不存在了。尤其是五四新文化运动时期,中国传统文化的固有结构被打碎,西方各种主义摆在中国人的面前。在危急紧迫实践主导的情况下,我们顺应历史的潮流选择了马克思主义。如何做好马克思主义与中国实际的结合,与中华优秀传统文化的结合,就成为现代中国文化建构的头等大事。

其次,儒家与马克思主义。在儒释道三者之中,无可争议,儒家处于最为核心的地位,是中国传统文化的指导思想。无论所主张的入世态度,还是对于宗法等级制度和相应伦理的阐述,以及对理想社会和理想君民关系的憧憬,都成为塑造中国传统文化的主导性因素。在现代语境下,马克思主义与中国传统文化的关系凸显出来,中是体,马是魂,二者是彼此契合的关系。

再次,儒道相反相成与马克思主义中国化。在儒释道三者关系中,儒道的关系更为密切。他们都起源于本土,产生的年代都是春秋末年,是十家中最早的两家。虽然一个是对宗教神权的反动,另一个是对宗法制度的维护;一个出世,另一个入世;一个善于哲学思辨,另一个长于讲学论道,但是相反相成,相互借鉴,构成中国传统文化的双核结构。而马克思主义与中国传统文化,从来源上讲,其实是两种背景下产生的文化,但是由于在现代化的初期和后期中西文化先后出现了问题,马克思主义是作为西方文化的批判者出现的,加之它对中国现代化的特殊贡献,因此马克思主义已经成为一支相对独立的力量,而直接与中国传统文化发生更直接的关系。因此现代中国文化的基本结构不是中

---

[1] 参见任继愈:《唐宋以后的三教合一思潮》,《世界宗教研究》1984年第1期。

西文化,而是马克思主义和中国传统文化,而两者的结合就是马克思主义中国化。

三、中华民族文化认同的价值目标对比

价值目标是文化的集中体现,对于中华民族文化认同的构建至关重要。古今固有时代差异、内容差异,但是在形式和理念上也有相通近似之处。

首先,治世荣世与稳定发展。古今虽然历经沧桑变化,但是大道相通。社会稳定,安居乐业,国家强大,蒸蒸日上,是所有时代百姓大众的共同愿望。古代中国这个价值目标表述为"治世荣世"。虽然三教各有所长,但是社会功能却指向同一目标。南宋孝宗皇帝在《原道论》中说:"以佛修心,以老治身,以儒治世"。① 明太祖朱元璋在《三教论》里说:"三教之立,虽持身荣俭之不同,其所济给之理一。"②而当代中国这个价值目标从人民立场出发,追求社会和谐稳定、世界和平发展,实现中华民族伟大复兴中国梦。

其次,由于时代不同,治世荣世与稳定发展还是有区别的。古代社会由于以常规实践和交往实践为主导,更多的是追求稳定和现有资源的等级分配;当代中国的时代精神是改革创新,稳定是为了发展,是为了实现现代化,"全面建设社会主义现代化国家、全面深化改革、全面依法治国、全面从严治党",实现全体人民共同富裕,惠及于民。就价值主体而言,古代社会按等级分配,现代社会则按照社会主义市场经济公平效率的原则进行分配。

最后,三纲领八条目与社会主义核心价值观。作为中国传统文化最核心的儒家文化以"礼"和"仁"为中心理念。"礼"在于维护宗法等级,"仁"在于缓和阶级矛盾。围绕着它们,儒家知识分子阐述了很多观点,概而言之,当以朱熹在《大学章句》中所概括"三纲领"和"八条目"为总纲。所谓"三纲领"是指"明德""亲民""止于至善"。它们是教化的目的,让人们发觉自己本心的

---

① 《佛祖历代通载》卷二十,《大正藏》卷49,第692页下。
② 朱元璋:《三教论》,载魏伯城等编:《全明文》第1册,上海古籍出版社1992年版,第145—146页。

善,并推己及人,各守本分。所谓"八条目"是指"格物""致知""诚意""正心""修身""齐家""治国""平天下"。它们是实现教化目的的具体实践步骤。作为三教合流后儒家的集大成者和儒家第二期开创者中的核心人物之一,朱熹的这个总结是有代表性的,也是很准确的,表达了"天人合一"和"内圣外王"的儒家情怀。社会主义核心价值观则是在社会主义核心价值体系基础上,从国家、社会和个人三个层次表达了当代中国共有精神家园的核心价值。

古今中华民族文化认同的价值目标的时代内容具有本质区别,但是形式和方法有相通之处。在两相对比中,我们可以有所借鉴。

四、中华民族文化认同的实现路径

在民族复兴的当代,我们增进文化认同,构建中华民族共有精神家园,历史上的成功经验,会给我们提供很多方法论的支持。综合以上,我们认为古今文化认同的建构都是一个系统工程。

第一,一体化。中华民族文化认同是一个具有整合功能的精神力量,体现了"多元一体"的理念。"多元一体"分为三个步骤。

首先,从"多元"到"三元"。古代中国文化认同的形成是以三教合流为主线的,现代中国则表现为马克思主义中国化的综合创新。"儒释道三家的会通融合,形成'和而不同'的宗教文化体系。这种现象,在世界文明史上实属罕见。三教合流,并没有消除儒释道自身的特点,三教相似的对话策略,保留各自的主体性,体上会通,用上合流,体现了中国社会协调不同宗教关系的高超智慧。"①而综合创新在文化自信的前提下,坚持把马克思主义基本原理同中国具体实际相结合、同中华优秀传统文化相结合,形成"明体达用、体用贯通"的局面。

其次,从"多元"到"一元"。构建核心价值观需要指导思想的引导,在古

---

① 李四龙:《论儒释道"三教合流"的类型》,《北京大学学报》2011年第2期。

代,儒家充当了这个角色,在当代,马克思主义当仁不让,这既是理论的合理性使然,也是经历过实践检验的成果。没有马克思主义的指导,中国将失去社会主义的方向,失去生机和活力,失去快速时代化的契机。

最后,提炼"一元"所承载的核心价值理念。从古今经验和对比来看,构建核心价值是形成文化认同的必由之路。中国是一个多元一体的国家,不仅地域辽阔,而且民族众多,人口众多,因此要实现中华民族伟大复兴中国梦,就需要核心价值的凝聚。每个时代都有自己的主旋律,把握时代特征也有助于我们寻求核心价值。古代中国以礼教仁爱的等级伦理价值为核心,当代中国社会主义核心价值观虽然内容丰富,但是核心理念也很清楚,就是快速发展,并保证发展的合理性,我们可以理解为公平和效益的结合,也可以理解为工具理性和价值理性的结合。

第二,中国化。中国化是中国文化包容性的体现,也是外来文化元素在中国国情中发挥作用的必由之路。佛教博大精深,既具有西方神学的特点,又具有东方文化的神韵。古代中国人的精神世界需要这样一个文化元素,但是纯粹的古印度佛教又很难被中国人接受,于是佛教的中国化就在所难免。马克思主义中国化也是同样的道理。我们需要马克思主义的指导,需要运用它打破原有的文化结构,重建中国的当代文化。但是中国传统文化是我们民族的底色,是我们文化之根。

第三,时代化。古今文化资源都存在时代化的过程,而且由于古代中国社会的超稳定结构,其向现代社会的转变采取了断裂重组的方式实现。中国传统文化具有创新性,随着历史演进不断时代化。而马克思主义则具有与时俱进的宝贵品格,其中国化也需要时代化。马克思主义中国化随着时代的变迁,不断作出调整,产生新的成果。

第四,大众化。大众化是文化认同形成的基本方向和结果。古代中国主要采取教化和灌输的方法,诸子百家皆有这种倾向。儒法自不必说,道墨也如是。比如老子说:"古之善为道者,非以明民,将以愚之"(《老子》第六十五章)。墨家发挥鬼神观念的目的也是为了用鬼神震慑百姓,起到教化作用。现代中国社会的核心价值真正实现大众化就是民众对于价值观的自觉认同。在当下这样一个现代性的、世界性的、大众性的时代，人们普遍受到启蒙，主体性得到张扬。作为相对独立的主体，人们越来越强调自主性，灌输只能作为背景和基础方法，但是不能成为支撑手段达到最终的效果。认同是主体性的根本体现，文化认同是实现文化领导的基本路径。正如葛兰西的文化霸权理论所说，文化战场的占领依靠的不是统治，而是服务，最终的结果需要文化认同决定。

综上所述，尽管中国进入现代社会的方式比较特殊，但是两个时代的对比结构还是清晰可见。中国的治世荣世，中国的稳定发展，都需要中华民族文化认同的建构。虽然时代不同，文化资源的内容不同，价值目标具有差异，但是基本结构、形式和方法存在许多相通之处。古代中国文化认同的建构既是我们的经验，也是我们的前车之鉴，在批判继承中，我们有信心建构一个更为完善的中华民族共有精神家园。

第二节 革命文化作为各民族集体记忆的文化认同功能

新时代的发展，中华民族的发展，需要民族团结。实现民族团结，铸牢中华民族共同体意识是根本。铸牢中华民族共同体意识，必须"推动各民族坚定对伟大祖国、中华民族、中华文化、中国共产党、中国特色社会主义的高度认同"。[①] 五个认同是铸牢中华民族共同体意识的核心支撑力量，其中文化是社会生活的内在机理，文化认同是最为深沉的认同。中华优秀传统文化、革命文化和社会主义先进文化是中华各民族共同创造的，也是他们共同的生存背景。其中革命文化是中华民族自觉意识的体现，也是中华民族文化自信的反映，是

---

① 《习近平谈治国理政》第四卷，外文出版社2022年版，第244页。

中华各民族的集体记忆,深刻地塑造了中华各民族共同的灵魂,在文化认同中具有举足轻重的作用。

一、革命文化、集体记忆和文化认同的界定

革命根源于社会基本矛盾,随着生产力的发展,生产关系发生变化,出现新的阶级和社会力量,但是原有的政治和观念上层建筑束缚了新的生产关系的确立和进一步发展,革命的实质就是通过文化运动和政治运动改变原来社会中占主导地位的价值观念和政治制度,确立新的上层建筑的统治地位。正如亨廷顿所说,革命"就是对一个社会居主导地位的价值观念和神话,及其政治制度、社会结构、领导体系、政治活动和政策,进行一场急速的、根本性的、暴烈的国内变革"。①

革命文化,是指新的阶级和新的社会力量所主张和体现的思想理论、价值观念和反抗精神等构成的精神体系。革命文化伴随革命的始终,正如毛泽东指出:"革命文化,对于人民大众,是革命的有力武器。革命文化,在革命前,是革命的思想准备;在革命中,是革命总战线中的一条必要和重要的战线。"②而在革命后,作为上层建筑,在国家的政治制度中得以实现和发展。革命文化本身是社会意识,但是所有社会意识都具有物质载体,革命文化的物质载体包括人物、事件、场景、文物、史料等;而且社会意识可以转变为物质力量,开天辟地,正如马克思所说:"批判的武器当然不能代替武器的批判,物质力量只能用物质力量来摧毁;但是理论一经掌握群众,也会变成物质力量。"③

集体记忆作为一个普通名词是很好理解的,就是特定群体对于他们共同经历的事情的心理留存。但是自从法国社会学家莫里斯·哈布瓦赫自觉地将其作为一个学术范畴提出以后,加之其他学者对于集体记忆理论的探讨和发

---

① [美]塞缪尔·亨廷顿:《变化社会中的政治秩序》,王冠华等译,生活·读书·新知三联书店1989年版,第241页。
② 《毛泽东选集》第二卷,人民出版社1991年版,第708页。
③ 《马克思恩格斯选集》第1卷,人民出版社2012年版,第9页。

展,集体记忆相对地就被赋予了某些固定的含义,也获得了更大的社会意义。总体来说集体记忆包含六个要素:第一,特定群体和特定社会。哈布瓦赫认为,集体记忆是去心理学化、生理学化和个体化的概念,具有集体性和社会性特征。集体记忆在群体实践中获得,并在社会交往中保存、再现、刻写和重构。它是集体意志的体现,是个体获得群体身份和群体得以维系的途径。正如哈布瓦赫所说:"对于集体记忆来说,只要支持它的社会一直存在,集体记忆也就会获得滋养、不断推陈出新,得以强化和丰富,而不会丧失它逼真的色彩。"①第二,共同经历和共同命运。集体记忆是特定群体共同历史的真实反映,是他们共同经历和命运的写照。它可以根据现在和未来的需要进行重构,但是必须基于客观事实。第三,立足现在和展望未来。集体记忆具有开放性和时代性,群体要生存,社会要发展,集体记忆在延续,因此人们需要不断丰富、更新和完善集体记忆框架。正如刘易斯·科瑟所说:"我们关于过去的概念,是受我们用来解决现在问题的心智意象影响的,因此,集体记忆在本质上是立足现在而对过去的一种重构"。② 第四,信息框架。集体记忆是人脑对过去经验的心理反映形式,属于精神现象。但是它不是杂乱无章的,而是具有信息框架的,以民族精神为主线,包含共同的记忆标识、价值观念、情感体验和风俗习惯等有机内容。第五,物质载体和交往形式。集体记忆作为社会意识需要物质载体和外在形式得以呈现,包括历史文物、空间情景、纪念仪式、社会符号、遗址遗迹、图画影像等。第六,现实功能。集体记忆的主要功能就是实现民族认同、国家认同和文化认同,维系共同体的安全,并凝聚社会主体,成为实践力量。因此所谓集体记忆,是指特定群体立足现在和未来群体安全和发展的需要依托一定的物质载体和交往形式对于共同历史经历的精神重构。

文化认同,是指人们对于本民族文化模式的归属感。它包含三个基本要点:第一,文化认同的实质是自我认同,实现文化认同的人群属于同一个民族,

---

① [法]哈布瓦赫:《论集体记忆》,毕然、郭金华译,上海人民出版社2002年版,第167页。
② [法]哈布瓦赫:《论集体记忆》,毕然、郭金华译,上海人民出版社2002年版,第59页。

他们有着共同的生产生活经历、共同的历史命运、共同的政治归属、共同的精神谱系。第二,文化模式是各方面文化内容构成的有机整体,包含民族精神和价值体系统领下的各种文化现象,具有民族性和类型化标识。第三,文化认同是人们精神生活的根本追求,在灵魂深处形成精神支撑,赋予生命高层次的意义结构。

"五个认同"是一个整体,共同构成中华民族共同体意识的核心内容。文化认同在五个认同中是最深层次的认同,是中华民族共同体意识的内在机理,是民族团结的灵魂,是维系个人与群体关系的精神纽带,是国家文化软实力的重要标志。正如习近平总书记强调:"加强中华民族大团结,长远和根本的是增强文化认同,建设各民族共有精神家园,积极培养中华民族共同体意识。"[1]

二、革命文化反映中华民族的集体记忆

中国传统文化、革命文化和社会主义先进文化都是中华民族的集体记忆的反映。习近平总书记指出:"各民族共同开发了祖国的锦绣河山、广袤疆域,共同创造了悠久的中国历史、灿烂的中华文化"。[2] 革命文化对于中华民族从自发到自觉发挥着重要作用,尤其是新民主主义革命,它与中国共产党具有同源性、同质性和同向性。[3] 费孝通先生认为:"中华民族作为一个自觉的民族实体,是近百年来中国和西方列强对抗中出现的,但是作为一个自在的民族实体则是几千年的历史过程中形成的。"[4]中华各民族作为一个大家庭的成员,在中国共产党的领导下书写了 20 世纪上半叶可歌可泣的集体记忆,形成一个既有时间线又有整体性的革命文化图景。

1840 年鸦片战争以后,中国逐渐沦为半殖民地半封建社会,中国文化出

---

[1] 《习近平著作选读》第一卷,人民出版社 2023 年版,第 285 页。
[2] 《习近平谈治国理政》第二卷,外文出版社 2017 年版,第 299 页。
[3] 参见王东:《革命文化:中国共产党关于革命的"集体记忆"》,《红色文化资源研究》2018 年第 2 期。
[4] 费孝通:《中华民族多元一体格局》,中央民族大学出版社 1989 年版,第 1 页。

现危机,这是中华各民族的共同命运。中国的少数民族主要集中居住在东北、西北、西南、东南和中南地区。东北地区主要有蒙古、满、朝鲜、锡伯、达斡尔、俄罗斯、鄂温克、鄂伦春、赫哲等民族;西北地区主要有维吾尔、回、哈萨克、东乡、土、柯尔克孜、撒拉、塔吉克、乌孜别克、保安、裕固、塔塔尔等族;西南地区主要有藏、彝、苗、白、哈尼、傣、布依、侗、傈僳、拉祜、佤、纳西、景颇、水、羌、仡佬、布朗、普米、怒、阿昌、德昂、基诺、门巴、珞巴、独龙等族;东南、中南地区主要有壮、瑶、土家、黎、畲、高山、毛南、仫佬、京等族。这些地区不但地域辽阔、自然资源丰富,而且大都处于边疆国境线上。我们可以看到,虎门销烟时林则徐身边土家族官兵的身影,鸦片战争中土家族将士在沙角炮台、鄂西苗族将士在广东前线、蒙古族将士在镇海战役中与满汉爱国将士一同英勇无畏地战斗;太平天国运动中广西少数民族地区成为革命的策源地,两万多起义汉、壮、瑶各族农民中壮族占到四分之一,萧朝贵、韦昌辉等主要将领都是壮族;随着中国殖民化的深入,主要帝国主义国家纷纷在中国建立租借地和划定势力范围,边疆各族人民掀起了反抗外国侵略的斗争,比如东北和西北各族抗击沙皇俄国的斗争,高山族保卫台湾抗击英、美、日、法的斗争,中日甲午战争各族人民的抗日斗争,黑旗军各族将士的抗法斗争,西藏人民的抗英斗争等;辛亥革命前夕孙中山在粤、桂、滇三省领导壮、汉、苗、瑶、彝、傣、哈尼等族人民发动了多次起义,辛亥革命的首义也是在土家族、苗族比较多的两湖地区。

中国共产党成立后,彻底改变了中国革命的性质,虽然新民主主义革命仍然是反对封建主义和帝国主义的革命,但是它的先进性在于彻底摆脱了革命对于封建势力和帝国主义的依赖,以工农为阶级基础,并将革命的未来引向社会主义。新民主主义革命更是中华各民族引以为豪的集体记忆。[①]

1919—1927年是中国共产党的孕育成立和国共合作进行北伐战争的时期。首先,新文化运动在民族地区产生了解放思想的作用。各族青年掀起了反对封建传统思想的斗争,回族女青年郭隆真、土家族女青年向警予和回族青

---

① 参见罗开云等:《中国少数民族革命史》,中国社会科学出版社2003年版。

第八章 创新文化的认同发展

年马骏等都是在这一时期涌现出来的爱国青年,他们冲破封建势力的束缚,毅然决然地走上革命道路。其次,五四运动激发了各族人民的爱国热情。白族学子施滉成为清华园的"举火人",回族青年马骏在运动中逐渐成长为天津学生领袖,水族学生邓恩铭积极参加济南学生爱国运动,驻川滇军参谋壮族青年韦拔群利用各种途径传播革命理论。再次,早期的少数民族共产主义者在建党中发挥了重要作用。土家族女青年向警予加入了长沙的新民学会,回族青年马骏、郭隆真、刘清扬是周恩来等人发起成立的天津觉悟社的重要成员,水族青年邓恩铭等人创办了济南的励新学会等。这些进步团体凝聚进步青年,创办进步刊物,带动民族地区思想解放,并与工人运动结合,为中国共产党的成立进行了各方面的准备。最后,北伐战争也是各族人民共同完成的。在北伐战争中,涌现出一批少数民族将士,例如蒙古族团长荣耀先、朝鲜族勇士金俊燮、白族指挥员周保中等。

1927—1937年是国民党反动派发动反革命政变和中国共产党领导土地革命的时期。国民党反动派的反革命政变,杀害了一大批共产党员,其中被杀害的少数民族共产党员包括姚彦、张昌岐、多松年、李裕智、马骏、赵琴仙、向警予、米世珍等,以及当时被逮捕后来被杀害的邓恩铭、赵世炎、龙大道、郭隆真等。但是白色恐怖并没有吓倒全国各族人民。1927年8月1日,中国共产党在南昌打响了反抗国民党反动派的第一枪,并在八七会议上确定了土地革命和武装反抗国民党反动派的总方针。这些武装斗争很多都发生在民族地区,少数民族对工农红军的建立和革命根据地的建设作出了杰出的贡献。例如贺龙和周逸群领导的湘鄂西武装起义得到当地土家、苗、汉等各族人民的积极响应;长阳红六军是全国首创的一支以少数民族为主体的工农红军,土家族战士达到51.7%;邓小平、张云逸和韦拔群在广西领导的左右江武装起义,更是得到壮、瑶、苗等少数民族的支持,红七军一半都是壮族。在武装起义的推动下,中国共产党还在少数民族地区建立了革命根据地,成立苏维埃政权,进行土地革命,例如海南黎、苗地区的琼崖根据地,土家族、苗族地区的湘鄂西根据地,广西壮族、瑶族地区的左右江革命根据地,畲族地区的闽浙赣革命根据地,陕甘宁回族地区的革命根据地等。土地革命的胜利必然引起国民党反动派的仇视,根据地遭到国民党军队的"围剿",红军被迫长征。在长征中中国工农红军先后经过了11个省,与苗、瑶、壮、彝、藏、回、土家、纳西、裕固、羌、布依等十多个少数民族发生了直接联系。红军认真执行民族平等团结的政策,赢得了各族人民的信任和支持,他们为实现中国革命的战略转移作出了卓越贡献,也为后来的革命胜利打下了基础。

1931—1945年是抗日战争的时期。1931年九一八事变以来,东北最早受到日本帝国主义的侵略,开始了长达14年的抗战,东北人民革命军的主要活动地区以满、朝鲜、赫哲、达斡尔、蒙古等少数民族地区为主,其革命将领和战士很多都是少数民族,比如周保中(白族)、李红光(朝鲜族)、于铁力(鄂伦春族)等。全民族抗战爆发后,各族人民更是组成了全局性的抗日统一战线。冀中、渤海、西北的回民抗战,涌现出马本斋、刘文正、刘格平、刘震寰、马思义等回民英雄;海南的黎、苗等族人民建立了抗日民族根据地;高山族人民在阿里山建立了抗日游击根据地;西南边陲的滇、桂、黔地区也是抗战前沿阵地,各族人民进行了艰苦卓绝的抗日活动;西藏、新疆地区虽远离抗日前线,但是也用实际行动支援抗日,在日本封锁中国海岸线和滇缅公路后,新疆成为中国抗战最重要的国际运输线,藏族人民除了竭尽所能进行物力支援外,还纷纷参军参战。

1945—1949年是国共两党进行大决战的解放战争时期。这个时期不仅是两个政党的决战,而且是中国各族人民两个命运的决战。各族人民为了保卫胜利果实,争取彻底解放,选择了中国共产党。从1946年6月国民党政府撕毁双十协定向解放区全面进攻,到1947年7月中国人民解放军由战略防御转入战略进攻,仅仅用了1年时间。1949年10月1日中华人民共和国成立时,除华南和西南中国大部分地区都已解放。不久这些地区也传来胜利的消息。截至1951年10月西藏和平解放,大陆地区各少数民族全部获得解放。

三、"集体记忆"的中华民族文化认同功能

在中华民族的危急时刻,中华各民族面对共同的历史命运团结一致共同奋斗书写了伟大的革命文化。革命文化是中华各民族的集体记忆,是中华民族自觉意识的体现,成为文化认同的重要的精神资源。

集体记忆是文化认同的前提和源泉。集体记忆是群体成员对于共同经历的精神共享,它为文化认同提供历史积淀和精神素材,明确文化的时间、地点和人物,讲述文化的来龙去脉、成因结果,例如共同战胜自然的生存繁衍,共同反抗外来侵略的战斗,共同谱写的盛世华章等,它们共同构成文化认同的思想基础,成为凝聚人心勠力奋斗的力量之源。"通过集体记忆建构中华民族文化认同就是要用共同的历史、共同的经历、共同的记忆、共同的情感来凝聚团结十四亿多中华儿女。"[1]集体记忆是丰富而复杂的,辉煌的历史让我们文化自信,温情的历史让我们从容淡定,不幸的历史让我们奋发图强,耻辱的历史迫使我们自省反思。而且往往是不幸灾难和反抗战斗更能唤醒民族的自觉,中外历史都有例子,无论是中国近代的民主革命,还是英法战争和美国独立战争,正是在这个过程中,民族的自觉意识得以产生或强化,文化认同得以确定。集体记忆成为文化认同的中间媒介,也成为中华民族文化基因的传递和沉淀的过程。

文化认同是集体记忆的结果和升华。文化认同是人们精神生活的根本追求,在灵魂深处形成精神支撑,赋予生命高层次的意义结构。集体记忆基于共同经历和现实需要所形成的信息框架,最终会从社会心理上升为社会意识形式,经过提炼和升华,在文化认同中获得集中的展示,并形成文化认同的精神实质和价值内核,成为民族的精神归属和信仰,从而完成其维护群体生存发展而进行精神重构的功能。

集体记忆与文化认同耦合共生。第一,集体记忆和文化认同的主体一致,

---

[1] 苏黄菲菲:《集体记忆视域下中华民族文化认同的理路》,《社会科学家》2020年第7期。

是同一民族的集体记忆,同一民族对于自身文化的认同;第二,它们在发生学上是同源共生的关系,共同根源于同一群体的共同的实践活动;第三,它们在本质上都属于集体观念的范畴,都是集体对于共同经历和课题的精神把握,集中体现本民族的精神基因;第四,它们在功能上都具有维系凝聚的作用,以确保群体的延续和发展。因此集体记忆不断丰富和发展的过程,就是文化认同不断滋养和巩固的过程。

就中国而言,中华民族是集体记忆和文化认同的主体。在五千多年的历史长河中,中华历史上出现的各民族不断融合、分化、再融合,形成了伟大的中华民族,共同演绎着中华民族的历史,塑造和延续着中华民族的文脉。中华民族文化经历了三个阶段:中国传统文化、革命文化和社会主义先进文化。习近平总书记指出:"中国特色社会主义文化,源自于中华民族五千多年文明历史所孕育的中华优秀传统文化,熔铸于党领导人民在革命、建设、改革中创造的革命文化和社会主义先进文化,植根于中国特色社会主义伟大实践。"[①]其中革命文化和社会主义先进文化又同属于中国近现代历史范畴,在这个历史阶段,民族自觉意识在世界范围内拓展。中国传统文化属于中华民族文化自发形成和发展的结果,而革命文化和社会主义先进文化则是自觉的文化实践结果,各民族文化在后两个阶段中属于类同文化。也就是说中华民族在民族危机时刻塑造的革命文化具有更为强烈的集体记忆的性质,不仅自觉,而且深刻,在文脉相通的基础上,更增加了生死与共的文化亲情。这种强烈的集体记忆的信号,成为文化认同的显性基因,中华民族文化认同从此有了明确的自我意识,成为中华民族的自我肯定、自我激励和自我凝聚的文化认同。

中华民族的共同经历是集体记忆的基本内容和文化认同的文脉基础。中国各民族长期生活在同一片土地上,有着又相同又相异又相通的实践生活。经过漫长的上古历史,在春秋战国之前形成了以中原为中心的北狄、南蛮、东

[①] 《习近平著作选读》第二卷,人民出版社2023年版,第34页。

夷、西戎的民族格局。后来北狄、南蛮、东夷、西戎逐渐与晋国、楚国、齐国、鲁国和秦国等融合，逐渐形成了华夏民族。可以说中华民族的雏形就是民族融合的结果。而且中华民族很早就超越了血缘共同体的范畴，在很大程度上成为精神共同体。"孔子之作《春秋》也，诸侯用夷礼则夷之，夷而进于中国则中国之。"①之后魏晋南北朝、辽夏金元、清朝民国时期也是重要的民族融合阶段，而且中华民族最终在革命中走向自觉。立宪派代表人物杨度认为："一民族与一民族之别，别于文化，……中华之名词，不仅非一地域之国名，亦且非一血统之种名，乃为一文化之族名。"②新中国成立后，进行民族甄别，实行民族区域自治制度，进行社会主义建设和改革，新中国的历史又增添了新的集体记忆，成为文化认同新的舞台。习近平总书记对中华文化进行了高度概括："我们灿烂的文化是各民族共同创造的。中华文化是各民族文化的集大成。"③

中华民族共有精神家园是集体记忆的信息框架和文化认同的模式载体。所谓中华民族共有精神家园，是指中华民族全体成员基于共同的历史时间和地理空间，在不断的交往、交流和交融的过程中共同创造、普遍认同、相互寄托的精神文化系统。它是一个知识体系，包含着各民族共同创造的丰富思想材料；它也是一个价值体系，铭刻着各民族普遍认同的是非、善恶、美丑的标准和孜孜以求的共同理想；它更是一个情感体系，维系着各民族相濡以沫的关系和相与寄托的心灵归宿。中华民族共有精神家园既是集体观念的汇聚，也是集体观念的升华。中华民族共有精神家园在本体论上表现为多元一体，多民族主体共有，并形成有机整体和核心价值观；依托于源远流长的民族交往、交流和交融的历史；以中华民族共同体为逻辑基础，形成中华民族共有精神家园。

中华民族的文化自信和伟大复兴是集体记忆的新篇章和文化认同的核心诉求。集体记忆和文化认同都是立足现在的精神建构，因此它们都以中国特

---

① （唐）韩愈撰、（南宋）魏仲举编：《五百家注昌黎文集》，线装书局2014年版。
② 金炳镐主编：《中国民族理论百年发展1900—1999》，辽宁民族出版社2008年版，第71页。
③ 习近平：《在全国民族团结进步表彰大会上的讲话》，人民出版社2019年版，第5页。

色社会主义的伟大实践为现实基础,为中华民族的伟大复兴提供精神动力。近代以来广义革命文化作为集体记忆书写的历史在某种程度上就是打破文化自信并重塑文化自信,最终从站起来到富起来和强起来的过程。文化认同是国家文化软实力的重要体现。所谓文化软实力,是指一定群体创造的精神产品在其共同的实践活动当中所产生的力量。文化认同是人们对于自我文化的认可,具有凝聚人心、促进本民族文化发展的作用,并为社会各方面建设提供智慧支持,因此发挥提升文化软实力的作用。

四、"中华民族文化认同功能"的实现路径

中华文化是中华民族的灵魂,中华民族文化认同是最深层次的认同,对于铸牢中华民族共同体意识具有举足轻重的作用。但是在目前的国内外环境中,文化认同也面临各种各样的挑战。

第一,全球化和数字化时代,世界文化处于开放高速的交流状态,文化多元主义导致理想目标混乱和价值体系散乱,西方的文化霸权成为中华民族文化的安全隐患,互联网的超文本特征导致意义结构发生了重大变化。第二,消费主义和流行文化稀释、遮蔽和篡改中华文化符号的意义内涵,导致中华民族集体记忆的模糊,神话遭遇各种"魔幻变调",历史人物受到各种"戏说反讽"。第三,后现代主义思潮导致传统文化符号的解构和文化认同的消解,因为"它推崇的是语言的游戏(利奥塔)、文本的解构(德里达)、历史的祛魅(福柯)、欲望的张扬(德勒兹)等,这种天马行空的多元主义使其对任何一个民族的语言、文化、历史、传统都不屑一顾"。[①] 第四,中国作为后发国家遭遇快速激烈的文化转型,忠孝仁义的中国传统文化价值观、民主科学的现代文化价值观与解构多元的后现代主义价值观并行,它们之间出现的裂隙导致众多社会观念冲突。第五,历史虚无主义思潮的侵蚀蔓延,用个体记忆肢解集体记忆,用自我认同取代文化认同,历史虚无主义者对中华民族文化了解不够,缺乏文化自

---

① 陈培永:《后现代文化境遇中的中华民族精神弘扬》,《淮海工程学院学报》2009年第2期。

觉与文化自信,对社会主义核心价值观认识不深,对中华民族共同体归属感不强。第六,中外分裂势力的影响,他们总是借口地域文化差异、发展不均衡、历史遗留问题等在我国民族地区、边疆地区和港澳台地区等挑起矛盾。正如萨义德所说:"文化成为了一个舞台,各种政治的、意识形态的力量都在这个舞台上较量。文化不但不是一个文雅平静的领地,它甚至可以成为一个战场,各种力量在上面亮相,互相角逐。"①

面对中华民族文化安全的隐忧,我们必须坚持中华民族文化的独立性、传播力、影响力、表达力、创造力和凝聚力,并为此进行理论和实践的探索。这里的"中华民族文化认同功能"不是一般意义上的,特指作为集体记忆的革命文化的中华民族文化认同功能。根据革命文化的具体内容,以及集体记忆和文化认同的各自特征与耦合共生关系,我们认为其实现路径包含以下六个方面。

第一,在革命文化命运与共、开天辟地的集体记忆中强化中华民族共同体的主体意识,铸牢文化认同的身份确认。近代中国遭遇的民族危机是中华各民族的共同命运,与帝国主义、封建主义和官僚资产阶级进行的开天辟地的革命抗争也是中华各民族的勠力同心的共同实践,中华民族的自觉意识正是在鸦片战争、辛亥革命、北伐战争、土地革命、抗日战争和解放战争一场场历史事件中获得时空整合和意义固定。文化认同首先是身份认同,中华各民族成员只有了解自身的文化基因,认同中华民族的身份,才能共同坚守住中华民族的文脉。因此作为集体记忆的革命文化的中华民族文化认同功能的实现必须以人为中心,实现人心相通,方能使集体记忆获得滋养,文化认同得以强化。

第二,完善革命文化的建构,开展党史党性教育,突出少数民族革命史。作为集体记忆的革命文化的中华民族文化认同功能基于革命史和中共党史的基本事实,这是中华各民族产生精神共鸣的前提。因此我们必须加大革命文

---

① [美]萨义德:《文化与帝国主义》,李琨译,生活·读书·新知三联书店2004年版,"前言"第4页。

化的建设力度,发挥革命文化承上启下的关键作用;加强中国近代史和中共党史的研究深度,梳理中国共产党的精神谱系,坚决抵制对历史的篡改、消解和忘却。在这个过程中强调两个重点:一是褒扬烈士,让他们成为历史的坐标和时代的榜样,习近平指出:"英雄是民族最闪亮的坐标。……对中华民族的英雄,要心怀崇敬,浓墨重彩记录英雄、塑造英雄,让英雄在文艺作品中得到传扬……绝不做亵渎祖先、亵渎经典、亵渎英雄的事情。"[①]二是突出带有民族特色的关键要素的研究,强化革命文化是中华各民族集体记忆的事实,对于文化认同和民族团结具有决定作用。

第三,革命文化的集体记忆重构应该聚焦当代现实问题,让革命文化在中国特色社会主义实践中发挥作用,让新的实践延续中华文脉。集体记忆的重构和文化认同的目的都是立足现在、指向未来的。作为集体记忆的革命文化的中华民族文化认同功能的作用机制有二:一是中华民族集体记忆的自我更新,二是中华民族集体记忆介入现实。[②] 前者必须坚守中国精神,凝聚中国力量,打造新的集体记忆,保证精神谱系一脉相承;后者必须立足新时代中国经济、政治、文化、社会和生态问题,继承和发扬革命文化,在中华民族复兴中创造新的奇迹。正如习近平总书记所说:"我们要坚持不忘本来、吸收外来、面向未来,既向内看、深入研究关系国计民生的重大课题,又向外看、积极探索关系人类前途命运的重大问题;既向前看、准确判断中国特色社会主义发展趋势,又向后看、善于继承和弘扬中华优秀传统文化精华。"[③]

第四,注重革命文化的集体记忆信息框架向文化模式的升华,巩固文化认同的精神系统。首先,在集体记忆的信息框架中,民族精神是主线。我们应该不断重构革命文化体现的爱国主义情怀、团结统一共御外侮的革命精神、解放人民争取和平的理想旨归、艰苦奋斗实事求是的战斗作风和开天辟地开拓进

[①] 《习近平谈治国理政》第二卷,外文出版社2017年版,第351页。
[②] 参见史宏波、黎梦琴:《在强化中华民族集体记忆中弘扬中国精神》,《马克思主义与现实》2021年第6期。
[③] 习近平:《在哲学社会科学工作座谈会上的讲话》,人民出版社2016年版,第16页。

第八章 创新文化的认同发展

取的奋进精神,将之升华为以爱国主义为核心的民族精神和以改革创新为核心的时代精神,即中国精神。其次,中华民族共有精神家园是基础。革命文化继承和丰富了中华民族共有精神家园,内容包括丰富的革命历史事件和革命精神、因地制宜的革命形式、命运与共的革命情谊、挽救民族危机的革命理想等。最后,共同的记忆标识、价值观念、情感体验和风俗习惯等是有机内容。在中国革命史和中共党史教育中,除了一般性的集体记忆的唤起,还应该注重记忆标识的提取、价值观念的强化、情感体验的共鸣和风俗习惯的养成。革命文化中体现的以爱国主义为核心的民族精神和以改革创新为核心的时代精神,也具有移风易俗的作用,改变着中华各民族的生活面貌。

第五,充分保护和使用革命文化的物质载体和非物质文化遗产,发挥重构集体记忆和文化认同的作用。集体记忆和文化认同都是集体观念,需要物质载体和交往形式的呈现,实现中华民族共同体意识的具象化。在物质载体方面,我们应该保护和使用好历史文物、影像资料、遗址遗迹等。物品具有某种符号意义,它们承载着革命的历程,能够直观地唤起人们的集体记忆。遗迹遗址是更大的记忆场域,能够让人们沉浸其中,营造记忆氛围和传递纪念情感。当然由于历史原因,有些文物和遗迹遗址没有保存好,我们还可以利用现代高新科技,复原历史场景,或者构建网络虚拟之场,将信息传递给更多的人。在非物质文化遗产方面,最重要的就是纪念活动。康纳顿在其《社会如何记忆》中把造成集体记忆的社会实践分为两类:体化实践和刻写实践。纪念仪式和集体活动就是最重要的体化实践,在一年一次的重复中,集体记忆和文化认同得到强化,个体获得有效的定义,避免成为赤裸的现代人。

第六,革命文化作为集体记忆实现文化认同功能必须聚焦国家统一、民族团结和民族复兴的价值取向。在五个认同中,国家认同处于首位,是最高层次的认同。民族认同和文化认同相当于是国家认同的肉与灵。中国共产党认同和中国特色社会主义认同是实现国家认同的历史选择,成为国家认同的基石和道路。革命文化作为中华各民族的集体记忆的文化认同功能的实现只有站在这样的战略高度,系统把握,才能发挥更大的作用。在理论认同、情感认同、行为认同三个层面塑造中国精神,凝聚中国力量,实现中国价值。

第三节 传统民族文化中的创新发展基因探析

2015年,习近平总书记在党的十八届五中全会上提出创新、协调、绿色、开放、共享的新发展理念,将中国创新发展推向新的战略高度。2017年,习近平总书记在党的十九大报告中进一步将"坚持新发展理念"作为"新时代中国特色社会主义思想和基本方略"提出,并在报告的第五部分"贯彻新发展理念,建设现代化经济体系"中作了全面重点的阐述。可见创新发展是关系社会持续健康发展和民族复兴的大事,全国各族人民必须加以重视和落实。

实践是人类的生存方式,创新活动和创新发展,其实质就是创新实践。而文化是实践的内在机理,所有的人类实践活动都以文化作为底蕴进行历史演绎。因此,创新发展需要文化环境的营造和建构,一方面我们需要培育有利于创新发展的中华民族共有精神家园,另一方面我们需要发掘各个民族的创新文化基因,并实现其现代建构。

一、传统民族文化的创新文化基因研究的理论基础

创新贯穿于人类历史的始终,但是创新理论是伴随着资本主义走向成熟而出现的晚近的事情。马克思是资本研究的集大成者,成为创新理论的奠基人。熊彼特在1912年发表《经济发展理论》一书,标志着创新理论的诞生。20世纪50年代以后创新理论逐渐形成技术创新经济学派和制度创新经济学派的分庭抗礼。20世纪80年代末90年代初,随着世界经济从工业经济向知识经济的转变,创新理论成为综合创新理论,更多影响创新的因素被考虑和研究,文化视角显现。创新获得普遍重视,成为公认的社会发展的主要动力因素。

第八章　创新文化的认同发展

中国的创新研究开始于20世纪70年代末80年代初,在几代中央领导人的推动下,从"科学技术是第一生产力"到"科教兴国战略",再到"建设创新型国家",中国人逐渐开始重视和研究创新发展。党的十八届五中全会提出:"坚持创新发展,必须把创新摆在国家发展全局的核心位置,不断推进理论创新、制度创新、科技创新、文化创新等各方面创新,让创新贯穿党和国家一切工作,让创新在全社会蔚然成风。"[1]

创新发展不仅具有时代性,而且具有普遍性。一方面,创新发展伴随着现代化而产生和演变;另一方面,创新发展如同全球化一样从经济领域逐渐拓展到所有领域。因此,创新发展带有很强的哲学基因,是现代哲学的重要前沿问题。创新从经济学范畴转变为哲学范畴,最重要的基础性工作就是找到它的哲学根基。从上述的创新理论的发展史来看,我们需要做一头一尾两个方面的工作:一是将创新理论从熊彼特向前追溯到马克思;二是在创新经济学的基础上向后推进,建构马克思主义创新实践理论。

创新发展的哲学根基是实践,马克思的实践的唯物主义是创新发展的哲学根据地。因此,我们如何把握马克思主义哲学的范式,就决定了创新发展的哲学品格。文化哲学是现代哲学的范式,是现代哲学思潮,马克思主义的实践哲学属于文化哲学的一支,它有自己区别于其他文化哲学的特点,即"以工业阐发人的理性,并以此作为人的文化创造的感性基础,把近代哲学的抽象的理性改造为人的现实的、批判的活动"。[2] 这也是其作为创新发展哲学根据地的原因。作为马克思主义文化哲学的实践哲学,不是马克思主义哲学的一个部门哲学,而是对马克思主义哲学的整体解读。实践哲学包含创新实践理论。创新实践理论就是对创新发展的直接的哲学阐释,其中文化创新是创新实践的内容之一,创新文化是创新实践的外部环境之一。

---

[1] 《中国共产党第十八届中央委员会第五次全体会议公报》,人民出版社2015年版,第7页。

[2] 何萍:《马克思"实践的唯物主义"的文化哲学品格》,《求是学刊》2007年第3期。

依据马克思主义文化哲学历时态、共时态和文化分层三个维度,创新发展的文化环境包括三个方面:创新发展与文化的现代化;创新发展与世界文化;创新发展与日常生活世界。

创新发展与文化的现代化要求我们"古为今用"。一方面我们要肯定中国传统文化的创新文化资源,主要包括三个方面:中国古代辩证法的创新意蕴,中国历代的变法革新思想,中国古代科学技术思想;另一方面我们必须完成的工作是创新文化资源的现代化,当代中国的文化模式尚处于转型过程中,但是其基本性质是确定的,即现代性。现代性内含两种精神因素:工具理性和价值理性。我们必须按照现代理性对中国传统文化的创新文化资源进行改造。

创新发展与世界文化要求我们"洋为中用"。当代中国的文化模式注定处于世界性和民族性的辩证关系之中。中国的现代化属于外缘性现代化,我们必须借助外缘性现代化引发内缘性思考。因此张岱年先生提出中西马综合创新理论[①],方克立先生在此基础上升华出"马魂、中体、西用"说。[②] 但是目前我们对于西方创新文化尚处于崇拜和追随阶段,存在一定盲目性,不能吸收提升为自主创新的文化;马克思主义的创新文化理论还需要发展完善来有效引导创新发展。因此,我们必须实现西方的科学理性思想的中国化和完善马克思主义的指引作用。

创新发展与日常生活世界还要求我们"多元一体"和"上下贯通"。马克思主义文化哲学包括两个层次:文化哲学的形而上学和文化批判。但是它们不是传统哲学中分离的两个世界,而是同一个世界的两个层次,都存在于日常生活世界之中。理性反思和实证的结合在中国体现在两个方面:一是民族的多元一体,二是国家文化和大众文化的整合。从"多元一体"的角度来看,一方面我们需要培育有利于创新发展的中华民族共有精神家园,另一方面我们

---

① 参见张岱年、方克立主编:《中国文化概论》,北京师范大学出版社 2004 年版,第 356 页。
② 方克立:《马魂 中体 西用——中国文化发展的现实道路》,人民出版社 2015 年版,第 1 页。

需要发掘各个民族的创新文化基因,并实现其现代建构。从"上下贯通"的角度来看,主要是实现自上而下和自下而上的文化交流,并充分发挥知识分子的作用。

二、传统民族文化的创新文化基因要素

在一般性地梳理创新文化理论的基础上,我们聚焦传统民族文化中的创新文化基因,建构有利于民族地区和中国创新发展的文化环境。传统民族文化中的创新文化的开发是一项系统工程,涉及传统民族文化的方方面面,涵盖传统民族文化形成的地理环境、演变历史、主要内容和基本精神等所有内容;同时也是一个精加工的过程,需要在这些内容中提炼创新文化基因。

第一,传统民族文化具有开放性的广阔视野。民族地区大多地处边疆地区,地域辽阔,比如内蒙古地区、新疆地区、西藏地区、云南地区、广西地区等,历史悠久,与周边各族交往频繁,因此具有开放性的广阔视野。

第二,传统民族文化具有多元性的文史渊源。在历时态上,中华各民族的文化都不是一成不变的,在产生和不断演变的过程中融入了多种文化元素;在共时态上,中华各民族共处一个时空,彼此交往交流交融,相互影响。传统民族文化能够比较合理地处理各种文化的关系,为我所用,形成有机整体。

第三,传统民族文化具有开拓性的民族精神。开拓性的民族性格,这里不仅指开拓精神,而且指综合性的民族性格,包括开放冒险、顽强勇敢、乐观豁达等诸多方面的积极内容。创新实践意识首推敢于创新的精神,其次才是动机、目标和计划。创新实践活动是一种创造性的活动,是对现有的突破,是人们根据自身需要创造新事物的艰辛的劳动过程,而且可能遭遇社会其他成员的阻力,极具挑战性。因此创新品格在创新活动中非常重要。中华各民族开拓性的民族性格带有创新品格的潜质,对于创新活动是难能可贵的。

第四,传统民族文化包含务实性的求真精神。中华各民族的宗教、哲学、经济、政治、生活各个方面都有很强的务实精神。这既是一种质朴的情怀,又是一种扎实的文化基础。创新不仅需要开拓精神,而且需要务实的态度。这

主要体现在两个方面:一方面,中华各民族的文化创新需要以中华各民族的现实生活为基本出发点,不能脱离实际;另一方面,务实精神和科学精神具有内在的统一性,虽然有时存在自发与自觉的差异,但是在求真的性质上是一致的。

第五,传统民族文化带有天然性的生态理念。古代中华各民族中很多民族都属于游牧或者游耕民族,在生态脆弱的草原上和森林中逐水草而居,决定他们对于自然具有天然的敬畏感和亲近感。他们的宗教认为万物有灵,他们崇拜山川日月等各种自然现象;他们轮换牧场,珍惜水源,保护野生动物,并且用民规民约和习惯法的方式固定下来,形成规范。

第六,传统民族文化含有人文性的自由理想。传统民族文化带有很强的人文性。宗教与人们的生活息息相关,是一种以人的实际需要为目的的宗教;政治制度虽然采取军政合一,但是没有严刑峻法,权力比较分散,法律宽松;英雄精神其实是在恶劣的自然环境和动荡的社会环境中对于人的主观能动性的崇拜尊重;地广人稀的客观空间造就了热爱自由的灵魂,他们的身影回旋于广袤的土地。

概而言之,我们在传统民族文化中发掘了以上六个方面的创新文化基因,即开放性、多元性、开拓性、务实性、天然性和人文性,涉及视野、渊源、主体精神、实践基础、人生理念、价值取向等中华各民族生活的诸多方面,形成一个立体结构。

三、传统民族文化中创新文化基因的现代激活

尽管传统民族文化中存在创新发展的基因,但是大多还处于潜在状态,无法直接和中国的现代化建设、新发展理念实现对接,我们还需要做对其进行现代激活和建构的工作。针对以上我们提到的六个方面的创新基因,我们联系现实进行系统和切实的思考。

新的发展理念是一个整体,创新、协调、绿色、开放和共享各有侧重,相互配合,作为一个有机整体发挥作用。其中创新发展具有引领作用,在新发展理念中处于首要地位,强调创新因素在发展模式升级中的核心功能。协调发展

第八章 创新文化的认同发展

强调中国特色社会主义事业整体布局的平衡问题,注重发展中重大关系的处理,包括产业、区域、城乡、物质文明与精神文明、经济建设与社会、经济建设与国防以及民族关系等各个方面。绿色发展聚焦人与自然的和谐共生,主张建立资源节约型和环境友好型社会,建设美丽中国,并与世界生态文明接轨。开放发展是对全球化的积极回应,将中国的发展视野拓展到国际领域,通过双(多)向互动,实现和谐共赢的关系。共享发展聚焦人与人的关系,强调"公平正义"的价值观,主张全体人民共享改革开放和社会发展的成果,坚持"人人参与、人人尽力、人人享有"的要求,实现各地区、各行业、各阶层、各环节的全覆盖,全面建成社会主义现代化强国。新发展理念既具有真理性又具有价值性,它们的相辅相成构成中国的发展理念和发展模式。

开放性的国内国际广阔视野和协调发展、开放发展息息相关,同时也为创新发展建构了国内和国际的基本格局。中国政府有关西部大开发和少数民族地区、边疆地区的区域发展战略,是中国区域协调发展的重要内容,涉及区域平衡、国防安全、民族关系等相关方面。中国政府发起的"一带一路"倡议,划定了六大经济走廊,分别是中蒙俄、新亚欧大陆桥、中国—中亚—西亚、中国—中南半岛、中巴和孟中印缅经济走廊。这都与民族地区的跨境地理位置以及传统文化中的开放视野直接相关。

天然性的生态理念和绿色发展前后相继,人文性的自由理想和共享发展精神相通,同时它们也是创新发展的价值观在人与自然、人与人关系方面的体现。天然性的生态理念,带有更多的自然之天的内容,但是这种观念比较原始,还无法招架现代性的侵蚀,尚需一个否定之否定的过程。当然我们说的否定之否定,不是指破坏了再治理,而是如何处理发展与生态的关系问题。只有利用创新,以及现代发展理念的综合效果,我们才能将天然性的自发性的生态观念转变为人文性的自觉性的生态理念。

多元性的文史渊源和古代中国儒释道三教合流、当代中国文化交流互鉴、综合创新的发展思路相通。传统民族文化经历了上千年的孕育发展,是多元文化融合创新的结果。无论是从中国历史横向比较的研究的角度,还是从古为今用的角度,传统民族文化的多元性都为我们提供了很有价值的经验参考。

开拓性的民族精神和创新发展的主体条件具有一致性。传统民族文化赋予中华民族开拓性的民族性格,这种性格一定程度上是创新实践主体所必须具备的。习近平总书记在阐述创新发展重要理念时,总是强调人才的重要性。他强调指出:加快建设创新型国家需要"培养造就一大批具有国际水平的战略科技人才、科技领军人才、青年科技人才和高水平创新团队"。[①] 这些顶尖人才当然需要具备高水平的知识结构和创新能力,同时也需要开拓性的创新品格,这种品格是面向全国、面向国际的,是勇于挑战、吃苦耐劳的,是具有冒险精神、踏实强健素质的。这种品格可以在开拓性的民族精神中得到滋养。

务实性的求真思维是创新发展的出发点。创新发展既需要创造性的思维,开拓性的民族性格,又需要脚踏实地的作风。我们常说,中国的发展要依据中国的国情,同样,中国的创新发展必须依据本民族的生活实际,作为创新发展的基本根据。对于中华各民族的发展,我们必须依据其生活实际,保护和传承非物质文化遗产,移风易俗,融入新时代新的内容。正如我们强调,新时代中国特色的社会主义必须以中国传统文化为底色,中华各民族的发展也需要以传统民族文化为底色。

创新文化是创新发展的内在机理,创新发展是社会主义核心价值观的应有之义,社会主义核心价值观是中华民族共有精神家园在当代中国的集中体现。从"多元一体"的角度,我们系统地探讨了传统民族文化的创新文化基因。这不仅对于中华民族的创新发展大有裨益,而且必然滋养社会主义核心价值观和中华民族共有精神家园。

第四节　中华各民族创新发展的文化模式探析

中华各民族都有着对美好生活的向往,同时也面临着对于自身传统文化

[①] 《习近平著作选读》第二卷,人民出版社2023年版,第26页。

的反思,面对着现代化的课题。从文化哲学的角度来说,就是转变传统文化模式,建构符合创新发展时代理念的现代文化模式。文化模式是文化哲学的核心范畴。所谓文化模式是指特定地域、特定时代的特定民族依据自身价值系统所形成的整体生存方式。它是人们所有实践活动的内在机理,对于个人和社会发挥全面影响,从深层揭示历史的进步。正如恩格斯在《反杜林论》中所说:"文化上的每一个进步,都是迈向自由的一步。"①从历时态角度,不同时代具有不同文化模式,比如原始文化模式、农业文化模式和工业文化模式;从共时态角度,不同民族的文化模式存在差异,因此存在不同的现代化道路。"西方的启蒙主要针对上帝、教会的神圣和权威;中国的启蒙则要解构名教文化的理想价值,走出泛权力文化和权力神圣化的蒙昧状态。"②中华各民族文化的创新发展必须基于自身传统文化模式的特点进行转型,形成既符合现代普遍理念又带有民族特色的中华各民族现代文化模式。

一、传统转型:中华各民族创新文化模式的基石

宗教是古代社会的文化重心,对其他文化现象具有统摄力,犹如涓涓溪水渗透到各个方面。不论是民族社会的政治制度,还是人们的经济和文化生活;不论是人们的思维方式和思想意识,还是人们的日常生活,都受到宗教的深刻影响。这种情形与恩格斯在《路德维希·费尔巴哈和德国古典哲学的终结》中谈及中世纪欧洲基督教与其他文化的关系时所描述的历史事实非常相似:"中世纪把意识形态的其他一切形式——哲学、政治、法学,都合并到神学中,使它们成为神学中的科目。"③梁漱溟先生也说:"人类文化都是以宗教为开端,且每以宗教为中心。"④但是文化包含丰富内容,文化重心会随着时代变化而改变。陈序经先生曾说:文化重心随着时代的变化而发生转移,起初为宗

---

① 《马克思恩格斯选集》第3卷,人民出版社2012年版,第492页。
② 孙美堂:《从中西文化模式的差异看中国的启蒙》,《天津社会科学》2001年第6期。
③ 《马克思恩格斯选集》第4卷,人民出版社2012年版,第262页。
④ 梁漱溟:《中国文化要义》,世纪出版集团2011年版,第93页。

教,而后为政治、经济,最终归于伦理。①

马克斯·韦伯在《新教伦理与资本主义精神》中曾深刻地指出宗教改革和新教伦理对于西方现代社会发展的重要意义。韦伯认为:"现代资本主义精神乃至一般而言的现代文明的诸构成部分中的一个成分是在天职观念基础上对生活进行理性组织。这诞生于基督教禁欲主义的精神。"②通过宗教改革,新教伦理和资本主义精神取得了一致性,并成为后者合法性的有力支撑。

传统社会的宗教改革对于我们探寻传统转型和促进民族地区社会发展具有启迪意义。具体言之,积极引导中华各民族文化的现代化应需要注意以下几个方面:第一,打破传统民族文化中宗教文化一统天下的局面,将各种知识按照现代分类法各归其位,充分发挥其中科学合理的部分,比如医药学、天文演算、农牧生产、手工技艺、逻辑学、语言学、文学艺术等,这些文化内容是传统民族文化留给世人的宝贵财富,去除其中的落后成分,确立自身的科学(文化)地位并进行合理的现代转化,借鉴和吸收相应学科的国内外的最新成果,对于民族地区社会发展乃至全国社会发展都是积极有利的;第二,发扬宗教的人文情怀,以此为切入点,促进人们思想观念的改变,鼓励民众在遵守法律道德和守持完善境界的同时形成现代独立、民主、科学、竞争、创新的意识,实现传统观念和现代意识的有机融合;第三,合理定位宗教的社会地位与作用,积极引导他们与社会主义社会相适应,积极引导他们在现代宗教的合理范围内为民族地区社会的现代化服务。

二、内外开放:中华各民族创新文化模式的格局

民族地区大多在山区,因此,很多人以为传统民族文化是在封闭的状态下形成的。其实不然,传统民族文化不仅深受中原文化影响,而且由于很多都地处边疆地区,也受到其他国家和地区文化的影响,同时传统民族文化也在一定

---

① 参见陈序经:《文化学概论》,中国人民大学出版社2005年版,第221—273页。
② [德]马克斯·韦伯:《新教伦理与资本主义精神》,苏国勋等译,社会科学文献出版社2010年版,第116页。

范围内向外辐射,对其他文化产生影响。而且需要强调的是,中华各民族社会和文化的发展状态在很大程度上受制于文化的开放与否。

早在旧石器中晚期,中华各民族先民就居住在中华大地的各个地区,不同地区传统民族文化在其形成和发展的过程中,在历史机遇和自身发展需要的推动下,都吸收了许多周边国家或地区的民族文化。例如藏族,就国外而言,藏族传统文化深受印度、尼泊尔、克什米尔和波斯文化的影响;就国内而言,藏族传统文化接受了汉、蒙、氐羌、突厥、回鹘等诸多兄弟民族的文化成分。其中波斯文化、印度文化和中原文化对藏族传统文化的形成和发展起到至关重要的作用。由于贸易、政治、通婚等原因,藏族文化逐渐融入中华民族文化之中。传统民族文化对于其他文化的借鉴和吸收是全面性的,包括宗教、医药学、天文历算、文学、生产技术等诸多方面。

传统民族文化的成就,与其开放兼容性的特点是分不开的。每当中华各民族历史偏离这个轨迹,传统民族文化的发展就会陷入停滞倒退或者故步自封的境地。需要强调的是,中华各民族在接受其他文化影响时,不是简单地进行模仿式的文化模式移植,而是依据自身自然和社会环境,以及本土文化特点和价值取向等所作出的选择、加工和改造,传统民族文化是中华各民族自己创造的产物。因此,我们今天建构中华各民族的创新文化模式必须坚持中华民族文化的整体性,同时借鉴国外的先进文化。

三、主体人格:中华各民族创新文化模式的支柱

人是社会的基本构成要素,是社会发展的动力,因而人格特征对于社会发展具有决定性的影响,人的现代化是社会现代化的支撑力量。在中华各民族主体人格方面,传统民族文化也是一个复杂的矛盾体。

中华各民族在民族性格上具有很多可贵的品质:一是民族地区恶劣的自然条件塑造了中华各民族英勇顽强的精神和坚韧持久的生命力;二是自然环境的重重考验还促进了思想和实践的积累,培育了中华各民族勤劳智慧的心理品格;三是中华各民族在艰苦的环境中不畏艰险仍然保持豁达乐观和热情

奔放的民族性格;四是中华各民族人民在艰苦的环境中精诚合作,形成了粗犷豪迈和乐于助人的性格特点。这些可贵的人格品质,在现代化的过程中得到更好的引导和发展,必然产生难能可贵的动力作用。

四、伦理关怀:中华各民族创新文化模式的优势

传统民族文化除了强调人与自然的和谐共生外,还有一个突出特点就是强调人与人的关联性、公平性和协调性。而市场经济在促进社会发展的同时,最大的问题就是价值理性的缺失,正如恩格斯在《英国状况 十八世纪》中所说:"利益被升格为人类的纽带——只要利益仍然正好是主体的和纯粹利己的——就必然会造成普遍的分散状态,必然会使人们只管自己,使人类彼此隔绝,变成一堆互相排斥的原子"。① 传统民族文化在人的伦理方面表现出很强的资源优势,当然需要现代转型。

中华各民族传统的伦理思想大致包含三个层次:第一,"克己求善,无我利他"的道德观。中华各民族大多比较注重自我修养,他们追求内心平和,待人和善,处事公允;对待父母敬重孝奉,对待他人乐于帮扶,知恩图报。第二,"热爱祖国,注重责任"的国家观。中华各民族具有很强的群体意识和民族意识,这种民族特点在历史发展中逐渐升华为国家意识,他们忧国忧民,勇于担当,表现出强烈的民族气节和社会责任意识。第三,"团结友爱,和谐共存"的社会观。中华民族的世界观是超越于民族和国家的,它着眼于天下、宇宙和整个人类,塑造了中华民族宽广的胸襟,他们关爱世间万物,谋求世界和平。

同时,传统民族文化中的伦理资源也存在很多弊端,主要体现在中华各民族传统的伦理道德文化毕竟是在传统社会的政治制度和文化结构中形成和发展的,历史上长期服务于统治阶级,带有很强的时代和阶级印记。中华各民族传统伦理思想虽然具有很强的超越完善的境界,但是受时代局限,伦理思想往往成为统治阶级维护其统治、愚昧百姓的工具。忍辱负重,恭敬顺从的意识,

---

① 《马克思恩格斯全集》第3卷,人民出版社2002年版,第533页。

让民众在面对暴力和强权时一味地慈悲为怀,无力反抗,甚至失掉做人的原则。

由此可见,正如荀子所言:"循其旧法,择其善者而明用之。"①在中华各民族现代文化模式的建构中我们应该充分发挥传统民族文化的伦理优势,同时对其做到具体问题具体分析。

五、绿色生态:中华各民族创新文化模式的原则

民族地区大多在高原和山区,地理环境恶劣,生态非常脆弱,而且孕育中华文明的大江大河,也是中华大地的绿色屏障,对于中国乃至世界生态文明都具有举足轻重的作用。因此,绿色生态的现代文化理念在中华各民族创新文化模式建构中就格外关键。

世界环境与发展委员会在关于可持续发展问题的报告《我们共同的未来》中指出:"一些社区的所谓土著或部落人民……保持着一种与自然环境亲密和谐的传统生活方式。他们的生存本身一直取决于他们对生态的意识和适应性……这些社区是使人类同它的远古祖先相联系的传统知识和经验的丰富宝库。它们的消亡对更广大的社会是一种损失,否则,社会可以从它们那里学到大量的对十分复杂的生态系统进行可持续管理的传统技能"。② 中华各民族的传统生活方式就是人与自然和谐共生的丰富宝库。

中华各民族大多具有万物有灵和自然崇拜的观念,引导他们热爱和保护自己的家园,爱惜各种生命形式,与大自然和谐相处。甚至他们把灵魂都寄放在神山神湖之中,民族的兴衰和自然的持续融为一体。因此,中华各民族的生活方式与绿色生态是紧密相关的。为了保持生态的稳定,中华各民族采用了能够和自然万物和谐共存的生产方式。他们将物质需要降到最低的生理需要,很少从事追求利润的经济活动;他们更加注重精神生活,并创造了丰富的

---

① 转引自楼宇烈:《中国文化的根本精神》,中华书局2016年版,第164页。
② 世界环境与发展委员会:《我们共同的未来》,王之佳、柯金良等译,吉林人民出版社1991年版,第143页。

精神文化产品;他们尊崇集体利益,服从道德规范,不因个人私利打破人际和谐和人与自然的和谐关系。

中华各民族的自然观具有古代智慧,是值得我们珍视的,甚至可以借鉴。具体言之,我们需要把握这样几个原则:第一,对中华各民族地区生态环境做整体性把握,在发展中保持其原生的自然面貌。第二,中华各民族传统的生产方式与地区生态环境密切相关,今天在对民族地区进行开发,发展经济社会事业的过程中,也要找到适合民族地区的模式。这种模式应该是升级的、现代的,也是绿色的、生态的。第三,批判继承一些有利于生态环境的合理的传统理念,在剥离神秘主义色彩的同时,保留人们对于自然的崇敬心理、珍惜生命的理念、节制的生活方式、服从社会组织和道德规范的传统风俗习惯。第四,在现代文化转型中加强文化方面制度建设,作为积极引导、主动适应社会主义市场经济环境的有效保障。

总而言之,民族地区的发展,和全国"一体"推进的同时,必须采取适当的"多元"特色。中华各民族和民族地区创新发展的文化模式的探索,需要借鉴国内外各个民族发展的经验,同时也将为中国和世界提供独特的创新文化资源。

第九章　创新文化的体系贯通

系统是由若干可以相互区别、相互联系、相互作用的元素组成,在一定层次结构中分布,在给定的环境约束下,为达到整体目的而存在的有机集合体。从上下贯通的角度,中国社会的文化可以分为主流文化、组织文化和大众文化三个层次,它们相互区别,具有相对独立性,但是又相互联系,构成一个文化系统,相互作用。在自主创新的层级文化体系研究中,我们的理想目标就是在透彻了解三个层面各自的创新文化状况的基础上,形成自上而下和自下而上的双向贯通,促进改革创新的时代精神得到系统性实现。

恩格斯在1890年至约·布洛赫的信中有这样一段经典的论述:"历史是这样创造的:最终的结果总是从许多单个的意志的相互冲突中产生出来的,而其中每一个意志,又是由于许多特殊的生活条件,才成为它所成为的那样。这样就有无数互相交错的力量,有无数个力的平行四边形,由此就产生出一个合力,即历史结果,而这个结果又可以看做一个作为整体的、不自觉地和不自主地起着作用的力量的产物。因为任何一个人的愿望都会受到任何另一个人的妨碍,而最后出现的结果就是谁都没有希望过的事物。所以到目前为止的历史总是像一种自然过程一样地进行,而且实质上也是服从于同一运动规律的。但是,各个人的意志……虽然都达不到自己的愿望,而是融合为一个总的平均数,一个总的合力,然而从这一事实中决不应作出结论说,这些意志等于零。相反,每个意志都对合力有所贡献,因而是包括在这个合力里面的。"[①]唯物史

[①] 《马克思恩格斯选集》第4卷,人民出版社2012年版,第605—606页。

观告诉我们,创新发展不是国家单一主体行为,必须激发个体的积极性和创造性,形成国家与个体之间的前进—回溯关系,并且充分考虑各种中介因素比如民族、地域、宗教、家庭、教育等在国家和个体之间的影响力。

第一节 新时代国家创新文化

谈主流文化,一定是在一个多元文化的状况中来谈,哪个是最主要的呢?具有主导性社会地位,产生主导性社会影响,为国家所推进,为组织所提倡,为大众所接纳的文化。在中国古代,这个主流文化叫儒家文化;在中国现代,这个主流文化叫中国特色社会主义文化。中国特色社会主义文化的关键是社会主义核心价值体系和社会主义核心价值观。当代中国国家创新文化的精神内核是创新、协调、绿色、开放和共享的新发展理念,行动纲领是国家创新驱动发展战略,战略支撑是科技创新观和全面创新观,社会基础是创新人才观和改革创新精神。

一、中国社会主流文化概况

(一) 作为古代主流文化的儒家文化

在春秋战国时期,华夏民族和华夏文化的雏形已经形成,其基本文化形态就是百家争鸣的多元文化体系。随着历史的发展,儒家文化最早从多元文化中脱颖而出,获得主导性社会地位和主导性社会影响,并与其他各家交流汇通塑造了中国古代文化的基本面貌。

儒家文化主流地位的历史演变大致经历了三个阶段。

第一阶段是确立阶段,国家积极建构和知识阶层积极倡导。在西汉帝国的鼎盛时期,汉武帝接受了大儒董仲舒的建议,罢黜百家,独尊儒术,开启了儒家文化作为主流文化的建构过程。这既是国家政权经历法家、道家之后的新

第九章　创新文化的体系贯通

的历史选择,也是儒家知识阶层迎合时代的积极阐述和倡导。

第二阶段是巩固阶段,社会契合和社会接纳。儒家文化主流地位的确立和发展固然与政权的选择和知识阶层的倡导有关,但是最为重要的还是以下两点:一是儒家文化与时代特点的契合,二是儒家文化与其他文化的融合。中国古代社会是以家族为本位的小农社会,儒家文化充分契合这个基本现实。葛剑雄说:"文化,无论是物质的或精神的,主要是决定于生产方式,而不是从属于哪一个政权。国家与文化的关系应该是国家顺应文化,而不是文化服从国家。"① 至于儒家文化与其他文化的融合,情况就比较复杂了。儒、道、法、墨、名、阴阳、农、纵横、小说、杂家作为百家争鸣时代的主要文化元素,在儒家确立主流文化地位以后发生了非常微妙的变化。儒道相反相成,成为中国传统文化的基本结构,当然在矛盾双方中儒家往往处在主要方面;儒法融合,外儒内法,并形成相应的具体制度;墨家和名家不为儒家所容,退出历史舞台;儒家纳阴阳家为自身宇宙论的组成部分,纳农家为其基本经济定位;至于纵横、小说和杂家也都有所包容。这个阶段是最为关键性的一个阶段。"在对文化主流性的考量上,相对于国家的赞许和推行,社会公众的认可和拥护更具有根本性"。② 费孝通先生所说的"中国绅士",即民间知识阶层起到了关键性的作用。换言之,儒家的社会化、大众化和现实化是在国家和百姓之间展开的,但是政治层面、知识和民间起到了上下贯通的作用。

第三阶段是瓦解阶段,国家的放弃和社会否定。近代以来,儒家文化的主流地位受到冲击。"科举制的废除不但使儒家文化主流地位赖以维持的社会化传承和传播体系被破坏殆尽,而且具有将儒家文化从人们的知识学习体系和过程中加以剔除的作用;不但意味着长期支持儒家文化主流性的政治动力源的枯竭,而且隐含着国家对儒家文化予以放弃的真实态度。"③ "新文化运动在很大程度上标志着中国古代儒家文化在社会层面被抛弃和否定,并由此开启了

---

① 转引自薛焱:《当代中国主流文化认同研究》,社会科学文献出版社2016年版,第125页。
② 薛焱:《当代中国主流文化认同研究》,社会科学文献出版社2016年版,第39页。
③ 薛焱:《当代中国主流文化认同研究》,社会科学文献出版社2016年版,第121页。

新一轮不同文化既相互交流、借鉴,又为争取主流地位而竞争、激荡的历史进程。"①

（二）作为现代主流文化的中国特色社会主义文化

儒家的主流文化地位丧失以后,中国社会就进入文化转型期。原有的文化结构解体,新的文化结构逐步孕育形成。民主革命时期,主要是破的阶段；新中国成立以后,尤其是社会主义改造以后,中国进入立的阶段。在改革开放的新形势下,中国特色的社会主义文化开始形成,并在进入新时代后逐渐发展成熟。

习近平总书记指出:"中国特色社会主义道路是实现社会主义现代化、创造人民美好生活的必由之路,中国特色社会主义理论体系是指导党和人民实现中华民族伟大复兴的正确理论,中国特色社会主义制度是当代中国发展进步的根本制度保障,中国特色社会主义文化是激励全党全国各族人民奋勇前进的强大精神力量。"②这说明在国家层面推进的中国当代社会的主流文化是中国特色社会主义文化。中国特色社会主义文化,"源自于中华民族五千多年文明历史所孕育的中华优秀传统文化,熔铸于党领导人民在革命、建设、改革中创造的革命文化和社会主义先进文化,植根于中国特色社会主义伟大实践。"③坚持和发展中国特色社会主义,就是坚持和发展马克思列宁主义、毛泽东思想、邓小平理论、"三个代表"重要思想、科学发展观,特别是坚持习近平新时代中国特色社会主义思想。这是"全党全国人民为实现中华民族伟大复兴而奋斗的行动指南,必须长期坚持并不断发展。"④

新时代坚持和发展中国特色社会主义的基本方略,包括十四个方面:

---

① 薛焱:《当代中国主流文化认同研究》,社会科学文献出版社2016年版,第122页。
② 《习近平著作选读》第二卷,人民出版社2023年版,第14页。
③ 《习近平著作选读》第二卷,人民出版社2023年版,第34页。
④ 《习近平著作选读》第二卷,人民出版社2023年版,第17页。

(一)坚持党对一切工作的领导,(二)坚持以人民为中心,(三)坚持全面深化改革,(四)坚持新发展理念,(五)坚持人民当家作主,(六)坚持全面依法治国,(七)坚持社会主义核心价值体系,(八)坚持在发展中保障和改善民生,(九)坚持人与自然和谐共生,(十)坚持总体国家安全观,(十一)坚持党对人民军队的绝对领导,(十二)坚持"一国两制"和推进祖国统一,(十三)坚持推动构建人类命运共同体,(十四)坚持全面从严治党。这是全党和全国人民必须全面贯彻的党的基本理论、基本路线、基本方略,也是当代中国的主流文化的基本框架。

从这个基本框架中我们可以看到党和人民是新时代中国特色社会主义思想的基本视角。中国共产党是中国的执政党,也是国家层面主流文化的主要制定者和推广者;而主流文化要想巩固其主导地位,实现主导影响,关键还在于契合时代要求,符合人民利益,达到大众的接纳。在中国古代历史上素有民本主义思想,但是民本思想始终附属于尊君思想和官本思想,是政治家统治的手段。人民群众从来没有获得主体地位,更没有成为中心。近代以来,随着中国现代化的进程从器物到制度,再到精神,尤其是马克思主义的传入,民本才逐渐凸显出来,并在新中国成立后确立了自身的主人翁地位。我们党始终坚持群众路线,人民中心的基本原则从来没有变。新时代以来,以人民为中心的基本立场更是融入经济、政治、文化、社会、生态、国防和外交等各个方面。

二、精神内核:创新发展理念

文化在内涵上主要和自然相对,是特定时代特定地域特定人群为追寻某种程度的自由所创造的生活方式;外延上有广义和狭义之分,广义上包括物质、制度和精神文化,狭义上指精神文化,当然还有更为狭义的情况,专指文学艺术。本书研究的国家创新文化是在狭义上使用的,是指精神文化。因此在新时代国家创新文化的研究中,我们首先试图透过党的重要文献,找到其中的精神内核。它是新时代国家创新文化最为核心的部分,兼具真理和价值双重规定,既旗帜鲜明又高屋建瓴,在对现实科学判断的基础上,明确我们的追求目标、基本信念、行动方向和道德指标,对国家创新文化整体格局具有指导和辐射作用。

新时代国家创新文化的精神内核是创新发展理念,认为创新是驱动发展的第一动力,在经济发展的新常态下,唯有创新才能解决经济形态升级和可持续发展的问题。这是马克思主义创新理论演绎的必然结果,也是中国革命和建设实践的历史趋向。创新作为新发展理念之首,具有全面纵深的全局意义,在新时代中国特色社会主义实践中必须得到真切落实。

创新贯穿人类历史的始终,但是在不同阶段的地位是有区别的。古代社会生活节奏比较慢,常规实践占主导地位;近代社会创新实践逐渐抬头,与常规实践分庭抗礼;现代社会创新实践取得优势地位,在一定程度上已经成为人们的生存方式;而作为成熟的研究和批判资本逻辑的共产主义学说,马克思主义必然和创新理论关系密切。"马克思关于创新的研究主要是从两个方面展开和体现的:一是关于创新与社会发展关系的一般理论分析;二是关于资本主义社会创新的具体研究。""就创新与社会发展的一般关系而言,主要是通过传统社会与现代社会的比较而予以阐述的。""就资本主义社会的具体创新而言,马克思主要是通过分析资本主义社会从简单协作到工场手工业再到机器大工业的发展以及从绝对剩余价值生产到相对剩余价值生产的发展而予以阐述的。"[1]

进入新时代,创新发展理念的内涵得到丰富,包括了新时代国家创新文化的所有核心内容,概括起来主要是四个方面:首先,新发展理念是一个完整系统,包括新发展理念,创新发展理念居于首要地位;其次,创新发展理念是国家经济和社会发展的科学理性和理想信念,对实践具有指导意义;再次,创新发展理念具有全局性,包括理论创新、制度创新、科技创新、文化创新等各个领

---

[1] 丰子义:《发展的反思与探索》,中国人民大学出版社2006年版,第303—304页。

第九章　创新文化的体系贯通

域,其中科技创新是核心;最后,创新发展理念需要创新自信和创新氛围,人才是创新的根基。

三、行动纲领:国家创新驱动发展战略

创新发展理念和创新驱动发展战略,一个是内在的精神内核,一个是外在的行动纲领,两者内外统一,相辅相成。作为精神内核,创新发展理念更加注重理论性,厚重深刻;作为行动纲领,国家创新驱动发展战略更加注重实践,明确简洁。按照《国家创新驱动发展战略纲要》,主要包括六个方面:战略背景、战略要求、战略部署、战略任务、战略保障和战略实施。

战略背景主要阐述为什么的问题。"创新驱动是发展形势所迫。"[1]世界正在酝酿新的科技革命,中国经济进入新常态,单纯依靠生产要素和投资的粗放型发展模式缺乏发展动力,难以维系。我们必须依靠创新,依靠知识、技术、制度变革的力量,才能实现经济形态的升级和赋能、社会发展的健康和可持续。

战略要求主要阐述是什么的问题。创新驱动发展战略是国家优先战略。科技创新是战略核心,以科技创新带动全面创新;制度创新是战略保障,通过体制机制改革激发创新活力;创新体系是战略平台,支撑创新型国家建设。坚持紧扣发展、深化改革、强化激励、扩大开放的基本原则。分三步走,实现战略目标:"第一步,到 2020 年进入创新型国家行列";"第二步,到 2030 年跻身创新型国家前列";"第三步,到 2050 年建成世界科技创新强国"[2]。

三步走的每一步,国家创新驱动发展战略除了设定科技创新、产业发展、创新体系的战略目标以外,都在制度环境建设的同时强调创新的文化环境建设。根据创新理论,创新的外部环境包括经济、政治和文化环境等。在国家创

---

[1] 《国家创新驱动发展战略纲要》,人民出版社 2016 年版,第 3 页。
[2] 《国家创新驱动发展战略纲要》,人民出版社 2016 年版,第 6—8 页。

新驱动发展战略中,创新的环境也相应地包括三个方面:市场环境、制度环境和文化环境。但是由于国家创新驱动发展战略本身是以经济发展方式为主题的,因此在谈创新环境时,主要阐述了两个方面:制度环境和文化环境。制度环境主要是指政策法规,比如国家政策对于创新活动的鼓励和宽容,知识产权保护的完善。文化环境主要包括价值导向、共同理念和文化氛围。价值导向是指崇尚创新,创新行为得到社会认可,获得精神和物质回报。共同理念是指社会成员对于创新发展理念的认可,并成为自己的内心理念,坚信在新常态下经济和社会发展必须依赖创新才能获得新的生长点和持续动力。文化氛围是指在包括价值导向和共同理念在内的各种有利于创新的文化因素的滋养下,全社会充满创新活力,形成创新涌流的生动局面。正如有学者指出:"基于我国发展现状的研究表明,践行创新发展理念的具体路径,主要是通过思想文化创新和制度创新推动科技和经济创新。"[1]

创新文化是一个复杂的系统,包括历史、比较和结构三维结构。中国传统文化、中国革命文化、中国社会主义先进文化,西方文化及其他外来文化,中国各个民族文化,都包含着创新文化的资源,即使在单纯的社会结构维度中,也包含着国家创新文化、精英创新文化和大众创新文化。所谓创新在全社会蔚然成风、生动涌流,其实就是创新文化在社会结构的不同层次之间形成了上下贯通。

战略部署、战略任务、战略保障等主要阐述如何做的问题。战略部署在这里是统领,概括为双轮驱动、一个体系、六大转变。[2] 双轮是指科技创新和体制机制创新,一个体系是指国家创新体系,六个转变是指发展方式、发展要素、产业分工、创新能力、资源配置、创新群体六个方面的转变。

战略任务是战略部署的落实,强调"差异化策略和非对称路径"[3],进行关

---

[1] 王天恩:《从信息文明看中国创新发展理念践行路径》,《毛泽东邓小平理论研究》2017年第10期。
[2] 《国家创新驱动发展战略纲要》,人民出版社2016年版,第9页。
[3] 《国家创新驱动发展战略纲要》,人民出版社2016年版,第11页。

系经济竞争力提升、社会发展的紧迫需求和国家安全的重大挑战的重点任务部署,包括产业技术体系创新、原始创新、区域创新布局、军民融合、创新主体、重大科技项目和工程、人才队伍、创新创业等八个方面。

战略保障是配合战略任务在制度和文化方面提供的保障,包括制度改革、创新投入、开放创新、评价制度、品牌战略、社会环境等方面的内容。其中再次强调了培育创新社会环境的重要性,同样从法治环境、市场环境和文化环境三个方面进行阐述。《国家创新驱动发展战略纲要》在表述创新的文化环境时,直接使用了"创新文化"概念,并认为创新文化应该成为民族精神。"在全社会形成鼓励创造、追求卓越的创新文化,推动创新成为民族精神的重要内涵"①,并用了比较大的篇幅阐述了营造创新文化需要做的工作:宣传科技工作者的感人事迹、倡导创新自信、建立容错纠错机制、保障学术自由、恪守学术道德、加强科学教育、塑造科学理性精神。

四、战略支撑:科技创新观及全面创新观

习近平总书记多次强调指出,创新是引领发展的第一动力,我们必须"不断推进理论创新、制度创新、科技创新、文化创新等各方面创新,让创新贯穿党和国家一切工作,让创新在全社会蔚然成风。"②《国家创新驱动发展战略纲要》开篇即指出:"科技创新是提高社会生产力和综合国力的战略支撑,必须摆在国家发展全局的核心位置。"③由此可见,创新具有全面性,涉及所有领域,其中主要矛盾是科技创新,其他矛盾居于次要地位,但不容忽视。

在我国经济发展的新常态下、在国际社会酝酿新一轮科技革命和产业革命的历史情形下,我们需要创新引领发展,尤其是要依靠科技创新转换发展动力,优化产业结构,呈现合理的发展速度。马克思主义认为,生产力是社会发

---

① 《国家创新驱动发展战略纲要》,人民出版社2016年版,第32页。
② 《习近平关于科技创新论述摘编》,中央文献出版社2016年版,第9页。
③ 《国家创新驱动发展战略纲要》,人民出版社2016年版,第1页。

展的最终决定力量,"人们所到达的生产力的总和决定着社会状况"①,而"生产力中也包括科学"②,科技甚至是第一生产力,"劳动生产力是随着科学和技术的不断进步而不断发展的"③。科技创新是经济和社会发展的战略支撑,处于全面创新的核心位置。

发挥科技创新的战略支撑作用,"最根本的是要增强自主创新能力"④。高端科技是国之利器,但是我们在信息技术、生物技术、新材料技术、新能源技术等尖端领域的核心技术和关键设备上往往受制于人。有些我们可以靠钱引进,但是我们处在跟踪状态,而且当今科技发展如此之快,引进的技术如果不能消化吸收提升,很快就会变成落后技术;有些技术尤其是关于国防安全的技术,甚至花钱也买不来。唯一的解决之道就是自主创新。自主创新不仅是必要的,而且是可能的。我们要有创新自信,这"源于我们的道路、理论、制度和文化的自信"⑤。我国社会主义制度能够集中力量办大事,而且在历史上也有成功的例子,比如"两弹一星"和载人航天。这些成就的取得,离不开三条重要经验:发挥制度优势、提升创新能力、坚持人才为本。⑥ 在自主创新中我们采取"非对称"赶超战略、科教兴国战略和人才强国战略,超前谋划,"抓重大、抓尖端、抓基本",既注重基础研究和学科发展,又瞄准世界科技前沿领域,狠抓国家实验室建设,抢占科技创新制高点。同时我们要认识到,自主创新也要充分利用全球创新资源,既要"引进来",又要"走出去",提高国际合作水平。

发挥科技创新的战略支撑作用,"最紧迫的是要破除体制机制障碍"⑦。科技创新是经济和社会发展的根本动力,制度创新是经济和社会发展的基本保证。面对复杂的改革局面,习近平总书记明确指出:"改革的目标只有一

---

① 《马克思恩格斯选集》第1卷,人民出版社2012年版,第160页。
② 《马克思恩格斯选集》第2卷,人民出版社2012年版,第777页。
③ 《马克思恩格斯选集》第2卷,人民出版社2012年版,第271页。
④ 《习近平关于科技创新论述摘编》,中央文献出版社2016年版,第16页。
⑤ 《习近平关于科技创新论述摘编》,中央文献出版社2016年版,第45页。
⑥ 参见《习近平关于科技创新论述摘编》,中央文献出版社2016年版,第38页。
⑦ 《习近平关于科技创新论述摘编》,中央文献出版社2016年版,第16页。

第九章　创新文化的体系贯通

个,那就是要进一步打通科技和经济社会发展之间的通道。""围绕产业链部署创新链,围绕创新链完善资金链"[1]。以此为指导,明确政府、企业、市场、学校、科研机构的职责和行为方向。企业是市场经济和技术创新的主体,现代企业应该注重发挥企业家才能,"使企业真正成为技术创新决策、研发投入、科研组织、成果转化的主体"[2]。政府的职责主要是决策、引导和服务。决策在于做好顶层设计,紧抓关系国计民生的重要领域,用好赶超世界先进国家的战略重点工程,明确政府与市场、政府各部分、中央与地方的分工等。引导在于做好领导工作,以打通科技和经济转移转化的通道为目的,引导企业、产业和社会转型,引导学研机构改革,引导市场的健康发展和制度建设。服务在于做好本职工作,优化政策供给,营造良好的创新政治环境,在投入、法律、税收、金融等方面提供相应的支持。

发挥科技创新的战略支撑作用,最深层的是要营造创新文化氛围。创新发展理念和创新驱动发展战略以解放生产力为目的,解放生产力以解放创造力为依托,解放创造力除了需要制度环境,还需要文化氛围。依据马克思的实践理论,实践有三种类型,物质生产实践、社会政治实践和科学文化实践;与此对应,创新也有三种类型,技术创新、制度创新和知识创新。文化有广义和狭义之分,广义包括物质文化、制度文化和精神文化,狭义专指精神文化。从这个意义上来说,知识创新也可以称为文化创新。因此文化创新,即科学文化创新,内含理论创新、科学创新。当然,"理论创新突破基本认识障碍,解放人们的思想,为释放创新活力提供思想理论支持,是社会进步的思想理论前提"[3],对实践活动具有指导意义,具有相对独立性,因此可以单提;科学和技术的密切关系也决定了两者可以一起表述;至于文化创新,主要是从社会心理层次而言,也包含一定程度的理论提升。创新文化,原本是广义的,包含技术创新文

---

[1] 《习近平关于科技创新论述摘编》,中央文献出版社2016年版,第58页。
[2] 《习近平关于科技创新论述摘编》,中央文献出版社2016年版,第55页。
[3] 唐国军:《"创新是引领发展的第一动力"——习近平与创新发展理念的提出》,《党的文献》2017年第2期。

化、制度创新文化和知识创新文化。但是这里论述的是和科技、制度并行的文化问题,因此是指创新理论和创新文化氛围,为科技创新提供理论指导、智力支持和社会基础。本书所指的创新理论主要是马克思主义创新理论,尤其是当代中国的创新理论。创新文化氛围是指对于创新主体的创新潜力的激发,在鼓励创新的价值观的引导下,形成包括工作方式、生活方式和发展方式在内的全方位的有利于创新的文化环境,实现创新主体的普遍化、创新行为方式的多样化、创新场所的广泛化,社会成员在有形无形的创新教育中形成创新人格。

五、社会基础:人才观和改革创新精神

在创新发展理念和创新驱动发展战略中,科技是第一生产力,人才是第一资源。马克思认为财富有两个源泉:自然和人。而自然资源是不变资本,人是可变资本,剩余价值是由人创造的。在现代生产力的重要因素中,科技、管理和企业文化都是以人的因素为主导的,它们作为生产力的非实体性因素,体现的是人的创造力、协调力和精神力,并在劳动力和生产资料的实体性要素中转变为现实力量。"产业强、经济强、国家强",创新型人才是关键。因此中国社会需要培养人才和重视人才,并使创新成为民族禀赋和时代精神。

为了提高社会成员的整体素质和培养人才,我国实施了科教兴国战略和人才强国战略。科教兴国是我国的基本国策,"中国这么多人,教育上去了,将来人才就会像井喷一样涌现出来。"[1]为此我们需要进行教育体制机制改革,提高教育质量,培养更多高素质的人才。人才强国是我国的基本举措,综合国力的竞争归根结底是人才的竞争。一方面我们需要通过自身的教育提升和人才培养机制在各行各业,尤其是高新科技领域多出人才,引领中国的经济和社会发展;另一方面我们需要广揽天下英才,充分利用国际人力资源,为我国发展服务。

---

[1] 《习近平关于科技创新论述摘编》,中央文献出版社2016年版,第107页。

第九章　创新文化的体系贯通

　　培养人才,除了知识和技术的提升,还需要思想政治道德的修养。中国教育和社会培养的人才应该具有崇高理想、科学信仰、爱国情怀、职业道德、传统美德、人民立场。如此才能鼓舞他们不断提升自己,多出成果,并解决为谁服务的价值取向问题。习近平总书记非常重视人才培养,多次强调指出:"要鼓励人才继承中华民族'先天下之忧而忧,后天下之乐而乐'的传统美德"①,"要有强烈的爱国情怀"。②

　　在培养人才的同时,我们也必须重视人才。要为他们施展才华提供广阔天地,在物质基础、制度环境和社会氛围等方面创造条件,让他们快速成长,人尽其才、才尽其用、用有所成。习近平总书记指出人才使用中有两个重点,一是科技人员,要让他们"名利双收",也就是一方面成就事业,另一方面得到物质利益回报;二是企业家,优秀的企业家既是发明家,又是创新的组织者和推动者,具有很多优秀的品质,因此需要激励他们投身创新事业,消除后顾之忧,真正成为市场经济的主体。③

　　在此基础上,对于社会基础更为深入的思考是,挖掘创新的传统文化资源,塑造改革创新的时代精神,让整个民族和社会都浸润在创新的文化土壤之中。"只有将作为一种精神的创新不断融入到民族或群体的文化之中,才能形成一种有利于创新的文化氛围和文化环境。"④这样的基质,将持续性地孕育出创新型人才,保持民族复兴的永续动力。

　　习近平总书记指出:创新"是中华民族最深沉的民族禀赋"。⑤ 创新精神在中国传统文化中的最集中表现是刚健有为的民族精神。"天行健,君子以自强不息。"这是对于刚健有为的民族精神最经典的表述,彰显了中国人阳刚进取的精神品格。它是充斥天地的浩然正气,是中华民族得以延续的不竭动力,是中国人积极进取的人生态度,是人际关系的基本原则。明末清初思想家

---

① 《习近平关于科技创新论述摘编》,中央文献出版社2016年版,第108页。
② 《习近平关于科技创新论述摘编》,中央文献出版社2016年版,第109页。
③ 参见《习近平关于科技创新论述摘编》,中央文献出版社2016年版,第121页。
④ 许玉乾:《创新文化:建设创新型国家的新课题》,《探索》2006年第3期。
⑤ 《习近平关于科技创新论述摘编》,中央文献出版社2016年版,第3页。

颜元说:"一身动则一身强,一家动则一家强,一国动则一国强,天下动则天下强。"(《颜习斋先生言行录》)可见其积极意义和普遍影响。但是梁漱溟说:"就在儒家领导之下,二千多年间,中国人养成一种社会风尚,或民族精神,……分析言之,约有两点:一为向上之心强,一为相与之情厚。"[1]刚健有为的民族精神固有"向上之心强"的特点和优点,但是这颗"心"同时也有向里用力,更向伦理而不重视科学、民主、法治和自由的倾向,因而在历史上禁锢了批判精神和创新意识。

"改革创新"是对应"刚健有为"进行的文化变革,突破了方向性上的局限。如果说革命文化时期是新旧社会的更替,革命创新精神主要体现在政治革命上,那么中国特色社会主义时期就是社会主义制度的自我完善,改革创新精神体现在社会各个方面。改革创新彻底冲破了传统观念的束缚,剑锋直指科学、技术、经济,实现了工业革命和科学技术革命;改革创新也开出了民主法治的花朵,并继承政治革命的传统,结出了政治体制改革的果实;改革创新更具有思想启蒙的作用,革命文化即已开启思想启蒙,中国特色社会主义文化继往开来,从精神文明建设到代表先进文化,从科学发展观到文化自信,实现了中国人思想的大解放;除了传统领域以外,在社会文明和生态文明方面,改革创新也没有止步,人民生活水平大幅度提高,美丽中国设想正逐步实现。

第二节 中国知识分子创新文化的厘清和探要

知识分子文化,主要是指知识阶层的文化,他们普遍受过高等教育,对社会问题有自觉的深刻的独立的思考能力,文化鉴赏能力比较高。在中国古代,知识分子文化的主要承载者是士人阶层;在中国现代,知识分子文化的主要承载者是知识分子。无论是古代社会的繁荣发展,还是当今社会的创新发展,知

---

[1] 梁漱溟:《中国文化要义》,上海人民出版社2014年版,第127页。

识分子文化无疑都起着中流砥柱的作用,创新文化在中国社会蔚然成风,需要知识分子文化的支持和启蒙。

一、中国社会知识分子文化的历史沿革

知识分子文化是社会知识阶层创造的文化,具有区别于主流文化和大众文化的相对独立性和自身鲜明的特征。从功能的角度,知识分子文化主要具有技术理性和价值理性两个方面的作用。所谓技术理性的作用,就是实际的工具性作用,比如互联网技术连接了各个终端,企业管理实现了生产的有序性,哲学观点安抚了人心等;所谓价值理性的作用,就是价值取向的问题,带有很强的目标性和理想性,比如批判不合理制度、提出理想社会模式、维护社会正义等。从结构的角度,知识分子文化是国家和民众相互联系、相互协调的纽带。知识分子文化既可以为主流文化提供支持,又可以对主流文化进行反思和批判,同时它也可以对大众文化进行评价和施加影响。知识分子文化除了一般性的特点以外,在不同时代还有一些独特表现,处在不断的进步之中。

(一) 古代知识分子文化

古代知识分子即士人阶层在先秦就已形成,在古代等级统治中居于最末一级。他们受到良好的教育,但社会地位不高,也无恒产,最接近平民,不过当时知识被官学所垄断,还没有出现知识向下层的流动,士人的重要作用似乎也没有充分体现。春秋战国时期虽为礼崩乐坏的乱世,却为士人展现自己提供了重要的历史舞台。士人从等级秩序中游离出来,成为相对独立的阶层,处于上层统治者与下层平民之间,既是统治集团的底层,又是士农工商中的高层,成为两者联系的纽带。而且乱世之中,各国君主都在寻找治世荣世的良方,士人如鱼得水,创造了百家争鸣的文化繁荣。

士人的形成、发展和衰落,与中国古代传统文化的历程是一致的,中国古代传统文化和历史契机塑造了士人文化的优良传统。"首先,中国古代知识分子具有鲜明的政治情怀。……第二,中国古代知识分子具有始终如一的历

史责任感,因此他们保有一种抗议传统。……第三,中国古代知识分子具有很强的行动意识。……第四,中国古代知识分子的性格是内向的。"①也就是说,士人"学而优则仕",大多具有强烈的入世情怀;注重个人道德修养,始终反求诸己;"天下兴亡匹夫有责",对于社会正义、国家和平繁荣具有不可推卸的责任感,有敢于担当的勇气;讲求内圣外王,知行合一。

但是也如中国古代传统文化一样,士人文化具有一定的历史局限性。首先,士人文化重人文轻自然。士人大多具有政治情怀,注重个人修养,但是轻视自然科学。"综观中国农业文明下的儒家文化传统,其特点表现在以下几个方面:第一,中国文化主题始终围绕着人展开,没有丝毫偏离。……第二,对人自身的问题,如人性、人伦、人格、人的价值等进行了透彻的研究和论述。……第三,以人为根本路径来阐释与人相关的经验世界中的自然界和超验世界的神。"②其次,士人文化重经验轻理性。士人文化关注人间政治和道德,注重生活经验,缺乏科学理性,形而上学的抽象程度不高,也缺乏系统的理论体系和逻辑思维。再次,士人文化重群体轻个人。在中国传统的以人文主义为主导的文化里,士人文化更看重个人修养和行为对于群体的意义,讲求个人对于国家和君主的奉献精神,缺乏独立的个体意识。又次,士人文化重君轻民。士人文化讲求道统,具有为生民请命的民本主义思想。但是由于"在经济上,士阶层因'无恒产'而缺乏经济上的保障,致使其生活完全依赖于诸王侯,所以枉道、曲学也就是自然而然的了"③。在道统和政统之间,屈从君主政治。最后,士人文化重继承轻批判。士人从道义的角度会对政治和社会提出批判,但是从宏观的文化继承角度,士人更多讲求"述而不作"的文化精神。

士人处于国家和平民之间,但是这个位置是相对的。首先士人是思想理

---

① 张爽:《现代化背景下的中国知识分子研究》,黑龙江大学出版社2013年版,第40—41页。
② 张爽:《现代化背景下的中国知识分子研究》,黑龙江大学出版社2013年版,第27页。
③ 张爽:《现代化背景下的中国知识分子研究》,黑龙江大学出版社2013年版,第39页。

论精英,但是"学而优则仕",士人也可能上升为政治权力精英,而还有很多士人深居民间,是中国社会知识传播和社会进步的重要力量。而且士人还有所谓"立功、立德、立言"三条成功的道路。

(二) 现代知识分子文化

在近代中国社会,传统文化遭遇危机,与之相伴,士人文化开始衰落,并开始向现代知识分子文化转变。在经历了洋务运动、太平天国运动、戊戌变法、辛亥革命之后,中国文化迎来了五四新文化运动的历史转折。科举在1905年废止,标志着士人文化的正式完结,也成为中国现代知识分子文化的起点。

在20世纪上半叶,中国文化就形成了中、西、马三足鼎立的局面。中国现代知识分子,批判继承中国传统文化,吸收借鉴西方文化,并实现马克思主义的中国化。尽管他们中的个体文化选择不同,具体历史行为具有差异,但是他们同处革命的时代和建设的时代,因此在民族救亡图存和民族复兴的基本目标上又是一致的。

马克思主义对于中国知识分子文化的现代化起到了关键性的作用。马克思、恩格斯从历史唯物主义的视角看待知识分子的问题。马克思认为知识分子的产生是社会分工的结果,在《德意志意识形态》中马克思指出:"分工起初只是性行为方面的分工,后来是由于天赋(例如体力)、需要、偶然性等等才自发地或'自然地'形成的分工。分工只是从物质劳动和精神劳动分离的时候起才真正成为分工。从这时候起意识才能现实地想象:它是和现存实践的意识不同的某种东西;它不用想象某种现实的东西就能现实地想象某种东西。从这时候起,意识才能摆脱世界而去构造'纯粹的'理论、神学、哲学、道德等等。"[①]马克思和恩格斯认为,知识分子的地位是由社会形态决定的。在前资本主义社会,知识分子从属于等级社会;在资本主义社会,知识分子从属于资本的运行。"资本主义生产方式的特点,恰恰在于它把各种不同的劳动,因而

---

① 《马克思恩格斯选集》第1卷,人民出版社2012年版,第162页。

也把脑力劳动和体力劳动……分配给不同的人。但是,这一点并不妨碍……这些人中的每一个人对资本的关系是雇佣劳动者的关系,是在这个特定意义上的生产工人的关系。……他们的劳动是由有酬劳动加无酬的剩余劳动组成的。"① 知识分子只具有相对的独立性,是隶属于一定阶级的阶层。"正如经济学家是资产阶级的学术代表一样,社会主义者和共产主义者是无产阶级的理论家"。② 知识分子是一个历史范畴,随着社会的进步和知识的普及,知识分子也就消失在人群中了。"任何人都没有特殊的活动范围,而是都可以在任何部门内发展,社会调节着整个生产,因而使我有可能随自己的兴趣今天干这事,明天干那事,上午打猎,下午捕鱼,傍晚从事畜牧,晚饭后从事批判,这样就不会使我老是一个猎人、渔夫、牧人或批判者。"③

对于知识分子的认识在现代中国经历了两个时期。在新中国成立初期,知识分子被认为属于小资产阶级的范畴,虽然他们处在统治阶级和被统治阶级之间,接近工人阶级,是革命可以团结的对象,对革命和社会主义具有贡献,但是他们不是革命最可靠的力量。"我们应当依靠的,主要不是知识分子工作人员,他们虽然到我们这边来做事,但他们中间毕竟有许多人是不适用的;我们应当依靠的是工人群众。"④直至党的十一届三中全会,知识分子才最终被定性为工人阶级的一部分,确定下来。

二、知识分子文化的本质特征和创新意蕴

中西文化有着不同的知识分子文化传统,中、西、马对于知识分子的理解也各有所长,在古为今用、洋为中用的指导思想下,我们希望综合各方观点,找到现代知识分子的共同本质。这个本质,也许是应然的,但必须是合理的,具有现实性。与创新文化相关,我们也希望在总结知识分子文化的本质特征的

---

① 《马克思恩格斯选集》第2卷,人民出版社2012年版,第873—874页。
② 《马克思恩格斯选集》第1卷,人民出版社2012年版,第235页。
③ 《马克思恩格斯选集》第1卷,人民出版社2012年版,第165页。
④ 《列宁全集》第36卷,人民出版社2017年版,第239页。

同时,发掘其中内涵的创新文化意蕴,确立知识分子创新文化在发展中的重要地位。

(一) 知识分子文化的本质特征

对于知识分子文化有一些基本的共识,这些共识主要包括:参与性和批判性。除此以外,还有一些共同的前提,同样可以看作他们的共识,即知识性、功能性和结构性。

作为前提,知识分子文化的三个基本特征是知识性、功能性和结构性。在存在社会分工的前提下,尤其是存在受教育程度和水平差异的情况下,知识分子文化必然出于知识分子,因此具有知识性。正是因为这种知识性,决定了知识分子必然掌握理论化系统化的知识体系,具有很强的专业水平,因此能够为社会发展提供智力支持,这是功能性。知识分子文化在社会结构中还有一个基本定位,就是处于国家和大众之间,主流文化和大众文化之间。

接着我们来看参与性。真正的知识分子不是坐而论道的,他们有参与到社会现实中的意愿,并为之积极行动。他们参与的领域大致相同,不过是政治、经济和文化各个领域。服务的对象是国家和人民群众。但是知识分子到底应该参与什么?公共生活领域。雅各比在《最后的知识分子》中所说的就是这种具有参与性的知识分子,他担心现代社会公共文化的贫困、公共生活的贫乏,知识分子衰落为高科技知识分子、顾问和教授,即只具有功能性,而没有参与性和批判性。哈贝马斯在《公共领域的结构转型》一书中也非常强调公共领域,认为这是国家公共权力领域和私人权利领域之间的一个具有政治批判性的空间。也就是说,知识分子的参与不局限在学术研究和功能性的专业领域,也不是在市场经济中成为大众传媒上的学术明星,而且应当远离政治,政治倾向和激情会使知识分子的判断无法做到公允。"刘易斯·科塞对知识分子与国家权力机构之间的关系做了详细的研究,指出知识分子与权力机构之间存在五种关系,其具体表现为掌权的知识分子、内部穿孔型知识分子(掌权者的精神指导或谋士)、帮助权力合法化的知识分子、权力的批判者和向国外求助的知识分子(其他国家权力机构合法化的制造者)。"[①]其中只有第四种是他理想中的知识分子。朱利安·班达认为知识分子应当是苏格拉底型的,以真理、理性来批判现实。后现代学者还提醒人们注意知识分子因知识而形成的思想专制。

批判性是知识分子的另外一个本质特征。这是知识分子作为自为文化的承载者的一项非常重要的功能。知识分子不仅具有技术理性功能,而且具有价值理性的功能,而且这个功能是理想性的和应然性的。这就是说,知识分子的参与性,无论体现在言论上还是行为上,都是具有价值取向的,而且这个取向是明确的,追求真理、正义和美好,引导社会改造和发展。

从参与性和批判性的阐释中,我们会自然推导出知识分子的最为重要的特征,也是最为理想化的特征——独立性。如果没有独立性,知识分子如何没有倾向地参与公共领域,批判现实社会。

在总结完知识分子的本质特征以后,还需要注意这样几个平衡关系:①人文与科学的平衡。知识分子的作用包括技术理性和价值理性两个方面,科技知识分子与人文知识分子的关系不应该是分裂的。②个人和群体的平衡。中国社会的现代转型有两个关键点:社会重组和个体启蒙。既反对以公灭私的传统,又反对极端个人主义,积极培育公共生活领域。马克思主义的"自由人的联合体"思想值得我们深刻思考。③国家和大众的平衡。现代化瓦解了士人文化的官本位观念,促使中国知识分子形成独立的主体意识,尤其是经历了马克思主义的洗礼,以人民为中心的发展思想深入人心。知识分子是国家和民众相互联系、相互协调的纽带,如何在主流文化和大众文化之间达到平衡非常重要。④继承和批判的平衡。知识分子的特征是批判性,西方文化的批判传统有值得我们借鉴的有益成分,但是也要注意批判和继承的辩证关系。中国优秀传统文化是我们的底色,传统文化中有很多宝贵的财富。

---

① 张爽:《现代化背景下的中国知识分子研究》,黑龙江大学出版社2013年版,第13页。

（二）知识分子文化的创新意蕴

知识分子文化的创新意蕴源于知识分子文化的本质特征。知识分子文化包括六个本质特征：知识性、功能性、结构性、参与性、批判性和独立性。知识性、功能性、结构性是前提和基础，批判性、参与性和独立性是在基础上的突出表现。相对来说，批判性和知识性、参与性和功能性、独立性和结构性关系更为紧密一些。它们作为一个整体，体现着创新的色彩。

第一，批判性是指自为文化与自在文化的张力，显然是创新意蕴的直接体现。在文化哲学中，一个民族的文化是分为两个层次的：自在文化和自为文化。它们是一对矛盾，保持着一定的张力。如果两者的张力过小，就说明这个民族的文化缺乏批判性；如果两者的张力过大，甚至使两者分离，这种文化也会出现问题，就是自为文化过于强调对于形而上世界的构建，而忽视了它与形而下世界的关系；两者的理想关系是处于前两种情况之间，形成一个张力谱系，批判性可大可小。批判性是应然对于实然的批判，理想对于现实的批判，因此带有鲜明的创新意蕴。应然和理想高于实然和现实，但是又不能脱离实然和现实，基于后者提出合理的知识、技术和制度创新的方案，推动社会发展。

第二，参与性是指知识分子文化的实践性，体现了创新范畴的哲学根基。在实践哲学中，创新的哲学根基是实践。也就是说创新作为一个哲学范畴在马克思主义哲学的范畴体系中处于什么样的位置，经过研究，我们认为创新实践和常规实践是从性质角度对于实践的划分。所谓创新实践，是指人们在现实生活中通过研究发现了关于自然、社会和思维及其它们之间相互作用的新的本质和新的规律，以及运用这种新的认识成果发明新的技术、制定新的制度，创造出新的事物和过程的实践活动。因此单纯的头脑风暴和夸夸其谈不能成为创新，创新是能动地改造客观世界的社会性的物质活动。而参与性就成为知识分子文化创新意蕴的根基性的特征。

第三，独立性是指知识分子文化的结构关系，保障着创新意蕴的品质。知识分子介于国家和大众之间，知识分子文化介于主流文化和大众文化之间，作为中间结构,它与上下结构存在着千丝万缕的联系。知识分子文化需要价值取向,但是这个价值取向不应该是倾向于某个阶级、某个政权、某个集团的,尤其是不应该倾向于没落的阶级、政权和集团,而应该倾向于大众、整个民族、整个人类,比如共产主义、爱国主义、人类命运共同体。由此才能保证知识分子文化的真理性、正义性和美学性。

第四,知识性是创新的基本保证,现代创新与知识具有本质性联系。现代哲学回归现实生活世界,关注人的生存方式。马克思主义哲学作为现代哲学认为实践是人的生存方式。实践研究存在两个视角:一是全面生产实践的视角,按照人的生存领域和活动层次的不同,实践分为物质生产实践、社会关系生产实践和精神生产实践;二是创新实践和常规实践的视角,按照实践内部结构要素的性质是否发生本质变化,实践分为创新实践和常规实践。两个视角在现实生活世界中融合在一起,不仅普遍地贯穿于人类历史的始终,而且普遍地相互联系。但是在不同的历史阶段,它们的地位存在差异。人类历史的基本图景是:在人的依赖关系社会,交往实践和常规实践处于统治地位;在人对物的依赖关系社会,物质生产实践凸显出来,创新实践和常规实践分庭抗礼;在自由人联合体的社会,精神生产实践和创新实践成为普照的光。

第五,功能性是创新的具体实现,表现在技术理性和价值理性两个方面。如前所述,正是因为知识是创新的基本保证,尤其是在现代知识成为创新的核心要素,创新的知识含量越来越高。这个观点我们从三次科学技术革命也可以得到印证,在蒸汽、电力和信息的序列里,知识含量越来越高,抽象程度越来越强。因此知识分子文化在当今的社会进步中发挥着举足轻重的作用。但是需要强调的是,知识分子文化对于社会的智力支持,不仅是工具性的,而且是价值性的。单纯的工具性,正如霍克海默和阿多诺在《启蒙的辩证法》中所言,带来了现代性的危机,出现了社会的异化。因此才会有哈贝马斯重建历史唯物主义的设想,希望用价值理性补足技术理性的不足。

第六,结构性是创新的基本场域,推动创新蔚然成风。结构性的含义很明确,也很简单,就是知识分子文化介于主流文化和大众文化之间。但是这种结构性的关系非常重要,成为知识分子文化创新作用的基本场域。正是在与主流文化和大众文化的互动中,知识分子文化实现了它更大的作用。一方面,知识分子文化支持和批判主流文化。主流文化提出创新发展理念,建立国家创新系统,知识分子文化可以利用自身优势为其提供智力支持,从而实现主流文化的预设目标;同时它也可以对主流文化形成批判,当主流文化出现问题时,它具有监督和纠正的作用。另一方面,知识分子文化评价和影响大众文化。创新发展需要创新在整个社会蔚然成风,这不仅是国家行为,也需要大众的支持。甚至可以说,只有创新理念为大众所接受,并成为大众行为,才能够实现创新发展。知识分子文化可以帮助主流文化和自身的大众化,并纠正大众文化的偏差,提升大众文化的水平。

三、知识分子创新文化及其结构关系

如前所述,在知识分子文化的六个本质特征中,如果说批判性是知识性的升华,参与性是功能性的深化,那么独立性就是结构性的理想。而批判性是自为文化对自在文化的批判,理想对于现实的批判,应然对于实然的批判;参与性是对公共领域的参与,不是依附于政治经济,更不是纯粹的学术研究。如何保证这样的批判性和参与性,即如何保证批判性和参与性的品质呢?结构关系中的独立性是根本保障。所以我们想在知识分子创新文化规定的基础上,从独立性的角度谈谈知识分子创新文化与主流创新文化和大众创新文化的关系。

(一)知识分子创新文化

知识分子创新文化是知识分子在创新实践中创造的有利于创新的文化,包括真善美各领域的思想资料,各种层次和类型的创新形式和方法,树立的榜样精神和营造的勇于创新的社会氛围,以及职业道德、爱国主义、热爱人民、生态文明等正向价值。知识分子创新文化中的知识分子是来自社会产学研各个领域的关键主体,比如自然科学家、哲学和社会科学家、工程师、企业家等群体,而且是这些群体中具有丰富知识、创新能力、实践水平、批判精神、道德操守、独立人格的精华。在现代生活中,知识分子创新文化主要包括企业创新文化和大学创新文化,后者取广义,包括各类科研院所。

企业是市场经济的主体,企业家是具有创新精神的企业领导者。熊彼特在创立创新理论的时候,虽然将创新主体狭义地局限为企业家,而不是马克思主义意义上的普遍主体,但是他对企业家提出的规定是值得肯定的,不是所有的企业领导者都是企业家,而是具有创新精神和创新能力的企业领导者才能称为企业家。我们在此基础上认为,企业家还应该包含更多的优秀品质,也就是知识分子创新文化所规定的各种特质。

大学创新文化应该是大学精神的应有之义,包括学术自由精神和独立自治精神、科学精神与人文精神、开拓创新精神、理性批判精神等。大学的主体是各类专家教授,他们是大学生成长的引导者,中国未来的知识分子是什么样的,在一定程度上决定于大学教师。在社会主义的国度里,专家学者应该成为时代的先声,为国家复兴和人民富裕提出实事求是的理论成果,即马克思所说的彻底的理论,能够说服人的理论。

按照马克思的预言,当社会文明程度越来越高,进入文明的高级阶段,知识分子将逐渐消失在大众之中,全体社会成员都是知识性、功能性、结构性、参与性、批判性和独立性的主体,知识分子创新文化也将不复存在,但是知识分子创新文化的精神一定会被人类继承光大。

(二) 知识分子创新文化与主流创新文化

综合知识分子文化的本质特征,我们认为,所谓知识分子文化是指由社会结构中的具有相对独立性的知识分子创造的,具有理论化系统化水平、自觉批判意识、社会现实参与意图和行为的文化。知识分子创新文化如前所述是知识分子文化中有利于创新的部分。由于之前我们不是一般意义上谈论知识分子,而是对知识分子按照应然的标准提出了类似葛兰西有机知识分子的高要求,因此知识分子文化中的很多特质,其实很大程度上也具有知识分子创新文

第九章　创新文化的体系贯通

化的性质。相对的独立性是作为知识分子文化主体的知识分子最为核心和最高层次的特征,只有如此,他们的批判才是自为的,他们的参与才是科学、公正和美好的。因此它必然也是知识分子创新文化中必备的因素。相对于在社会中具有主导性社会地位和主导性社会影响的主流创新文化而言,知识分子创新文化的独立性最重要的条件就是摆脱对于主流创新文化的依附关系。

知识分子创新文化对于主流创新文化的依附,首先是人身依附,其次是经济依附。马克思在《政治经济学批判(1857—1858年手稿)》中说:"人的依赖关系(起初完全是自然发生的),是最初的社会形式,在这种形式下,人的生产能力只是在狭小的范围内和孤立的地点上发展着。以物的依赖性为基础的人的独立性,是第二大形式,在这种形式下,才形成普遍的社会物质交换、全面的关系、多方面的需求以及全面的能力的体系。建立在个人全面发展和他们共同的、社会的生产能力成为从属于他们的社会财富这一基础上的自由个性,是第三个阶段。第二个阶段为第三个阶段创造条件。"[①]由此可见,一方面,人对人的依赖关系和人对物的依赖关系是历史发展过程中的必然阶段;另一方面,这个过程也是不断趋近全面发展和自由个性的过程。知识分子创新文化的独立性并非完全的形而上学,是可以实现的理想和可以企及的应然。

知识分子创新文化的独立性首先是束缚在对于主流创新文化的人身依附关系之中。基于私有制和血缘关系,人们处于不同的等级之中。精神资源起初被社会上层所垄断,后来有了向下传播的路径,但是这种拓展在前资本主义社会是非常有限的,社会中的绝大多数人仍然是没有接受过良好教育的。知识属于上层,"劳心者治人,劳力者治于人",精神财富和物质财富是一致的,知识和政权也是一致的,都掌握在社会上层手中。即便是随着社会知识的积累和社会文明的进步,处于下层的人们有机会获得知识,甚至具有了批判的基因,但是这种人身依附关系还是存在的。以中国的士人文化为例,虽然不乏风骨之人,但是作为一个阶层,他们处于整个统治阶级的最下层,没有恒产,他们

[①] 《马克思恩格斯文集》第8卷,人民出版社2009年版,第52页。

只能依附于统治阶级,在言论上为他们服务,所以形成了学术政治化的传统。

随着人类经过思想启蒙、工业革命和资产阶级革命逐渐走向现代社会,人与人之间狭隘的关系被打破,"普遍的社会物质交换,全面的关系,多方面的需求以及全面的能力的体系"得以形成。基于出身的不平等让位于基于资本的不平等,资本的逻辑大行其道。知识分子也进入资本的逻辑,开始依附于资本和资本主导的政权,知识技术化和商品化。所以法兰克福学派对于大众文化的否定性判断是不无道理的,只是他们混淆了大众文化和主流文化的大众文化形式。他们首先在美国观察到的后来遍布整个资本主义繁华世界的所谓大众文化,其实是主流文化通过文化工业对大众的灌输,是主流文化的大众文化形式,而非大众文化本身。也就是说,所谓主流文化就是在整个社会文化系统中具有主导性社会地位,产生主导性社会影响的文化,它的主导地位和影响如何体现呢?国家推进,精英提倡,大众接纳。之前我们在论述知识分子文化的参与性时,特别强调了参与性的三个误区:学术、政治、市场。这恰好就是资本主义社会阶段,知识分子文化和知识分子创新文化经济依附的表现。纯粹的学术研究和专业局限就是知识技术化,知识分子趋同资本政权就是学术政治化,知识分子受雇于资本是知识分子创新文化商业化的直接表现。

在这两个阶段的叙述中,我们除了看到同样的问题以外,也要看到时代的进步,独立性在慢慢得到确立。相对于人身依附关系,经济依附或者人对物的依附就是进步。无论知识的创新还是知识的传播都空前的丰富,借助科技手段,知识开始普及化;人们的关系突破时空局限全面展开,经济、人口和生态等问题的全球化就是明证;人的需求和能力也得到全面的激发和提升。其实这就是为建立在个人全面发展和他们共同的社会生产能力成为他们的社会财富这一基础上的自由个性创造条件。

按照马克思在《哥达纲领批判》中的观点,在资本主义和共产主义之间还有一个过渡时期。这个时期的特征是无产阶级掌握政权,财富共有,按劳分配。当先进知识分子引导大众通过革命获得政权,掌握了经济的所有权,那么他们在文化上的独立性就指日可待了。无产阶级的知识分子也是有阶级性的,但是由于他们的阶级性和人民大众的利益是一致的,因而实质上是没有阶级取向的。中国特色社会主义文化建设的目标就是实现知识分子创新文化的真正独立,不依附于主流创新文化,但是又和主流创新文化保持着良性的互动关系,监督和保证主流创新文化以人民为中心,并为之提供智力支持。

(三) 知识分子创新文化与大众创新文化

知识分子创新文化在大众创新文化面前仍然要保持独立性。如果说知识分子创新文化在主流创新文化面前获得独立的最大障碍是依附,那么知识分子创新文化在大众创新文化面前保持独立性最大的危险就是混同,陶醉其中不能自拔。

按照唯物史观的观点,人民群众是历史的创造者。无论什么时代,大众都是历史走向的最终决定力量。因此中国古代有民本主义思想,中国今天有以人民为中心思想。但是在知识分子创新文化与大众创新文化的关系上,古今存在巨大的转变,古代的精英性和现代的大众性形成鲜明的对比。传统文化一般属于知识分子文化,只有少数人能够接受良好的教育,参与精神世界的建构;现代文化越来越趋于大众化,更多的人参与其中。先秦文化属于贵族文化,西周从天子到诸侯再到卿大夫和士,组成严密的贵族等级制度,实行官学垄断。后经春秋战国的冲击以及多代的推进,世袭制度逐渐被官僚制度取代,但是寒门子弟真正能够接受文化教育的机会仍然不多,带有很多偶然因素。如今,中国已经实行普遍的义务教育,高等教育也逐渐从精英教育走向大众教育。这意味着更多的人成为知识分子,有自觉意识也有能力参与精神世界的建构。随着现代信息技术的发展,尤其是自媒体技术的出现,更是打开了大众参与文化事务的闸门。

正是由于这样的历史转变,大众文化取得了比较优势的地位,自下而上的视角越来越获得重视,创新发展也需要创新文化的大众化。因此葛兰西认为大众文化是一个力的场,成为文化霸权角逐的舞台。主流文化采取大众文化的形式,试图由此控制大众的意识形态,法兰克福学派的主流思想批判的就是这种情况;知识分子文化也逐渐放下自己的矜持,开始向通俗化和商业化转型。费斯克就是这样的典型学者。费斯克指出:"大众文化是从内部和底层创造出来的,而不是像大众文化理论家所认为的那样是从外部和上层强加的。在社会控制之外始终存在着大众文化的某种因素,它避开了或对抗着某种霸权力量。"①他所说的大众文化显然不同于法兰克福学派的主流思想,与法兰克福学派的少数学者以及英国的伯明翰学派采取的同样的自下而上的视角,肯定了大众文化的自主性和反抗性。但是费斯克与这些对于大众文化的肯定性判断的学者又有所不同,既不是法兰克福学派中洛文塔尔对于大众的同情或者本雅明和马尔库塞对于大众文化的革命性期许,也不是英国伯明翰学派的文化主义。而是一头扎进大众文化之中,而这种文化主要指的是青年亚文化,表达了对于大众文化的无限喜爱之情。可见知识分子文化和知识分子创新文化开始混同于大众文化和大众创新文化,失去了独立性。

大众文化具有创造性、生动性和革命性,同时也具有自发性、盲目性和世俗性。知识分子创新文化在与大众创新文化的关系中需要注意两个方面:一方面,不能以高级文化自居,脱离大众创新文化;另一方面,也不能混同于大众创新文化,失去自身的独立性。毛泽东在阐述群众路线时说:"将群众的意见(分散的无系统的意见)集中起来(经过研究,化为集中的系统的意见),又到群众中去作宣传解释,化为群众的意见,使群众坚持下去,见之于行动,并在群众行动中考验这些意见是否正确。"②大众和大众文化是创造性的源泉,知识分子创新文化和主流创新文化一样都是来源于大众,但是又要高于大众创新文化。大众创新文化可以成为经典,流变为知识分子创新文化;也可以成为知识分子创新文化的源泉,为其提供充足的养分。但是知识分子创新文化必须用自觉的眼光和理性的头脑审视和研究大众创新文化,对其进行评价和施加影响,引导大众创新文化的正确方向,保证其文化水准。

---

① [美]约翰·菲斯克:《解读大众文化》,杨全强译,南京大学出版社2001年版,第2页。
② 《毛泽东选集》第三卷,人民出版社1991年版,第899页。

第三节 历史、比较、结构三维视角下的大众创新文化探析

随着古代精英社会向现代大众社会的转变,大众文化的社会影响力越来越大,甚至有人认为大众文化已经成为当代的主流文化。我们试图通过历史、比较和结构三维视角的聚焦,揭秘大众文化的演进逻辑、本质规定、创新意蕴,以及大众创新文化的内涵和结构关系。

一、社会基层文化的演进逻辑

大众文化理论有两个重要的来源:一个是法兰克福学派所称的"mass culture",是指主流文化通过文化工业对日常生活世界的殖民;另一个是英国文化马克思主义所称的"popular culture",是指民众为自己制作的文化。对于他们的分歧我们暂时搁置,他们的共识是明确的,即大众文化处于社会文化金字塔的底层,拥有最多的主体。从历史主义的视角,我们试图通过社会基层文化的演进历史梳理大众文化的逻辑线索。

(一)民间文化

民间文化和大众文化一样属于社会基层的文化,但是两者处于完全不同的历史场域之中。民间文化是在古代中国农业文明和自然经济基础上形成的文化形态,反映了纯净质朴的农村百姓生活;而大众文化是在现代中国工业文明和市场经济基础上形成的文化形态。所谓民间文化,是指由农业文明时代占人口绝大多数的劳动群众世代创造、享用、传承且仍在工业文明中有所留存的反映鲜活质朴基层生活的文化。民间文化是基层文化的主要内容,也是现代基层文化的构成部分,广义上包括民间生产方式、社群组织方式和精神生活方式,狭义上是指民间精神生活方式,主要包括民俗文化、民间口头文学和民

间艺术三种形式。其特征表现为自发的集体创造性、生动质朴的生活性和自由模糊的传承性。①

民间文化在官方文化占绝对主导地位的古代社会中对于民众生活来说非常重要。巴赫金认为中世纪的人们实际上面对着两个世界,过着两种生活:"一种是常规的、十分严肃而紧蹙眉头的生活,服从于严格的等级秩序的生活,充满了恐惧、教条、崇敬、虔诚的生活;另一种是狂欢广场式的自由自在的生活,充满了两重性的笑,充满了对一切神圣物的亵渎和歪曲,充满了不敬和猥亵,充满了同一切人一切事的随意不拘的交往。这两种生活都得到了认可,但相互间有严格的时间界限。"②在古代,如果没有民间文化,人们将被完全禁锢在等级森然的恐怖世界中,正是这种自由鲜活、甚至带有粗鲁抗争的文化形式的存在,让人心得到了滋养和复活。因此除了它粗浅的文化水平和质朴的文化本质以外,似乎它就无可指摘了,几乎得到了全部具有人文情怀的学者的承认和歌颂。

从古至今,随着历史发展中文化从精英性向大众性的转变,民间文化形成一条逐渐显露的轨迹。在春秋战国之前,知识为官方垄断;春秋战国之际,士人从统治阶级中游离出来,也将知识带到民间;后来经过汉唐的文治武功,尤其是隋唐科举制度的兴起,打破了门阀地主的垄断,世袭制度逐渐为官僚制度取代;两宋时期,民俗文化已经相当兴盛;元明清时期,元曲和通俗小说演绎多少江湖故事和人间义气,传奇性、娱乐性和刺激性成为重要的美学标准;五四新文化运动具有决定意义,倡导白话文,高举科学民主的旗帜,开启了民间文化现代化的历程;1930年以后,革命艺术开始向工农兵学习和为工农兵服务;改革开放后,大众文化成为民间积极的自我言说,突破了知识分子文化的想象甚至有成为主流文化的势头。

时代在变迁,尤其是中国从古代社会向现代社会的转变采取了断裂式的

---

① 参见刘建军等:《主流文化与民间文化的融合》,《领导之友》2012年第8期。
② 巴赫金:《陀思妥耶夫斯基诗学问题》,生活·读书·新知三联书店1988年版,第184页。

革命方式,社会基层文化发生着翻天覆地的变化。但是断裂的是生产方式、政治权力和文化语境,延续的则是人类对于自由的永恒追求。

(二) 群众文化

近代以来,尤其是五四新文化运动以后,革命,尤其是新民主主义革命在原有的民间文化仍然存在的前提下,逐渐塑造了一种更具影响力的显性的基层文化,即群众文化。群众文化带有强烈的革命色彩和人民群众的价值取向。如果说民间文化对于自由的渴望具有原始性、自发性和盲目性,那么群众文化就具有了一定的启蒙性。虽然由于革命任务的紧迫,这种启蒙还没有完全展开,群众文化和革命文化基本趋同,缺乏独立性,但是文化环境已经具有了历史的本质飞跃,在唯物史观的指导下,人民群众的利益彻底得到肯定和尊重。

中国传统文化素有民本主义思想,但是民本主义思想向来都不是单独存在的,"民为邦本"的民本主义思想总是与"国不堪贰"的尊君思想形成基本结构,尊君重民相反相成。孔子说:"节用而爱人,使民以时。"(《论语·学而》)孟子说:"民为贵,社稷次之,君为轻。"但是接着又说,"是故得乎丘民而为天子,得乎天子为诸侯,得乎诸侯为大夫。"(《孟子·尽心下》)荀子说:"君者,舟也;庶人者,水也。水则载舟,水则覆舟。"(《荀子·王制》)可见民本是官本的派生物。[1]

马克思主义是中国文化实现现代化的指导思想,唯物史观是人民主体论、新型官民关系和群众文化的理论基础。马克思、恩格斯曾在《神圣家族》中指出:"历史的活动和思想就是'群众'的思想和活动。"[2]在《共产党宣言》中又说:"无产阶级的运动是绝大多数人的,为绝大多数人谋利益的独立的运动。"[3]这就意味着历史是人民创造的,无产阶级政党和人民的利益是一致的,中国共产党所领导的革命、建设和改革的胜利就是人民的胜利。

---

[1] 参见张岱年、方克立:《中国文化概论》,北京师范大学出版社2004年版,第277页。
[2] 《马克思恩格斯文集》第1卷,人民出版社2009年版,第286页。
[3] 《马克思恩格斯选集》第1卷,人民出版社2012年版,第411页。

这种新型的利益关系是无产阶级政党的施政纲领,在各个社会主义国家得到具体的发展。列宁辩证地理解无产阶级领袖与人民群众的关系,一方面,列宁认识到无产阶级领袖和先锋队的至关重要的作用;另一方面也深刻地强调:"社会主义不是少数人,不是一个党所能实施的。只有千百万人学会亲自做这件事的时候,他们才能实施社会主义。"[①]在中国,中国共产党也一直在坚持着这条群众路线。

（三）大众文化

新中国成立以后,尤其是改革开放以后,随着中国市场经济的建立和对外开放政策的实施,中国社会出现了现代意义上的大众文化,逐渐成为社会基层的主要文化形式。如今我们一般所说的大众文化,是指工业文明以来按照市场经济规则运作的借用现代媒介传播的市民文化。

陈序经先生的文化重心理论认为,人类历史上的文化重心序列是宗教、政治、经济和伦理。[②] 按照这个理论,我们大致可以这样理解,民间文化对应的是古代宗教重心时代,群众文化对应的是近代政治重心时代,大众文化对应的是现代经济重心时代,未来应该还有更加先进的基层文化形式来对应伦理重心。大众文化是工业文明的产物,与资本逻辑、市场经济和都市文化息息相关,同时也和知识的大众化、普及化和世俗化相伴相生。大众文化和知识分子文化一样,虽然在以政治为核心的主流文化的裹挟下,从旧的意识形态走向新的意识形态,带有主流文化的色彩,但是他们也在积极地寻求自身的相对独立性,积极拓展民主、法治和自由的空间。如果说古代民间文化是官方文化主导社会中百姓的偷欢;近代群众文化是人民群众社会地位和经济利益的真正肯定,但还没有完成启蒙的过程;那么大众文化则是在肯定前两者的基础上,更加强调人民群众的自主性。

---

① 《列宁选集》第3卷,人民出版社2012年版,第464页。
② 参见陈序经:《文化学概观》,中国人民大学出版社2005年版,第226—238页。

中国大众文化的生成包含三个方面的条件：一是科学技术进步，二是市场经济，三是文化进步。第一个条件是生产力条件。随着人类社会的进步，尤其是知识的积累，在近现代世界范围内发生了三次科学技术革命和相伴的工业革命。中国虽然是后发国家，但是也以特殊的方式被裹挟进这个过程，并逐渐从被动走向主动，从低级走向高级。生产力的现代化塑造了工业体系，其中包括文化工业。第二个条件是生产关系和政治条件。在工业革命的推动下，各个主要资本主义国家都完成了自己的资产阶级革命，从而巩固了资产阶级的社会地位；中国也进行了戊戌变法和辛亥革命。虽然由于历史的特殊性，中国资产阶级无法完成这个历史任务，但是在中国共产党的领导下完成了新民主主义革命。目前中国的经济基础是以公有制为主体多种所有制并存，因此必须采取社会主义市场经济模式。文化产品精神价值的实现是以商业价值的实现为前提的，文化产品的生产必须遵循市场经济的运作规则。第三个条件是社会条件和文化条件。随着工业文明的推进，农业文明为工业文明所取代，社会实现了都市化，都市生活以市民为主体，市民社会或者大众社会逐渐成熟，为大众文化准备了条件。大众文化也是文化本身尤其是基层文化自身发展的结果。大众社会的成熟保证了大众文化的相对独立性，人们越来越关注基层生活场景和自下而上的文化视角。

中国大众文化也是文化全球化的一个部分。世界历史不仅是经济全球化的历史，而且是普遍交往的历史和世界文化的历史。物质生产和物质产品在全球运作和流通，精神生产作为资本的一个生产部门，具有与此同样的公共性质，无论马克思所说的世界文学，还是如今的大众文化，都早已成为公共财产。

大众文化既具有历史进步性，又具有历史局限性。从历史进步的角度来看，随着科学技术的发展，知识开始普及化，大众文化打破了主流文化和知识分子文化的垄断，实现了文化的平民显现。因此大众文化所代表的基层文化的共同价值取向又向前推进了一步。从历史局限性的角度来看，大众文化受到市场导向和利润动机的驱使，因此它无法超越资本的禁锢，真正意义上实现了人的全面自由的发展。大众文化之后必然会有更为先进的基层文化作为历史替代。

二、大众文化的理论及创新本质

大众文化是现代化的产物,在西方近代就已出现,19世纪有了关于大众文化的零散论述,但成熟的大众文化理论出现在20世纪。文化学者围绕大众文化展开了各种立场各个角度丰富的探讨,对于我们深刻理解和把握大众文化,探析大众文化的创新精神,提供了坚实的基础。

(一) 大众文化理论

西方大众文化理论围绕着颠覆和整合两个关键词,形成了两种态度和四种基本观点:其一,针对大众文化的颠覆力提出批评的观点,以阿诺德和利维斯主义为代表,他们站在高雅文化和统治力量的立场上,害怕大众文化的颠覆力,轻视大众文化的文化品位;其二,针对大众文化的整合力提出批评的观点,以法兰克福学派为代表,尤其是霍克海默和阿多诺,他们认为大众文化是统治力量通过现代传媒对大众控制的强大手段,是资本逻辑对整个社会的全方位渗透;其三,针对大众文化的颠覆力提出赞扬的观点,这种观点我们在本雅明、洛文塔尔和马尔库塞等法兰克福学派成员的具有张力的思想中可以找到,但是更具代表意义的是英国马克思主义、费斯克和詹姆逊,他们认为大众文化是各种文化力量角逐的场所,从中我们可以看到大众不是完全被动的,大众也是大众文化的积极参与力量;其四,针对大众文化的整合力提出赞扬观点,这种观点在西方学界没有明显的代表人物,但是我们在主流文化的理论和实践中可以清晰地看到它的影子。

对于大众文化的批判如果追溯到阿诺德的话,这种不满其实来自对于工人运动的恐惧。但是他不认为工人运动是自觉的,工人阶级在阿诺德的眼里只是无奈、愚昧和贫困,导致他们成为社会和文化秩序发生混乱的根源。阿诺德的策略就是"通过对工人阶级进行教育,实现对大众的文化控制。"[1]与阿诺

---

[1] 周志强:《大众文化理论与批评》,高等教育出版社2009年版,第116页。

第九章 创新文化的体系贯通

德如出一辙,利维斯主义也试图用古典生动高雅的社会否定现代单调庸俗的社会。"利维斯和他的妻子奎尼·多罗西·利维斯一起,秉承阿诺德文化理论传统,以桀骜不驯的理论姿态批判各种现代文化与艺术,倡导精英文化的旨趣与价值,大力反对大众文化及其相关现象。这形成了利维斯主义的基本内涵。"①他们也十分重视成人教育。所以利维斯主义看上去是文明的先锋,他们也是这样自以为的,事实上他们和法兰克福学派是有本质区别的。法兰克福学派强调作为主流文化的资本逻辑对于大众文化的整合,认为大众文化缺乏革命性,是意识形态统治的工具;阿诺德和利维斯主义则强调大众文化的盲目的颠覆性,认为大众文化具有革命性和破坏作用,要通过教育加以控制。

以霍克海默和阿多诺为代表的法兰克福学派大众文化理论的主流,非常强调对于大众文化的批判态度和"文化工业"这个概念,旨在强调大众文化不是大众创造的文化,而是资本主义生产方式主导下的文化生产。这种文化不是服务于大众,而是服务于作为主流文化的资本逻辑。文化工业利用自身强大的科学技术手段生产和传播千篇一律的大众文化,以欺骗性的艺术方式达到非艺术的目的,不仅实现了剩余价值,而且强化了资本主义的意识形态,塑造和蜕化了大众的艺术鉴赏力,力图让人们逃避现实,沉浸在各种各样的美学幻觉之中不能自拔。

法兰克福学派的大众文化理论是有张力的,存在肯定性的话语体系。本雅明虽然看到文化工业和大众文化的问题,但是肯定了机械复制技术,从而也就肯定了这种技术生产的文化,因为这种形式有利于更多的人接触艺术。于是大众文化就被赋予了革命意义,并符合唯物史观的逻辑。洛文塔尔习惯历史沉思,摇摆于蒙田(为通俗文化辩护)与帕斯卡尔(对通俗文化进行谴责)之间,因此他对大众文化的肯定是基于蒙田对于大众的同情。马尔库塞也具有两面性,处在阿多诺和本雅明之间。本雅明的这面自然就强调大众文化的政治实践功能,即革命性。"在法兰克福学派大众文化理论的话语系统中,如果

---

① 周志强:《大众文化理论与批评》,高等教育出版社2009年版,第123页。

说'否定性话语'思考问题的逻辑起点是统治意识形态与资本主义社会,那么'肯定性话语'的逻辑起点却是大众。"①

"英国马克思主义"具有文化主义特色,坚持自下而上的视角,积极看待大众文化的颠覆性,其发展经历了三个阶段。第一个阶段,英国本土的文化主义占有主导地位,在反对苏联威权主义和本国利维斯精英主义的过程中,霍加特、威廉斯和汤普森凸显了大众文化的革命性,他们认为大众文化主要表现为工人阶级的文化。汤普森说:"人创造了他们自己的历史:他们部分是代言人,部分是牺牲品;能动因素将他们与动物区分开来,能动因素是人类人性的一部分。"②这就在大众文化的商业含义和政治含义之余,强调了大众文化所体现的主体含义,肯定了工人阶级的能动性。第二个阶段,欧陆结构主义的影响凸显,安德森、伊格尔顿和霍尔等引入和关注自上而下的视角。伊格尔顿说:"政治……指我们把社会生活整个组织起来的方式,以及这种方式所包含的权力关系。"③安德森与汤普森针锋相对,认为英国工人阶级由于过于早熟,充满妥协意识,缺乏革命性,因而需要借鉴欧陆马克思主义,形成革命意识。第三个阶段,英国马克思主义者利用葛兰西的文化霸权理论弥合了主体和结构的关系,形成大众文化与政治之间的张力。政治需要大众接受,大众文化有政治诉求。市民社会是统治阶级和从属阶级的共同领域,大众文化是两者争夺文化霸权的场所。霍尔在电视话语分析中所提出的编码/解码理论是这个阶段英国马克思主义特点的经典表述。"在霍尔以前的传媒理论中,电视话语的流通过程解释一般采取的是发送者——信息——接受者的线性模式。霍尔则指出,作为电视文本的生产者与受众是作为生产与流通/使用的两个不同环节,二者的文化规则与意识形态支援背景是相同或不同抑或是交叉的。所以在电视文本的流通过程中,会发生意义上的断裂和内在的张力。在解码阶

---

① 赵勇:《法兰克福学派内外》,北京大学出版社2016年版,第49页。
② Edward Thompson, "Socialist Humanism: An Epistle to the Philistines", *The New Reasoner*, 1957(1), p.122.
③ [英]特里·伊格尔顿:《当代西方文学理论》,王逢振译,中国社会科学出版社1988年版,第281页。

第九章　创新文化的体系贯通

段,受众并不单单是主导意识形态的灌输对象,受众也会对作为消费对象的媒介文本进行不同的意识形态解读,霍尔区分出了三种阅读立场:偏好式阅读、协商式阅读和抵抗式阅读。"①

美国文化学者费斯克也受到葛兰西文化霸权理论的影响,认为大众文化是各种力量角逐的场域,而且和英国马克思主义一样,肯定大众文化的反抗性。费斯克说:"一个文本要成为大众文化,它必须同时包含宰制的力量,以及反驳那些宰制性力量的机会,也就是说,从臣属式的但不是完全被剥夺权力的位置出发,反抗或规避这些宰制性力量的那一类机会。大众文化是大众在文化工业的产品与日常生活的交界面上创造出来的。大众文化是大众创造的,而不是强加在大众身上的;它产生于内部或底层,而不是来自上方。"②但是,面对权力结构的宰制力,费斯克只强调在微观消费环节大众的自由发挥。而且深受俄国形式主义与法国结构主义的影响,跟随巴赫金、布迪厄、巴特与鲍德里亚等人,探索身体哲学的革命意义,认为身体的自然性和非意识形态性,是抵制文化控制的据点。"事实上,大众对体制的胜利绝不会轻易地获得,因为冒犯和冲撞必须在强势者的权力结构内部借助于宰制力量本身来进行,这就使得反抗很容易被体制所收编,从而变相地强化了体制的存在。"③身体哲学的意义毋庸置疑,但是与民间文化时期的狂欢无异,并没有推进下层文化的发展。

美国的另外一位文化学者詹姆逊对待大众文化的态度充满了辩证性。他一方面继承了法兰克福学派的文化工业批判理论,看到了大众文化的阶级压迫属性;另一方面又带有英美马克思主义的特点,看到了它的反抗属性,即变革社会秩序的乌托邦渴望。"这就是我的总的理论框架,我要在其中辨明我的方法论主张:在具体的文本解读中,必须同时把马克思主义的否定的解释学,即正统的马克思主义的具体的意识形态分析,与肯定的马克思主义解释

---

① 张一兵主编:《当代国外马克思主义哲学思潮》,江苏人民出版社2012年版,第453页。
② [美]约翰·费斯克:《理解大众文化》,中央编译出版社2006年版,第25页。
③ 徐海波:《意识形态与大众文化》,人民出版社2009年版,第132页。

学,即对相同的文本中蕴含的乌托邦寓意的发掘相结合。"①但是作为以晚期资本主义为批判对象的后现代主义学者,他把对于大众文化的理解又在历史上向前推进了一步。对于晚期资本主义,他认为这是资本逻辑得到最全面展现的时期。后现代主义虽然有诸多缺陷,但是在詹姆逊看来,这只是在美学价值上的倒退,在革命性上仍然具有乌托邦的渴望。而"在詹姆逊那里,后现代文化主义与大众文化具有明显的同质性与互文性,他对后现代主义文化的界定事实上也相当于他对大众文化的界定"。②"詹姆逊在这里所描摹的乌托邦是一种百无禁忌的后现代景象,也就是说,在詹姆逊那里,后现代文化实际上象征着自由。"③

(二) 大众文化的创新本质

根据以上对于西方大众文化理论的梳理,我们发现,无论他们的理论有多少渊源,内容复杂到什么程度,他们对于大众文化否定或者肯定的态度和整合或者颠覆的理解,最主要的还是基于他们对于大众文化本质的理解和自身立场。我们认为大众文化具有颠覆性,同时又坚持人民立场,所以在基本判断上接近于第三种观点,即针对大众文化的颠覆力提出赞扬的观点。不同的是,我们在唯物史观的指导下,坚持人民群众史观,将大众文化放在基层文化历史演变的逻辑之中,从而更加强调大众文化的历史进步意义。

葛兰西认为大众文化是文化霸权的竞技场,按照唯物史观,这是基本正确的。任何时代各种势力都在争取人民群众,因为这是决定成败的关键,所谓"得民心者得天下"。但是葛兰西的判断又不尽然,更为准确地说大众或者大众社会是文化霸权的竞技场,而不是大众文化。大众文化本质上是社会基层民众自己创造的文化。其他文化主体在文化霸权的竞技中创造的所谓大众文化,只是具有大众文化形式的自己的文化,它们的本质没有变。

---

① [美]詹姆逊:《政治无意识》,王逢振、陈永国译,中国社会科学出版社1999年版,第282页。
② 徐海波:《意识形态与大众文化》,人民出版社2009年版,第134页。
③ 徐海波:《意识形态与大众文化》,人民出版社2009年版,第151页。

第九章 创新文化的体系贯通

如前所述,大众文化的生成包含三个方面的条件:一是科学技术进步,二是市场经济,三是文化进步。正是这些条件促使社会基层文化逐渐实现从民间文化的偷欢和群众文化的革命向大众文化的自主转变。随着知识开始普及化,技术开始生活化,交往开始世界化,市民社会逐渐形成,大众文化打破了主流文化的垄断,相对独立地生产属于平民自己的文化,并影响着整个社会。

尽管大众文化无法摆脱自身的局限,带有商业化、物质化、娱乐化、庸俗化等特点,但是它仍然是自由序列的现代环节。大众文化的积极性一般表现在四个方面:一是大众文化贴近大众生活。文化内容告别了单一的宏大叙事,具有通俗性和日常化的特点,不同社会层次的人都能感受到文化的关注。二是大众文化愉悦大众生活。大众文化遵循商品运行模式,具有很强的娱乐性,大众在享受文化产品的时候,有很强的精神愉悦感,不见得深刻,但确能放松身心,恢复能量。三是大众文化激活大众生活。大众文化和大众文化媒介具有较强的开放性和民主性,能够为大众提供经济、政治和文化参与的平台,民众获得极大的参与热情。四是大众文化提升大众生活。大众文化在某种程度上是社会文化成熟的标志,大众的整体文化水平的提升改变了层级文化的固有模式,民众不仅仅是受教育的对象,也可以通过自己的文化创造丰富和提升大众生活,甚至为整个社会提供思想资源。

主流文化和大众文化的界限只具有相对的意义,它们都融入文化工业的洪流之中,已经难辨彼此。但是越是在这种情况下,我们越应该清醒,否则无法超越资本的禁锢,找到自由的出路。马克思和恩格斯在《共产党宣言》中指出:"过去一切阶级在争得统治之后,总是使整个社会服从于它们发财致富的条件,企图以此来巩固它们已经获得的生活地位。无产者只有废除自己的现存的占有方式,从而废除全部现存的占有方式,才能取得社会生产力。无产者没有什么自己的东西必须加以保护,他们必须摧毁至今保护和保障私有财产的一切。"[①]大众文化更为重要的历史进步意义在于它的反抗性和革命性。

---

① 《马克思恩格斯选集》第 1 卷,人民出版社 1995 年版,第 411 页。

作为对第三种观点的回应,我们认为,大众文化不全然就是工人阶级的文化,但包含工人阶级的文化,甚至如汤普森所说,在革命性上主要表现为工人阶级的文化。大众文化与主流文化的关系不是单纯的被教育和教育的关系,大众文化具有自主性和能动性。大众和大众社会是各种意识形态争夺文化霸权的场域,但是大众文化是大众自己创造的文化。大众文化的反抗性不仅在消费领域,在对于主流文化的自主解读,而且体现在自身的生产性上,甚至可以通过革命上升为主流文化。

从创新实践理论的角度来说,大众文化是包含创新精神的文化。它从自己在层级文化结构中的位置出发,在精神、物质和交往各个方面提供着社会进步的资源。甚至在一定程度上,我们可以认为大众文化是创新的源泉。

三、大众创新文化及其结构关系

在历史主义的视角下,我们从大众文化是社会基层文化这一明确的逻辑起点出发,对基层文化的自由序列进行了逻辑陈述,一定程度上揭示了人众文化的本质;在西方马克思主义的大众文化理论视角下,结合中国的具体实际,我们基本上探明了大众文化的创新意蕴;在结构主义的视角下,我们将进一步明确大众创新文化的内涵,探讨作为社会基层文化的大众创新文化与主流创新文化和知识分子创新文化的结构关系。

(一) 大众创新文化

大众创新文化是指大众文化中具有创新性的部分,是大众在实践中创造的有利于创新的思想材料、创新形式、社会氛围和价值引导。大众创新文化的特点是主体基数大,处于层级结构的底层,革命性最强。主体基数大,意味着大众创新文化是创新最深厚的文化土壤,对于滋养创新因素、激发创新活力、推动创新行为、形成创新氛围具有决定作用。未来的创新主体必然越来越向着普遍主体的方向发展,大众的创新能力的提升,将成为国家高质量发展的支撑力量,推动社会持续高效地发展。处于底层,通常意味着,大众创新文化没有国家创新文化那么具有战略性,没有知识分子创新文化那么具有知识性,更多地处在社会意识的社会心理层次,即表现为科学常识、素朴的科学精神,对于创新自发的认同态度、情感上的欣赏热爱、意志上的坚忍不拔,创新变革的传统、风俗、习惯,对于美好生活的向往等。但是随着越来越多的普通大众接受了良好的教育,享受了更多的社会文化资源,他们的理论化系统化水平在不断提高,开始向社会意识形式跃进。革命性最强指的是大众的颠覆性,在革命时代是改天换地的社会改造力量,在建设时代则是知识、技术和制度变革的源泉。中国共产党的群众路线,在历史唯物主义和群众史观的指导下很好地认识和把握了这个道理。

(二) 大众创新文化与主流创新文化

顶层文化与基层文化是一对基本矛盾,按照唯物辩证法的矛盾规律,矛盾双方既相互依存、相互贯通,又相互排斥、相互分离。在一对矛盾中,分为矛盾的主要方面和次要方面。在矛盾运动的过程中,矛盾双方相互吸取有利于自身的因素,竞长争高,此消彼长,从而导致矛盾双方内容和地位的变化。顶层文化和基层文化之间的关系就是如此。在它们的矛盾运动中,依次经历了官方文化与民间文化、革命文化与群众文化、主流文化与大众文化三对内容不同的统一体,双方的地位也在发生着变化。虽然顶层文化这一方面一直处于矛盾的主要方面,但是基层文化一方也在积蓄着力量,逐渐获得独立的地位和自主的能力。主流文化已经不能像官方文化和革命文化对待民间文化和群众文化一样,裹挟着大众文化。主流创新文化与大众创新文化的关系与此是类似的,大众创新文化越来越具有力量,并对主流创新文化形成观照和支撑。

主流创新文化、知识分子创新文化和大众创新文化是现代社会同一文化体系的不同层级,它们都经历了历史的长期积累,具有比较成熟的文化形式和相对的独立性,它们之间充满互动和流变。主流创新文化要实现自己的创新战略,必须争取知识分子创新文化和大众创新文化的支持,获得智力和物质力量,而支持是建立在认可的基础上的,传统的暴力和强权已经无法单独发挥作用,经济、科技和文化的手段更为重要。市民社会是各种文化竞相展现的力场,大众创新文化既可以认可主流创新文化和知识分子创新文化,又可以形成对主流创新文化和知识分子创新文化的抵抗,甚至自己就流变为经典和上升为主流。

(三) 大众创新文化与知识分子创新文化

大众创新文化除了从社会地位的角度与主流创新文化构成一对矛盾以外,从知识水平的角度它也与知识分子创新文化构成一对矛盾。英国理论家约翰·斯道雷在《文化理论与大众文化导论》这本书中,列举了"大众文化"的六种不同定义,其中有两种就直接涉及大众文化和知识分子文化的关系:"大众文化就是除了'高雅文化'之外的其他文化";"后现代文化已不再具有高低之分"。[①] 如果说知识分子创新文化在大众创新文化面前保持独立性最大的危险是混同,那么大众创新文化在知识分子创新文化面前保持独立性的最大的阻碍就是自身的天然缺陷。

大众创新文化的天然缺陷是指它整体的知识水平相对较低。因此大众创新文化不仅受到主流创新文化的主导和控制,而且受到知识分子创新文化的引导和渗透。

知识分子创新文化是国家创新文化与大众创新文化之间的中介。如果知识分子创新文化能够保持独立性,以追求正义和守护理想的姿态参与社会公共事务,批判社会不合理状况,具有高尚的文化品质,那么它就既可以和主流创新文化形成合理关系,成为国家创新文化能够代表先进文化发挥主导作用的前提,又可以很好地与大众创新文化结合在一起,成为引导和提升大众创新文化的关键因素。如果知识分子创新文化出现依附主流文化和投身大众文化的双重现象,缺乏独立性,那么这种知识分子创新文化不但无法引导和提升大

[①] [英]约翰·斯道雷:《文化理论与大众文化导论》,北京大学出版社2015年版,第7、15页。

众创新文化,反而成为大众创新文化的羁绊。

因此,大众创新文化与知识分子创新文化的关系就是一种辩证关系,一方面大众创新文化需要知识分子创新文化的引导和提升,另一方面也要警惕知识分子创新文化的宰制和混同。作为前提,大众立场是没有问题的,大众必须作为主体,具有独立利益,是主流文化和知识分子文化之源。但是大众文化本身具有很多弊端,比如商业性、娱乐性、世俗性和盲目性等。因此大众创新文化如能实现自己的反抗,甚至将自己的利益上升为国家利益,确实需要知识分子创新文化的引导和提升。为了避免知识分子文化依附主流文化宰制大众文化的最好的办法就是培育无产阶级和人民大众自己的知识分子和具有大众立场的知识分子文化。与此同时,两者需要保持独立性。大众创新文化的弊端是明显的,作为引导和提升理想的知识分子创新文化必须既来源于大众生活又高于大众生活;大众和大众创新文化也必须时刻监督和审视知识分子文化,以防知识分子创新文化的无根和变节。

结　　语

　　创新贯穿于人类历史的始终,但是创新理论从诞生到现在只有一百多年的历史。如果说古代世界常规实践占据主导地位,那么现代世界创新实践则逐渐取得优势地位,在某种程度上已经成为人类的生存方式。创新的马克思主义哲学根基是实践,创新就是创新实践。创新实践有三种类型:技术创新、制度创新和知识创新。创新实践的内部结构是主体——中介——客体,外部环境主要包括经济运行环境、制度环境和文化环境。创新文化是创新的精神土壤,创新在当代中国蔚然成风需要创新文化的建设。

　　创新文化的哲学根基是社会意识。所谓创新文化,是指为人们的创新实践活动提供思想材料、创新形式、社会氛围和价值引导的精神文化。创新文化涉及社会意识的所有领域。从真的角度,创新文化包括科学思想和科学精神;从善的角度,创新文化的核心是价值观问题;从美的角度,创新文化和人的超越性存在直接相关。创新文化分为社会心理和社会意识形式两个层次。创新文化具有历史、比较和结构三个维度。历史维度形成传统创新文化对现代创新文化的观照;比较维度形成中国创新文化对于国外创新文化的借鉴;结构维度包含两个方面,一是中国创新文化与中华各民族创新文化的关系,二是国家创新文化、知识分子创新文化和大众创新文化的关系,尽力实现上下贯通。

　　创新文化运动机制的基本方向是从非实体到实体的演变。推而广之,作为现代生产力创新发展的三大要素,科学技术、管理和创新文化都不是直接的生产力,生产力的实体性要素是主体、客体和中介,即劳动者、劳动对象和劳动资料;创新文化作为非实体性要素作用于实体性要素,进而转变为物质力量;

结　语

创新文化作为创新实践的外部结构之一,对另外两个外部结构,即经济环境和制度环境也具有影响力。

创新文化对于高质量发展具有重要意义,亟待在全社会形成良好的创新文化氛围。目前主要问题表现在三个方面:一是中国文化模式问题,二是中国文化启蒙问题,三是创新文化整合机制问题。我们需要通过综合创新,大力推进创新文化大众化,实现创新发展环境的一体化,从而来一一破解这些问题,并形成当代中国创新文化的实践路径。

中国传统文化具有深厚的历史渊源,在根本精神、核心内容和演绎过程中都包含创新文化的因素;西方文明中也包含很多我们可以借鉴的创新文化资源;中华民族共有精神家园具有创新文化的价值,各民族共同创造的丰富精神财富是基石,各民族文化和而不同的交融形式是灵魂,各民族团结凝聚的强大发展动力是能源,中华民族伟大复兴的共同价值目标是方向;通过国家创新驱动发展战略、科教兴国战略和人才强国战略,充分发挥知识分子的知识性、功能性、结构性、参与性、批判性和独立性特征,更好激发大众创新文化的基础性、抵抗性和革命性。

创新文化是创新实践科技、管理和文化三大要素中最后凸显出来的,20世纪90年代才被学者使用,21世纪初才出现在我国国家文件中,而创新文化理论的建构就更晚了,目前虽然有越来越多的学者开始了解和使用这个概念,但是研究深度仍然不够。因此,我们的研究具有很强的探索性。以上是我们的核心观点的简述,具有一定的创造性,但问题肯定也不少,需要今后与同行尤其是研究同一主题的学者进行交流和共建。

参考文献

一、著作类

1. 《马克思恩格斯全集》,人民出版社第一版、第二版。
2. 《马克思恩格斯选集》第一——四卷,人民出版社2012年版。
3. 《马克思恩格斯文集》第一——十卷,人民出版社2009年版。
4. 《列宁选集》第一——四卷,人民出版社1995年版。
5. 《毛泽东选集》第一——四卷,人民出版社1991年版。
6. 《邓小平文选》第一——三卷,人民出版社1993、1994年版。
7. 《江泽民文选》第一——三卷,人民出版社2006年版。
8. 《胡锦涛文选》第一——三卷,人民出版社2016年版。
9. 《习近平谈治国理政》第一——四卷,外文出版社2017—2022年版。
10. 《习近平著作选读》第一——二卷,人民出版社2023年版。
11. 《国家创新驱动发展战略纲要》,人民出版社2016年版。
12. 《习近平关于科技创新论述摘编》,中央文献出版社2016年版。
13. 《习近平关于社会主义文化建设论述摘编》,中央文献出版社2017年版。
14. 《老子》,中华书局2006年版。
15. 《韩非子》,燕山出版社1995年版。
16. 《四书五经》,中华书局2019年版。
17. 《王阳明全集》,上海古籍出版社2012年版。
18. 冯友兰:《中国哲学史》(上、下),重庆出版社2012年版。
19. 冯友兰:《中国哲学简史》,新世界出版社2004年版。
20. 冯友兰:《三松堂学术文集》,北京大学出版社1984年版。
21. 胡适:《中国哲学史大纲》,中华书局2015年版。

22.梁漱溟:《中国文化要义》,上海人民出版社2011年版。

23.《张岱年全集》,河北人民出版社1996年版。

24.张岱年、方克利:《中国文化概论》,北京师范大学出版社2004年版。

25.方克立:《马魂 中体 西用——中国文化发展的现实道路》,人民出版社2015年版。

26.葛兆光:《中国思想史》,复旦大学出版社2002年版。

27.谢龙:《中西哲学与文化比较新论》,人民出版社1995年版。

28.龚鹏程:《中国传统文化十五讲》,北京大学出版社2016年版。

29.楼宇烈:《中国文化的根本精神》,中华书局2017年版。

30.高正:《诸子百家研究》,中国社会科学出版社2011年版。

31.黄楠森、杨寿堪主编:《新编哲学大辞典》,山西教育出版社1993年版。

32.易杰雄:《创新论》,安徽文艺出版社2000年版。

33.庞元正、董德刚主编:《马克思主义哲学前沿问题研究》,中共中央党校出版社2004年版。

34.金吾伦:《创新的哲学探索》,东方出版中心2010年版。

35.丰子义:《发展的反思与探索》,中国人民大学出版社2006年版。

36.董振华:《创新实践论》,人民出版社2011年版。

37.肖前、李淮春、杨耕主编:《实践唯物主义研究》,中国人民大学出版社1996年版。

38.王炳书:《实践理性论》,武汉大学出版社2002年版。

39.陶富源:《实践主导论——哲学的前沿探索》,安徽人民出版社2001年版。

40.孙麾、丁立群主编:《马克思主义文化哲学研究》,中国社会科学出版社2015年版。

41.欧阳康:《社会认识论——人类社会自我认识之谜的哲学探索》,云南人民出版社2002年版。

42.于平、傅才武主编:《中国文化创新报告》2—6,社会科学文献出版社2011—2015年版。

43.许苏民:《中西哲学比较研究史》,南京大学出版社2014年版。

44.顾海良主编:《马克思主义中国化史》1—4卷,中国人民大学出版社2015年版。

45.夏先良:《知识论》,对外经济贸易大学出版社2000年版。

46.周熙明主编:《中央党校学员关注的文化问题》,中共中央党校出版社2010年版。

47.郭建宁:《马克思主义中国化前沿问题研究》,安徽人民出版社2012年版。

48.张国刚:《从中西初始到礼仪之争》,人民出版社2003年版。

49.冯波:《中西哲学文化比较研究》,北京广播学院出版社2003年版。

50.单志刚:《知识经济概论》,中国传媒大学出版社2006年版。

51. 王永杰、冷伟:《创新与知识经济》,西南交通大学出版社 2005 年版。
52. 贺善侃:《实践主体论》,学林出版社 2001 年版。
53. 冯之浚主编:《国家创新系统研究纲要》,山东教育出版社 2000 年版。
54. 衣俊卿、胡长栓等:《马克思主义文化理论研究》,北京师范大学出版社 2012 年版。
55. 谭培文:《马克思主义的利益理论》,人民出版社 2002 年版。
56. 邹广文:《当代文化哲学》,人民出版社 2007 年版。
57. 霍桂桓:《文化哲学论要》,中国社会科学出版社 2011 年版。
58. 欧阳谦:《文化与政治》,中国人民大学出版社 2015 年版。
59. 陈序经:《文化学概论》,中国人民大学出版社 2005 年版。
60. 洪晓楠:《哲学的文化转向》,人民出版社 2009 年版。
61.《蒙古族简史》编写组:《蒙古族简史》,民族出版社 2016 年版。
62. 费孝通:《中华民族多元一体格局》,中央民族大学出版社 1989 年版。
63. 谢热:《传统与变迁》,甘肃民族出版社 2005 年版。
64. 星全成:《藏族传统文化及其现代化》,青海民族出版社 2002 年版。
65. 薛焱:《当代中国主流文化认同研究》,社会科学文献出版社 2016 年版。
66. 张爽:《现代化背景下的中国知识分子研究》,黑龙江大学出版社 2013 年版。
67. 张一兵主编:《当代国外马克思主义哲学思潮》,江苏人民出版社 2012 年版。
68. 徐海波:《意识形态与大众文化》,人民出版社 2009 年版。
69. 周志强:《大众文化理论与批评》,高等教育出版社 2009 年版。
70. 赵勇:《法兰克福学派内外》,北京大学出版社 2016 年版。
71. 张海峰、刘焕峰、樊军娟:《弘扬革命文化 传承红色基因》,重庆出版社 2019 年版。
72. 世界环境与发展委员会:《我们共同的未来》,王之佳、柯金良等译,吉林人民出版社 1991 年版。
73. [德]黑格尔:《哲学史讲演录》,商务印书馆 1996 年版。
74. [德]黑格尔:《逻辑学》,商务印书馆 2001 年版。
75. [美]爱因斯坦:《爱因斯坦文集》,商务印书馆 1976 年版。
76. [德]马克斯·韦伯:《新教伦理与资本主义精神》,苏国勋等译,社会科学文献出版社 2010 年版。
77. [奥]波普尔:《通过知识获得解放》,中国美术学院出版社 1996 年版。
78. [法]萨特:《辩证理性批判》,林骧华等译,安徽文艺出版社 1998 年版。
79. [奥]J.A.熊彼特:《经济发展理论》,商务印书馆 1990 年版。
80. [澳]阿曼莎·英博:《塑造创新文化》,陈劲等译,电子工业出版社 2018 年版。

81.［美］约翰·菲斯克:《解读大众文化》,杨全强译,南京大学出版社2001年版。

82.［美］塞缪尔·亨廷顿:《变化社会中的政治秩序》,王冠华等译,生活·读书·新知三联书店1989年版。

83.［法］哈布瓦赫:《论集体记忆》,毕然,郭金华译,上海人民出版社2002年版。

84.［美］萨义德:《文化与帝国主义》,李琨译,生活·读书·新知三联书店2003年版。

85.［俄］巴赫金:《陀思妥耶夫斯基诗学问题》,生活·读书·新知三联书店1988年版。

86.［英］特里·伊格尔顿:《当代西方文学理论》,王逢振译,中国社会科学出版社1988年版。

87.［美］约翰·费斯克:《理解大众文化》,中央编译出版社2006年版。

88.［英］约翰·斯道雷:《文化理论与大众文化导论》,北京大学出版社2015年版。

89.［美］詹姆逊:《政治无意识》,王逢振、陈永国译,中国社会科学出版社1999年版。

90.［英］托姆·博托莫尔:《现代资本主义理论》,北京经济学院出版社1989年版。

91.［英］C.弗里曼:《日本:一个新国家创新系统》,载［意］G.多西等编:《技术进步与经济理论》,经济科学出版社1992年版。

二、期刊类

1.张岱年:《中国古代辩证法思想发微》,《学术月刊》1980年第6期。

2.张岱年:《中国传统哲学的批判继承》,《理论学刊》1987年第1期。

3.张岱年:《道家在中国哲学史上的地位》,《道家文化研究》1995年第6辑。

4.张世英:《中国古代的"天人合一"思想》,《求是》2007年第7期。

5.任继愈:《唐宋以后的三教合一思潮》,《世界宗教研究》1984年第1期。

6.牟钟鉴、林秀茂:《论儒道互补》,《中国哲学史》1998年第4期。

7.金吾伦:《创新文化模式》,《科学决策》2001年第4期。

8.金吾伦:《创新文化:意义与中国特色》,《学术研究》2006年第6期。

9.肖贵清:《人民主体地位:习近平治国理政思想的核心理念》,《思想理论教育》2016年第12期。

10.韩震、董立河:《论西方历史哲学的"语言学转向"》,《北京大学学报》(哲学社会科学版)2005年第5期。

11.俞可平:《马克思的市民社会理论及其历史地位》,《中国社会科学》1993年第4期。

12.李四龙:《论儒释道"三教合流"的类型》,《北京大学学报》2011年第2期。

13.颜晓峰:《发展创新文化　建设创新型国家的文化环境》,《南京政治学院学报》2006年第4期。

14.《发展创新文化　培育创新精神——访朱清时 侯自新 李景源 金吾伦》,《求是》2006年第18期。

15.袁运开:《中国古代科学技术发展历史概貌及其特征》,《历史教学研究》2006年第6期。

16.朱晓鹏:《论中国古代辩证法思想的人文主义特色》,《河北大学学报》1993年增刊。

17.边宇海:《中国古代变法实践对当代法治建设的启迪意义》,《法制与社会》2015年第5期(中)。

18.张涛光:《论中国古代科学技术的发展态势》,《华南师范大学学报》1986年第4期。

19.刘晓云:《国外高度肯定中国改革开放40年成就》,《红旗文稿》2018年第21期。

20.丁俊萍等:《改革开放40年成就与新时代的改革开放观》,《湖北社会科学》2019年第2期。

21.何卓恩:《"常""变"之争和"主义"之辩下的保守与激进》,《学术月刊》2011年第4期。

22.聂敏里:《明清之际的西学东渐——两种社会变革模式的重叠与交织》,《天津社会科学》2021年第3期。

23.魏薇:《杨杜:轻模式的"中国逻辑"》,《经理人》第187期。

24.彭福扬等:《关于国家创新战略的理论述评》,《湘潭大学学报》2009年第4期。

25.顾笑然、庄宁:《西方企业文化思想溯源与文献述评》,《工会论坛》2011年第5期。

26.李桂荣:《西方企业文化研究的四个阶段》,《企业文明》2004年第3期。

27.李成恩、侯铁珊:《"同分异构"视域下的中西方大学文化演进与发展》,《比较教育研究》2015年第7期。

28.何萍:《马克思"实践的唯物主义"的文化哲学品格》,《求是学刊》2007年第3期。

29.欧军:《论蒙古族传统文化的多元性》,《内蒙古社会科学》1998年第3期。

30.宝贵贞:《蒙古族传统环保习俗与生态意识》,《黑龙江民族丛刊》2002年第1期。

31.孙美堂:《从中西文化模式的差异看中国的启蒙》,《天津社会科学》2001年第6期。

32.王天恩:《从信息文明看中国创新发展理念践行路径》,《毛泽东邓小平理论研究》2017年第10期。

33.唐国军:《"创新是引领发展的第一动力"——习近平与创新发展理念的提出》,《党的文献》2017年第2期。

34.许玉乾:《创新文化:建设创新型国家的新课题》,《探索》2006年第3期。

35.刘建军:《主流文化与民间文化的融合》,《领导之友》2012年第8期。

36.王梅清:《当代中国马克思主义大众化的困境及对策探析》,《甘肃理论学刊》2010年第4期。

37.欧永宁:《当代中国马克思主义大众化的三维审视》,《前沿》2010年第9期。

38.邹广文:《当代中国的主流文化、精英文化与大众文化》,《杭州师范学院学报》2002年第6期。

39.毛卫平:《和谐哲学:当代中国时代精神的精华》,《中共中央党校学报》2008年第6期。

40.王平聚、曾国屏:《创新文化系统分析的一个理论框架》,《自然辩证法》2015年第1期。

41.张炜等:《创新文化及其作用机制的研究述评》,《科技管理研究》2010年第11期。

三、外文类

1. C, Freeman, *Technology and Economic Performance: Lessons from Japan*, London, Printer Publishers, 1987.

2. L, Norman, *Information Society: an economic theory of discovery, invention and innovation*, Kluwer Academic Publishers, Norwell, USA, 1993.

3. Richard R, Nelson, *National Innovation System*, Oxford University Press, 1993.

4. R, R, Nelson edited, *National Innovation System: A Comparative Analysis*, Oxford University Press, 1993.

5. Brown J, S, *Seeing differently: insights on innovation*, Boston, MA: Harvard Business School Press, 1997.

6. Frances Horibe, *Creating the innovation culture*, J, Wiley & Sons, 2001.

7. Edward Thompson, "Socialist Humanism: An Epistle to the Philistines", *The New Reasoner*, 1957(1).

8. Dirk Meissner; "Natalia Shmatko, Integrating professional and academic knowledge: the link between researchers' skills and innovation culture", *The Journal of Technology Transfer*, Volume 44, Issue 4, 2019.

9. Daphna Yeshua Katz; Dorit Efrat Treister, "Together in the tech trenches': a view of Israel's innovation culture", *Innovation*, Volume 23, Issue 3, 2020.

10. Crews Christian; Euchner Jim; Kates Andrea, "Innovation Culture and The Hero's Jour-

ney", *Research-Technology Management*, Volume 65, Issue 6, 2022.

11.Fuad Dayang Rafidah Syariff M;Musa Khalip;Hashim Zahari,"Innovation culture in education: A systematic review of the literature", *Management in Education*, Volume 36, Issue 3, 2022.

责任编辑：李之美

图书在版编目(CIP)数据

当代中国创新文化研究 / 刘然著. -- 北京：人民出版社，2025.1. -- ISBN 978-7-01-026687-9

Ⅰ.G12

中国国家版本馆 CIP 数据核字第 2024RV1602 号

当代中国创新文化研究
DANGDAI ZHONGGUO CHUANGXIN WENHUA YANJIU

刘 然 著

人民出版社 出版发行
（100706 北京市东城区隆福寺街 99 号）

北京中科印刷有限公司印刷　新华书店经销

2025 年 1 月第 1 版　2025 年 1 月北京第 1 次印刷
开本：710 毫米×1000 毫米 1/16　印张：19.25
字数：280 千字

ISBN 978-7-01-026687-9　定价：86.00 元

邮购地址 100706　北京市东城区隆福寺街 99 号
人民东方图书销售中心　电话 （010）65250042　65289539

版权所有·侵权必究
凡购买本社图书，如有印制质量问题，我社负责调换。
服务电话：（010）65250042